하나님나라 관점으로
구약관통

하나님나라 관점으로 **구약관통**

지은이 이종필
펴낸이 임상진
펴낸곳 (주)넥서스

초판 1쇄 발행 2014년 6월 10일
초판 14쇄 발행 2025년 4월 25일

출판신고 1992년 4월 3일 제311-2002-2호
주소 10880 경기도 파주시 지목로 5
전화 (02)330-5500 팩스 (02)330-5555

ISBN 978-89-6790-868-3 03230
 978-89-6790-870-6 (세트)

가격은 뒤표지에 있습니다.
잘못 만들어진 책은 구입처에서 바꾸어 드립니다.

www.nexusbook.com

하나님나라 관점으로

구약
관통

이종필 지음

넥서스CROSS

하나님나라에 대한
기대와 설렘을 갖게 하는 책

세상에 많은 성경공부와 제자훈련 양육프로그램이 있지만 '하나님나라'라는 주제로 일관되게 관통하는 성경공부는 거의 보지 못했습니다. 그래서 '하나님나라'로 관통하는 이종필 목사님의 세미나가 저에게 많은 유익과 도전을 주었습니다. 하나님나라라는 성경의 진수를 뽑아낸 이 목사님의 저술이 출판된 것은 한국교회와 하나님나라를 위해 참으로 감사한 일입니다. 이 책이 많은 이에게 읽혀지고 연구되어 이 땅에 하나님나라를 위해 일어서는 수많은 그리스도인이 태어나기를 축복합니다.

– 장용섭, 수원서부교회 목사

'뻥' 뚫린다는 통쾌함이 이런 느낌이구나! 뭔가 알 듯하면서도 막상 손에 잡히지 않았던 추상적인 '하나님나라'의 개념이 이제야 손에 쥐어졌다. 성경 66권을 하나의 Story로 보는 눈을 갖게 되니 성경은 더 이상 어려운 책이 아니다. 이 책은 목회자뿐만 아니라 평신도에게도 알기 쉽게 하나님나라에 관한

성경적 안목을 갖게 하고, 하나님의 백성으로서 살아가야 할 삶이 무엇인지
바라보게 한다.   – 김영광, 봉신교회 목사

　바쁜 일상들 속에서도 나름대로 신앙생활을 잘하고 있다고 생각하며 살다
가 이종필 목사님의 세미나와 이 책을 통해 하나님의 나라를 명확하게 이해할
수 있었다. 하나님의 백성이 하나님나라의 주권을 인정함으로 삶의 방향성이
세상이 아닌 하나님나라에 정확하게 맞추어지게 될 때 닫힌 기도의 문이 열려
지게 되었다. 따라서 이 책은 단순한 성경개관이 아니다. 하나님나라에 대한
기대와 설렘을 갖게 하는 한 편의 편지와 같다. 모든 성도가 이 책을 통해 무뎌
진 영성과 신앙이 회복되어 하나님나라의 비밀을 소유한 행복한 그리스도인
으로 살아가기를 기대한다.   – 최정숙, 에덴교회 사모

　이전까지 말씀 속에 담긴 진리를 깨닫지 못한 채 세속적인 신앙인으로 살았
습니다. 그러던 중 하나님의 인도하심으로 이종필 목사님의 성경관통 강의를
들으며 성경의 배경과 역사까지 아우르며 하나님나라의 백성으로서 주님의
사명이 무엇인지 알게 되었고, 비전을 찾아 실천하는 삶이 되기를 다짐하게
되었습니다. 정말 감사합니다.   – 김영숙, 세상의빛교회 집사

　목회자가 평생 해야 할 가장 중요한 것 중 하나가 성경연구입니다. 그동안

성경연구의 다양한 방법을 만나 보았습니다. 하지만 성경 전체의 숲을 보지 못하니 뭔가 방향성을 잃게 되었다고 인정하지 않을 수 없었습니다. 이종필 목사님의 이 책과 더불어 성경관통 세미나에 참석하고 나서 성경을 폭넓게 바라볼 수 있는 '하나님나라'라는 정말 획기적인 관점을 깨닫게 되었습니다. 목회자들이 이 책과 더불어 세미나를 통해 '오직 성경으로 돌아가라'는 개혁자들의 가르침에 동참하기를 바랍니다.

– 김형민, 등주교회 목사

그동안 저에게 '하나님나라'는 중요한 개념이었지만, 피상적으로 이해되었습니다. 하지만 이종필 목사님의 세미나와 책을 통해 '하나님나라'를 정확하고 구체적으로 바라보게 되었습니다. 하나님나라를 이 땅 가운데 이루어 갈 수 있는 바른 길을 보여 주심에 감사합니다.

– 최완수, 평성교회 목사

오랜 시간 동안 이종필 목사님의 세미나에 참석하여 '하나님나라'를 배웠습니다. 그러면서 하나님나라를 확장하는 사명에 동행하는 꿈을 품게 되었고, 하나님을 더욱 깊이 바르게 알게 되었습니다. 하나님나라를 위한 큰 걸음을 내딛게 해 주신 이종필 목사님에게 진심으로 감사드립니다.

– 김재상, 임마누엘교회 집사

지금껏 성경말씀을 대할 때 구속사적 관점에서, 혹은 언약적인 관점에서 하나님의 뜻을 찾으려 했다. 그런데 하나님나라의 관점에서 성경을 연구할 수 있도록 안내하는 이종필 목사님의 세미나와 책을 통해 이 모든 관점을 포괄하는 성경을 보는 새로운 눈을 갖게 되었다. '하나님나라 관점으로 배우는 성경 관통 세미나'를 통해 내 삶의 주인이신 하나님에게 더욱 마음을 내어 드릴 수 있게 되어 기쁘다. 하나님의 백성인 나는 하나님의 주권에 충실하여 하나님이 기뻐하시는 삶을 살도록 할 것이다. 이종필 목사님의 시원시원한 성경 세미나를 통해 나는 하나님 아버지의 자녀로 하나님이 주신 땅, 즉 사명을 빼앗기지 않고 하나님이 주신 말씀을 지키며 사명의 지경을 넓혀 나갈 것이다.

— 박명애, 성광교회 전도사

이 책이 있기까지 말씀에 대한 열정을
모아 주신 모든 분에게

이 책은 사실 제가 그동안 시무했던 교회들의 성경공부, 신학교 강의, 목회자들을 위한 세미나에서 했던 성경강의의 결과물입니다. 정말 부족한 저를 목회자로 부르시고, 성경에 관심을 갖도록 축복하시고, 지난 15년 이상을 꾸준히 성경을 연구하게 하신 하나님에게 영광을 돌리며 감사의 찬양을 올려 드립니다.

시간이 지날수록 저를 신앙으로 교육하신 아버지 故 이재화 목사님과 어머니 황순임 사모님의 영향이 지대함을 느끼며 감사하게 됩니다. 또한 그동안 저를 가르치신 수많은 교수님에게 감사의 말씀을 일일이 전하지 못함이 참으로 죄송할 따름입니다. 저와 동역하며 가르치신 수많은 선배 목사님이 저의 스승이셨습니다. 묵묵히 저를 격려하는 아내와 개척해서 지금까지 목회할 수 있도록 절 도운 사랑하는 성도님은 제가 평생을 두고 아름다운 목회와 인격으로 빚을 갚아야 하는 분들입니다. 저의 세 자녀 시은, 지민, 재현은 바쁜 아빠를 이해해 주는 기특한 녀석들입니다.

저는 특히 강의와 설교와 세미나의 현장에서 더욱 큰 영감을 얻습니다. 그동안의 강의와 세미나를 통해 저의 원고가 완성되어 갔다는 점에서 학교의 강의와 성경공부와 목회자 세미나에 참석하셔서 제가 말씀을 나누도록 해 주신 분들에게 감사하지 않을 수 없습니다. 여러분의 말씀에 대한 열정적인 소망이 이 책을 가능하게 하셨습니다. 정말입니다.

이 책은 학문적인 책이나 논문이 아닙니다. 졸고이지만 신앙에 도움이 될까 하여 그저 한 목회자 나름대로의 성경해석법을 풀어 놓은 책입니다. 절대로 독창적인 작품이라 할 수 없으며, 많은 분에게서 영감을 얻었습니다. 신대원에서와 박사과정에서 저를 가르쳐 주신 분들, 만난 적은 없지만 하나님나라 관점으로 성경을 볼 수 있도록 책을 편찬하신 분들, 성경사전과 자료를 편찬하신 분들에게 감사의 말씀을 전하고 싶습니다.

마지막으로 책이 나올 때까지 온갖 수고를 아끼지 않은 저의 진실한 동역자 신철웅 목사와 오헌 강도사, (주)넥서스 크로스팀을 비롯한 여러분에게 감사드립니다.

서초동의 목회현장에서
野草 이 종 필 목사

성경,
기독교 신앙의 중심

성경! 성경은 우리 기독교 신앙의 전부라고 말할 수 있겠다. 그리고 성경을 통해 온전하게 전달된 하나님의 뜻대로 살아가는 성도와 그런 성도로 이루어진 교회는 하나님의 증인이 될 수 있음을 믿는다. 이 땅에 하나님나라의 진정한 소망을 전할 수 있는 그런 증인 말이다.

우리 한국교회 성도들은 성경을 정말 열심히 읽는다. 기도도 참 열심히 한다. 하루 몇 시간씩 기도한다는 분들을 종종 만나게 된다. 그런데도 한국교회 성도의 삶이 상당히 하나님의 뜻과 멀어져 있다는 것을 느낀다. 수많은 예배와 아름다운 찬양, 열정적인 기도가 넘쳐 나지만, 한국교회에는 최근 부정적인 스캔들이 많아지고 있다. 중세교회의 냄새가 나기도 한다.

무엇이 문제일까? 말씀이 부족한가? 기도가 부족한 건가? 마음은 원이로되 육신이 약하여 말씀을 실천하지 못하는 것이 문제일까? 여러 가지 이유가 있을 것이다. 한국교회가 직면한 문제의 이유를 찾아보고자 하는 마음이 컸다.

그런 맥락에서 열심히 성경을 보고, 성도를 만나고, 현장에서 설교하고 강의하면서 나는 나름의 해답을 찾게 되었다.

마르틴 루터에 의해 촉발된 종교개혁은 개신교라고 총칭할 수 있는 기독교의 거대한 흐름을 만들었다. 종교개혁이 기독교 신앙에 일으킨 가장 중요한 변화는 하나님의 말씀인 성경에 가장 높은 권위를 부여했다는 것이다. 이와 더불어 모든 사람이 성경을 읽고 연구하며 하나님의 뜻을 발견할 수 있는 길을 열었다. 성경이 최고의 권위를 갖게 된 것과 모든 사람이 성경을 연구하여 하나님의 뜻을 발견할 수 있게 되었다는 것은 중세 기독교에서는 상상할 수 없는 일이었다. 종교개혁을 통해 기독교는 성경이 전하는 올바른 신앙적 가르침에 따라 교회를 세울 기틀을 마련한 것이다. 루터, 츠빙글리, 칼빈 등 많은 개혁자의 후예들은 지금 기독교의 다양한 흐름을 형성하고 있다.

이후로 수많은 성경연구서가 나왔다. 성경을 통해 하나님의 뜻을 발견하기 위해 많은 방법론이 나왔다. 특히 한국교회는 모든 성도가 다양한 버전의 성경을 가지고, 각자의 성경읽기(큐티)를 통해 하나님의 뜻을 발견하며 살 수 있는 정도까지 발전(?)했다. 그런데도 우리의 삶은 하나님과 멀어지고 있는 것 같다. 교회와 교회의 구성원에게서 하나님의 뜻이 보이지를 않는다. 예배와 찬양, 기도회 등의 종교의식은 정말 화려하게 발전했고, 교회의 건물은 상상할 수 없이 좋아졌다. 그러나 우리가 스스로를 아무리 좋게 보려고 해도, 화려한 프로그램과 건물에 반비례하여 우리네 교회는 세상의 모습을 닮아 가는 것

같다. 하나님나라가 구현되어야 할 교회에서 세상의 모습이 보인다. 어떨 때는 세상의 모습만 보이는 것 같기도 하다. 나는 이 대목에서 종교개혁자들이 기독교 신앙의 중심으로 세워 놓은 성경이 지금 한국교회에서 어떻게 가르쳐 지는지 돌아보려 했다.

종교개혁 이후 500년이 지났다. 우리가 확신할 수 있는 것은 여전히 우리 기독교 신앙의 중심에 성경이 있다는 것이다. 이 점에 있어서 우리는 종교개혁자들의 후예가 확실하다. 성경을 강론하는 설교가 예배의 중심을 차지한다. 말씀을 강조하지 않는 목회자는 찾아보기 힘들다. 모든 성도는 지금보다 말씀을 더 읽어야 한다는 부족함을 항상 느낀다. 말씀을 암송하는 주일학교 아이들은 여전히 귀한 미래의 재목으로 칭찬받는다. 그런데 왜 한국교회는 말씀 중심에 서 있지 못한가?

문제는 명백하다. 성경을 잘못 보고 있기 때문이다. 성경을 많이 보고 묵상하는데, 모두 아전인수식이다. 하나님이 말씀을 주실 때 의도하셨던 것, 하나님나라를 세상에 임하게 하는 것과 하나님나라를 확장하려고 믿는 자들을 구원하신 것을 전혀 생각하지 않고, 각자의 생각과 주관대로 성경을 읽고 있다. 이런 현실에서는 아무리 성경을 많이 봐도 하나님나라가 구현되지 않는다. 성경적인 가르침에서 여러 면으로 벗어나 있는 가톨릭교회보다 세계의 개신교 교회들이 신뢰를 얻지 못하는 이유는 바로 여기에 있다. 우리는 성경을 잘못 보고 있는 것이다. 성경의 권위는 엄청나게 높은데, 성경을 복받기 원하는 탐욕의 눈으로 보고 해석한다. 이러니 교회 안에 탐욕에 의한 스캔들이 끊이지 않는 것이다. 게다가 각자 해석한 성경을 따라 교회가 엄청나게 분열하고 있다.

교회는 성경의 권위를 높이는 것이 아니라 자신들이 잘못 해석한 결과물의 권위를 높이고 있다. 설교에서 하나님나라는 찾을 수 없다. 세상의 나라에서 성공하고 자기 개발하고 잘사는 법이 설교로 선포된다. 병 낫고, 부자 되고, 문제를 해결하는 것이 신앙의 목적이 되고 있다. 성경을 잘못 해석한 인간의 결과물에 성경의 권위가 더해진 것이다. 교회가 세상의 나라를 가르치면서, 그 가르침에 성경의 권위를 부여하고 있으니 절대적인 타락이 일어나고 있다. 성경의 절대적인 권위를 믿는 우리 개신교 교회와 성도는, 성경이 올바로 해석되어 하나님의 의도대로 전해지고 있는지 돌아보아야 한다. 말씀이 잘못 전해진다면 차라리 설교가 없는 예배가 더 바람직할 수 있다. 중세 가톨릭교회가 성경번역을 금하고, 성직자의 사적인 성경해석을 금한 이유가 이제 설득력을 얻고 있지 않은가? 성경을 세상의 눈으로 해석하고 우리의 욕망을 위한 도구로 사용하는 지금과 같은 상황이 계속된다면, 하나님은 교회를 외면하실 것이다. 지난 500년 동안 진리의 터요, 선교의 도구로 사용하셨던 그 교회를 말이다.

개신교 신앙에서 성경의 중요성에 대해선 더 이상 말할 필요가 없다. 종교개혁자들은 교회의 권위나 전통을 제치고 성경을 기독교 신앙의 중심으로 삼았다. 이제 성경은 잘 해석되어야 하고, 하나님의 의도대로 전파되어야 한다. 성경은 약 1,500년에 걸쳐서 수십 명의 저자가 쓴 66권으로 구성된 책이다.

동시에 성령께서 영감하여 기록한 통일성 있는 하나의 책이다. 다시 한 번 강조하지만 "통일성 있는 한 권의 책"이다. 읽는 사람에 따라 다양한 은혜를 경험하는 것은 좋지만, 읽는 사람에 따라 혹은 각 권에 따라 전혀 다른 내용, 나아가 상충되는 사상이 강조된다면 문제가 있다. 성경을 어떻게 보느냐에 따라 건실한 교회가 세워질 수도 있고, 각종 이단이 나타날 수도 있다. 따라서 성경을 하나님의 말씀으로 믿는 믿음과, 어떻게 성경을 통합하는 일관된 관점으로 성경 전체를 하나님의 의도에 따라 바르게 이해할 수 있는지가 우리에게 가장 중요하게 되었다. 특히 성경을 우리의 신앙과 삶의 유일한 기준으로 보는 개신교 성도에게는 이 관점이 어느 것과도 견줄 수 없는 중요한 것이라 할 수 있다.

그동안 성경에 관해 수많은 책이 출간되었다. 어떤 저자는 성경 몇 구절로 한 권의 책을 쓰기도 했다. 깊고 좋기는 한데 모든 사람이 이런 식으로 성경 한 구절 한 구절에 대해 깊이 이해하려 하면 통일성 있게 전체를 보기 어렵다. 어떤 분은 간단하게 성경은 구원에 관한 책, 예수님을 증거하는 책이라고 말한다. 간단하긴 한데 과연 성경의 모든 책이 그렇게 간단히 정리될 수 있는 것인가 의문이 든다. 성경은 쉬운 것 같으면서도 어렵다. 성경은 그렇게 방대한 책이 아님에도 불구하고, 전체를 통일성 있게 이해하기 쉽지 않다. 그러면 어떻게 해야 하는가? 성경 전체를 통해 하나님이 의도하시는 뜻을 정확하게 이해할 방법이 있는가?

그 답에 조금이라도 접근하기 위해 평범한 목회자의 입장에서 오랜 시간 고민한 결과물을 조심스럽게 내어놓는다. 이 책에서 나는 '하나님나라'를 성경 전체를 해석할 수 있는 기준으로 제시한다. 하나님이 이 땅에서 행하시는 모든 사역과 구원의 역사를 포괄하는 개념으로 하나님나라를 말하는 것이다. 하나님나라에 대해 신학적으로 접근하려는 것이 아니다. 하나님의 통치가 이루어지는 '하나님나라'의 개념을 말하려는 것이며, 이 개념을 적용하여 성경 각권을 해석하였다. 국가를 구성하는 기본요소 국민, 주권, 영토의 개념을 하나님나라에 적용하여 하나님의 백성, 하나님의 땅, 하나님의 주권이라는 개념으로 성경의 메시지를 풀어내려는 시도가 이 책에 담겨 있다. 그리하여 성경을 통해 드러나는 하나님의 의도, 즉 우리에게 주시려는 메시지를, 각 권을 무시하지 않고 동시에 성경 전체의 통일성을 견지한 채 파악하려 한다. 부디 성경이 올바로 해석되어 강단에서 선포되고, 모든 성도가 이 세상에서 하나님나라의 복음을 삶으로 전하는 교회를 세우게 되길 소망한다. 부디 이 책이 사랑하는 한국교회와 믿음의 동역자에게 도움이 된다면 너무나 기쁠 것이다.

이 종 필 목사

🌿 차례

PART 3
하나님나라로
구약 권별 관통

PART 1

하나님나라로
성경관통

1

하나님나라
이해하기

'하나님나라'라고 하면 다양한 이미지를 떠올리겠지만 대부분 죽
어서 가는 천국을 떠올리기 쉽다. 나는 이 책에서 '하나님나라'에 대해
조금 색다른 이해를 소개하려 한다. 그리고 이제 소개하려는 이 '하나님
나라'라는 개념을 통해 성경 전체를 관통하여 하나님이 전하시려 했던
메시지를 정리해 보려고 한다. 성경의 저자들을 통해 전하시려 했던 하
나님나라 복음의 핵심 메시지를 말이다.

✚ 하나님나라

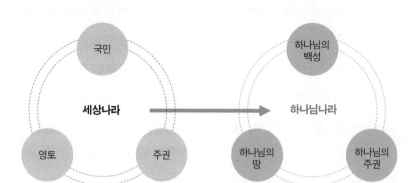

국가의 3요소로 본 세상나라와 하나님나라

하나님나라의 복음을 전하기 위해 하나님나라의 개념을 이해하는 것은 성경 전체를 관통하여 보기 위해 중요하다. 위의 그림에서 먼저 세상나라를 살펴보자. 국가는 국민, 영토, 주권이라는 세 가지 요소로 구성된다. 대한민국이라는 국가는 대한민국 국민이 대한민국 영토에서 대한민국의 주권을 수호하며 살아가는 나라이다. 이 중 가장 중요한 개념은 주권이다. 땅과 백성이 있더라도 주권이 없으면 국가라 할 수 없기 때문이다. 국가의 개념에서 주권이란 대한민국 국민이 스스로 법을 만들고, 그 법에 따라 나라를 통치하는 것이다.

이 나라의 개념을 하나님나라에 도입하면, 하나님나라란 "하나님이 선택하신 백성이 하나님이 주신 땅에서 하나님의 주권을 지키며, 즉 하나님의 통치에 순종하며 살아가는 나라"로 정리할 수 있다. 하나님나라에서도 가장 중요한 개념은 주권인데, 이는 통치를 의미한다. 주님이 가르치신 기도에서 "나라가 임하옵시며"(마 6:10)라는 구절은 하나님의 통치가 이루어짐을 뜻한다. 하나님나라는 하나님의 백성에 대한 하나님의 통치가 이루어지는 영역인 것이다.

복음은 예수 그리스도께서 우리를 구원하셨다는 좋은 소식이다. 그리고 하나님나라의 복음은 예수 그리스도를 통해 구원받은 하나님의 백성이 하나님의 통치로 들어가는 것을 말한다(사 52:7).

〈이사야서〉52:7
좋은 소식을 전하며 평화를 공
포하며 복된 좋은 소식을 가져
오며 구원을 공포하며 시온을
향하여 이르기를 네 하나님이
통치하신다 하는 자의 산을 넘
는 발이 어찌 그리 아름다운가

다시 말하지만 하나님의 백성에게 하나님의 통치가 이루어지는 영역이 바로 하나님나라이다. 성경은 〈창세기〉부터 〈요한계시록〉까지, 구약의 이스라엘과 신약의 성도(하나님의 백성)를 통해 인류 역사 속에 진행된 하나님나라를 기록한 책이다. 따라서 하나님나라의 개념으로, 그 세 구성요소인 하나님의 백성, 땅, 주권으로 성경을 이해할 때 가장 정확하게 메시지를 파악할 수 있다.

여호와 하나님이 그 사람을 이끌어 에덴동산에 두어 그것을 경작하며 지키게 하시고 여호와 하나님이 그 사람에게 명하여 이르시되 동산 각종 나무의 열매는 네가 임의로 먹되 선악을 알게 하는 나무의 열매는 먹지 말라 네가 먹는 날에는 반드시 죽으리라 하시니라(창 2:15~17)

네 조상의 하나님 여호와께서 네게 주셔서 차지하게 하신 땅에서 너희가 평생에 지켜 행할 규례와 법도는 이러하니라(신 12:1)

예수께서 나아와 말씀하여 이르시되 하늘과 땅의 모든 권세를 내게 주셨으니 그러므로 너희는 가서 모든 민족을 제자로 삼아 아버지와 아들과 성령의 이름으로 세례를 베풀고 내가 너희에게 분부한 모든 것을 가르쳐 지키게 하라 볼지어다 내가 세상 끝날까지 너희와 항상 함께 있으리라 하시니라(마 28:18~20)

위의 성경은 각각 에덴동산[+]과 예수님 이전 구약시대와 예수님 이후 신약시대의 하나님나라의 개념을 설명하는 좋은 모델 구절이다. 각 구절에서 하나님의 백성은 하나님이 주신 땅을 선물로 받는다. 그 땅은 하나님의 백성에게 주어진 축복이다.

그런데 성경의 역사를 보면 하나님의 통치가 이루어지지 않을 때 땅을 잃게 되는 것을 알 수 있다. 반대로 하나님이 선택한 백성이 하나님이 주신 땅에서 하나님의 주권 아래 살며 하나님의 통치를 이루어갈 때, 땅은 번성하고 확장된다. 따라서 하나님이 주신 땅에서 하나님의 주권을 확립하며, 나아가 하나님의 주권이 미치는 영역을 확장해 나아가는 것이 하나님의 백성에게 가장 중요한 사명이 된다. 이것은 필연적인 사명이다. 땅은 선물인 동시에 사명이다.

성경은 이러한 하나님나라의 원리가 어떻게 역사 속에 나타났는지를 계속 추적하여 하나님의 백성에게 보여 준다. 나아가 완성될 하나님나라를 계시하며 하나님의 주권을 확립하고 확장해 나가도록 우리를 독려하고 있다. 하나님의 백성인 우리가 하나님의 주권과 사탄의 유혹 사이에서 벌어지는 영적 전쟁에 승리하도록 독려하는 것이다. 이것이 성경의 핵심 메시지이다. 하나님의 주권은 그분이 우리의 삶을 통치하시고, 우리의 삶에 주인이 되심을 인정하는 것을 의미한다. 하나님의 은혜로 예수 그리스도를 통해 구원받은 하나님의 백성은 하나님이 주신 삶의 영역에서 하나님의 주권을 확립하고 그 하나님나라를 확장해 나아가야 한다.

Note

✢ 에덴동산
히브리어로 '에덴'은 '즐거움, 기쁨'이라는 의미를 지닌다. 하나님이 최초의 인간인 아담과 하와에게 살도록 허락하셨던 곳이다.

✝ 하나님나라와 언약

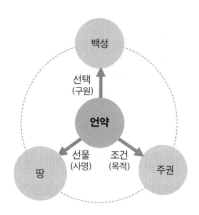

언약으로 맺어진 하나님나라의 3요소

〈창세기〉 21:27, 32
아브라함이 양과 소를 가져다
가 아비멜렉에게 주고 두 사람
이 서로 언약을 세우니라……
그들이 브엘세바에서 언약을
세우매 아비멜렉과 그 군대 장
관 비골은 떠나 블레셋 사람의
땅으로 돌아갔고

하나님이 인류의 역사 속에 하나님나라를 형성하고, 유지해 가시는 방법은 '언약'이다. 언약은 원래 고대 근동지방에서 상호 간에 맹세할 때 쓰는 방법이었다. 성경에는 이러한 인간 사이의 언약이 많이 나온다. 아브라함은 아비멜렉과 언약을 세운다(창 21:27, 32). 야곱도 그의 삼촌 라반과 언약을 세운다.

이제 오라 나와 네가 언약을 맺고 그것으로 너와 나 사이에 증거를 삼을 것이니라(창 31:44)

이 언약은 1) 언약의 두 당사자들, 2) 언약으로 서로에게 주는 예물(선물), 3) 서로 지켜야 할 조건을 내용으로 한다.

하나님은 언약이라는 방법을 통해서 하나님나라를 이루신다. 하나님나라를 이루기 위해 하나님이 인류와 세운 대표적인 언약을 통해, 우리는 하나님나라의 개념과 구성요소들을 이해할 수 있다. 에덴동산에서 하나님과 아담·하와 사이에 세워진 언약(창 2장), 시내산⁺에서 하나님과 이스라엘 백성 사이에 세워진 언약(출 19장~레 27장), 십자가에서 하나님과 온 인류 사이에 세워진 언약(마 26~27장 외 복음서)이 그것이다. 이 언약들은 성경 전체를 이해하는 틀이 된다.

하나님나라의 개념으로 성경을 관통하여 볼 수 있다는 말은, 언약을 통해 하나님나라를 세워 가신 것이 성경 전체의 중심 사상이자 핵심이라는 의미이다. 이 말은 언약을 통해 세우신 하나님나라의 구성요소를 분석함으로써 기독교 신앙의 중심인 성경을 가장 명료하고도 정확하게 이해할 수 있다는 확신에 기초하고 있다.

위에 제시한 세 가지 중요한 언약을 따라 하나님나라를 살펴보자.

우선 하나님은 자신의 백성을 선택하셔서 언약의 당사자로 세우신다 (아담 → 이스라엘 → 인류). 그리고 언약의 당사자에게 땅을 선물로 주신다(에덴동산 → 가나안 → 온 땅). 언약의 당사자인 하나님의 백성은 그 땅에서 하나님의 주권을 지키며 살아가야 한다(선악과 명령 → 모세의 율법 → 하나님의 말씀). 에덴동산, 가나안,⁺ 온 세상은 하나님이 언약을 통해 하나님나라를 세우려 하셨던, 하나님의 계획이 집중되어 있었던 곳이다.

하나님이 아담과 하와를 선택하셔서 그들에게 에덴동산을 주시고, 그곳에서 하나님의 명령을 지키며 살아가게 하셨다. 하나님은 아브라함의 자손 이스라엘 백성을 선택하여 그들에게 가나안을 주시고, 그곳에서 모세의 율법을 지키며 살아가게 하셨다. 하나님은 영적 아브라함의 자손인 신약의 성도들, 즉 예수 그리스도를 믿는 자들을 선택하여 그

⁺ 시내산
오늘날 이집트의 시내반도 남단에 위치한 것으로 추정되는 시내산은 모세가 하나님에게 십계명을 받았던 곳이다(출 19장). '호렙산'(출 17:6), '하나님의 산 호렙'(출 3:1), '산'(출 19:2), '하나님의 산'(출 24:13)으로도 불렸다.

⁺ 가나안
이집트와 소아시아 사이에 위치한 지중해 동부 연안지역(팔레스타인~남부 시리아)을 말한다. 성경에서의 가나안은 일반적으로 요단 서편지역을 의미하며(창 10:19), 하나님이 아브라함과 그 자손들에게 주시겠다고 약속한 땅을 지칭한다(창 12:7).

들에게 온 땅을 주시고, 그곳에서 하나님의 말씀을 지키며 살아가게 하셨다.

하나님은 자신이 선택한 언약백성이 하나님이 주신 땅에서 하나님의 말씀을 지키며 평화로 가득한 하나님의 나라를 확장해 나갈 때, 하나님이 주신 땅이라는 선물을 유지하게 하신다. 하지만 언약백성이 그 땅에서 하나님의 나라를 확장해 가는 사명을 망각할 때, 선물로 받은 그 땅에서 쫓겨나게 되는 것이다.

기독교 신앙을 가진 모든 사람은 하나님의 언약백성이며, 하나님은 언약백성에게 이 땅을 선물로 주셨다. 선물로 주신 땅은 동시에 사명의 땅이기도 하다. 하나님의 언약의 목적은 하나님나라를 확장하는 데 있다. 하나님의 이름이 높임을 받고, 모든 인류를 위해 하나님의 나라가 이 땅에 임하고, 하나님의 뜻이 땅에서도 이루어지게 되는 것이다. 이것이 우리를 선택하신 목적이다. 그래서 예수님은 이것을 위해 기도하라고 하신 것이다. 그 기도의 내용은 언약백성의 삶의 목적과 맞닿아 있다.

언약백성이 실패하는 것은 하나님이 우리와 언약을 맺고 구원하신 목적을 망각하기 때문이다. 하나님의 언약백성은 하나님이 선물이자 사명으로 주신 땅에서 하나님의 주권을 인정하며, 하나님의 나라를 확장하는 일이 언약의 목적이자 조건임을 깨닫고 순종의 삶을 살아가야 한다. 죽음 이후의 천국은 이 땅에서 하나님나라를 이루어 가며 살아가는 자들에게 주어지는 자연스러운 최종적 축복이다. 하지만 이 땅에서 선물로 주신 땅의 축복에 집착하게 되면, 결국 땅의 축복을 상실하게 된다는 것이 성경 전체의 내용인 것이다.

✚ 언약과 하나님나라의 3요소

1. 선택하여 관계를 맺으신다

하나님나라를 이루시기 위해 하나님이 우리와 세우신 언약은 먼저 선택하여 관계를 맺는 데서 시작한다. 이것이 바로 구원이다. 성경 전체는 하나님이 언약을 통해 우리와 관계를 맺으시는 것을 반복적으로 말씀하고 있다(창 17:7; 출 19:5; 신 7:6; 렘 31:33; 겔 37:27; 계 21:7).

〈신명기〉 7:6
너는 여호와 네 하나님의 성민이라 네 하나님 여호와께서 지상 만민 중에서 너를 자기 기업의 백성으로 택하셨나니

내가 내 언약을 나와 너 및 네 대대 후손 사이에 세워서 영원한 언약을 삼고 너와 네 후손의 하나님이 되리라(창 17:7)

세계가 다 내게 속하였나니 너희가 내 말을 잘 듣고 내 언약을 지키면 너희는 모든 민족 중에서 내 소유가 되겠고(출 19:5)

그러나 그 날 후에 내가 이스라엘 집과 맺을 언약은 이러하니 곧 내가 나의 법을 그들의 속에 두며 그들의 마음에 기록하여 나는 그들의 하나님이 되고 그들은 내 백성이 될 것이라 여호와의 말씀이니라(렘 31:33)

〈에스겔서〉 37:27
내 처소가 그들 가운데에 있을 것이며 나는 그들의 하나님이 되고 그들은 내 백성이 되리라

이기는 자는 이것들을 상속으로 받으리라 나는 그의 하나님이 되고 그는 내 아들이 되리라(계 21:7)

2. 선물이자 사명인 땅을 주신다

이렇게 하나님과 관계를 맺은 자들에게 하나님은 선물이자 사명으로 땅을 주신다. 하나님은 그분의 백성에게 언제나 땅을 약속하시며, 그 약속한 땅을 허락하신다는 것을 아래의 성경구절을 통해 알 수 있다(창 15:15, 26:4; 출 33:1; 느 9:8; 시 105:11; 마 5:5; 행 1:8). 땅은 하나님의 백

〈창세기〉 26:4
네 자손을 하늘의 별과 같이 번성하게 하며 이 모든 땅을 네 자손에게 주리니 네 자손으로 말미암아 천하 만민이 복을 받으리라

성이 사명을 이루며 살아야 할 터전인 것이다.

그 날에 여호와께서 아브람과 더불어 언약을 세워 이르시되 내가 이 땅을 애굽 강에서부터 그 큰 강 유브라데까지 네 자손에게 주노니(창 15:18)

여호와께서 모세에게 이르시되 너는 네가 애굽 땅에서 인도하여 낸 백성과 함께 여기를 떠나서 내가 아브라함과 이삭과 야곱에게 맹세하여 네 자손에게 주기로 한 그 땅으로 올라가라(출 33:1)

그의 마음이 주 앞에서 충성됨을 보시고 그와 더불어 언약을 세우사 가나안 족속과 헷 족속과 아모리 족속과 브리스 족속과 여부스 족속과 기르가스 족속의 땅을 그의 씨에게 주리라 하시더니 그 말씀대로 이루셨사오매 주는 의로우심이로소이다(느 9:8)

이르시기를 내가 가나안 땅을 네게 주어 너희에게 할당된 소유가 되게 하리라 하셨도다(시 105:11)

온유한 자는 복이 있나니 그들이 땅을 기업으로 받을 것임이요(마 5:5)

오직 성령이 너희에게 임하시면 너희가 권능을 받고 예루살렘과 온 유대와 사마리아와 땅 끝까지 이르러 내 증인이 되리라 하시니라(행 1:8)

3. 하나님의 주권을 인정할 것을 조건으로 내세우신다

하나님은 그 땅에서 하나님의 주권을 인정하며, 하나님나라를 확장할 것을 언약의 조건으로 내세우신다. 언약의 조건을 이행하는 것이 땅을 번성하게 하거나 잃게 만드는 원인이 된다. 이것이 언약의 목적이다. 하나님은 아브라함과 언약을 맺고 그 목적을 "여호와의 도를 지켜 의와 공도를 행하는 것"으로 규정하신다(창 18:18~19). 또한 이스라엘 백성

〈창세기〉 18:18~19
아브라함은 강대한 나라가 되고 천하 만민은 그로 말미암아 복을 받게 될 것이 아니냐 내가 그로 그 자식과 권속에게 명하여 여호와의 도를 지켜 의와 공도를 행하게 하려고 그를 택하였나니 이는 나 여호와가 아브라함에게 대하여 말한 일을 이루려 함이니라

과 언약을 맺고 시내산에서 주신 규례와 법도와 율법을 지키는 것이, 하나님이 땅을 주신 목적임을 분명히 말씀하셨다(레 26장, 신 28장). 하나님의 주권이 인정되지 않으면 하나님의 백성에게 주어진 땅의 운명은 뒤바뀐다(왕하 17:15; 대하 36:16).

하나님의 백성 이스라엘은 역사 속에서 이러한 사실을 깨닫고 지혜를 후손들에게 전하려 힘썼다.

Note

〈역대하〉 36:16
그의 백성이 하나님의 사신들을 비웃고 그의 말씀을 멸시하며 그의 선지자를 욕하여 여호와의 진노를 그의 백성에게 미치게 하여 회복할 수 없게 하였으므로

할렐루야, 여호와를 경외하며 그의 계명을 크게 즐거워하는 자는 복이 있도다 그의 후손이 땅에서 강성함이여 정직한 자들의 후손에게 복이 있으리로다(시 112:1~2)

여호와를 경외하는 것이 지식의 근본이거늘 미련한 자는 지혜와 훈계를 멸시하느니라(잠 1:7)

그럼에도 이스라엘 백성이 하나님의 주권을 인정하며 살아가지 않을 때, 선지자들은 그들을 책망하여 하나님의 땅에 하나님의 주권을 세우려 노력했다.

땅이 또한 그 주민 아래서 더럽게 되었으니 이는 그들이 율법을 범하며 율례를 어기며 영원한 언약을 깨뜨렸음이라(사 24:5)

나 주 여호와가 이같이 말하노라 네가 맹세를 멸시하여 언약을 배반하였은즉 내가 네 행한 대로 네게 행하리라(겔 16:59)

다시 말하지만 하나님의 주권이 인정되는 나라를 확장하는 것이 언

약의 목적이다. 그리고 그 목적은 예수님이 율법을 완성하시고 사도들이 복음을 전파함으로 신약의 백성들에게 그대로 전파되었다. 역사의 끝까지 동일한 원리가 적용된다는 것을 우리는 성경을 통해 확인할 수 있다.

그러므로 어디서 떨어졌는지를 생각하고 회개하여 처음 행위를 가지라 만일 그리하지 아니하고 회개하지 아니하면 내가 네게 가서 네 촛대를 그 자리에서 옮기리라(계 2:5)

하나님나라 관점으로
성경 시작하기

2

성경은 "역사 속에 나타난 하나님나라의 시작에서 완성까지의 과정을 기록한 책"이라고 정의하고 싶다. '역사 속에 나타났다'는 것은 하나님의 계시가 인간에게 드러났다는 것이며, '시작에서 완성까지의 과정'이라는 것은 인류 역사의 시작에서 끝까지를 완벽하게 모두 계시한 책이라는 의미이다. 성경을 이렇게 정의하는 것에 동의한다면 하나님나라 관점으로 성경 전체를 다시 살펴보아야 한다. 성경을 하나의 핵심주제로 관통하여 보는 것은 매우 중요하다. 성경을 한눈에 이해하기란 쉬운 일이 아니며, 핵심을 놓치면 엉뚱한 결과를 가져올 수 있기 때문이다.

성경을 이해하는 하나의 핵심주제로 구원, 하나님, 예수 그리스도, 이스라엘 등이 있을 수 있다. '하나님나라'는 이 모든 주제를 완전히 포괄하는 것으로, 인류 역사를 통해 이루어 가시는 삼위일체 하나님의 목적

Note

이다. 앞에서 말한 대로 '하나님나라'란 단순히 죽어서 가는 천국을 의미하는 것이 아니라, 하나님이 선택하신 구원받은 백성이, 하나님이 주신 땅에서, 하나님의 주권을 지키며(확장하며) 살아가는 나라를 말한다.

성경의 역사를 통해 본 하나님나라

하나님나라는 하나님이 창조와 함께 시작하였으며, 아브라함의 후손을 통해 구약시대를 유유히 흘러왔다. 아담과 하와처럼 이스라엘 백성들은 하나님나라의 역사를 거슬렀지만, 하나님나라는 역사 속에서 중단되지 않고 계속 이어졌다. 선지자들을 통한 새 언약에 따라 예수 그리스도께서 오셨고, 그의 하나님나라 복음선포와 십자가 사역을 통해 하나님나라는 교회로 이어지게 되었다. 결국 끝까지 믿음을 지키는 신실한 하나님의 백성들을 통해 하나님나라 계획은 유지되며, 궁극적으로 역사의 끝에 예수 그리스도의 재림으로 완성된다. 이 하나님나라라는 주제는 이스라엘, 하나님, 구속사, 예수 그리스도, 언약, 교회 등 모든 개념을 포함하고 있다.

성경이 '하나님나라의 시작에서 완성까지의 과정을 기록한 책'이라는 것을 보여 주기 위해 성경을 인용하려 한다. 장황한 신학적 설명보다는 핵심을 관통하는 성경구절을 제시하는 것이 훨씬 더 유익하리라 본다.

✚ 창조로 시작된 하나님나라

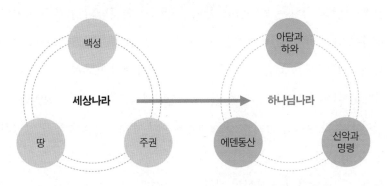

주권의 실패 ▶ 땅의 상실

에덴동산의 하나님나라 모형

성경은 하나님이 이 세상을 창조한 것으로 시작한다.

> 태초에 하나님이 천지를 창조하시니라(창 1:1)

하나님의 창조로 인해 시간과 공간 속에 역사가 시작되었다. 바로 하나님이 창조한 하나님의 백성이 하나님이 주신 땅에서 살아가게 된 것이다.

> 하나님이 자기 형상 곧 하나님의 형상대로 사람을 창조하시되 남자와 여자를 창조하시고 하나님이 그들에게 복을 주시며 하나님이 그들에게 이르시되 생육하고 번성하여 땅에 충만하라, 땅을 정복하라, 바다의 물고기와 하늘의 새와 땅에 움직이는 모든 생물을 다스리라 하시니라(창 1:27~28)

이렇게 이 세상의 역사 속에 하나님의 나라가 시작되었다. 이제 창조된 하나님의 백성은 하나님이 만드신 땅에서 하나님의 주권을 지키며 살아야 한다. 하나님의 주권을 지킨다는 것은 삶의 모든 영역에서 하나님이 주인 되시는 삶을 산다는 것이다. 그 구체적인 표현은 먼저 에덴동산에서 이른바 선악과를 먹지 말라는 "선악과 명령"으로 시작되었다. 인간이 선악과 명령을 지키는 것은 자신의 삶에서 하나님의 주권을 인정하는 것이다. 하지만 인간은 그 명령에 순종하지 않았다. 사탄의 유혹으로 하나님의 명령보다는 자신의 생각을 따르게 되었고, 결국 선악과를 먹게 되었다. 결국 하나님의 백성은 하나님이 주신 땅 에덴동산에서 쫓겨났고, 하나님의 주권을 인정하지 않은 대가를 치르며 살아가게 되었다.

또 여자에게 이르시되 내가 네게 임신하는 고통을 크게 더하리니 네가 수고하고 자식을 낳을 것이며 너는 남편을 원하고 남편은 너를 다스릴 것이니라 하시고 아담에게 이르시되 네가 네 아내의 말을 듣고 내가 네게 먹지 말라 한 나무의 열매를 먹었은즉 땅은 너로 말미암아 저주를 받고 너는 네 평생에 수고하여야 그 소산을 먹으리라(창 3:16~17)

하나님을 알지 못하고 힘겹게 살아가는 모든 인류의 비극적 운명은 여기에서 시작되었다.

✚ 아브라함의 후손을 통해 계속되는 하나님나라

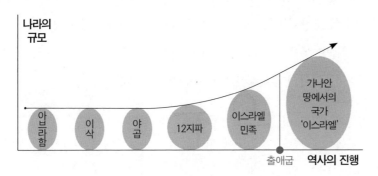

이스라엘의 역사와 함께 확장되는 하나님나라

하나님은 자신을 경외하는 백성들을 통해 이 세상 가운데 하나님의 나라를 세우고 확장하시며, 인류를 구원으로 인도하시기 위한 수고를 멈추지 않으셨다. 하나님의 나라는 아담의 아들 셋과 그 후손인 에녹과 노아를 통해 이어진다. 하나님은 노아의 후손 셈의 자손들 중 아브람을 택하신다. 그를 통해 모든 인류에게 하나님나라의 축복이 이어지게 하시려는 놀라운 계획을 진행해 나가셨다.

여호와께서 아브람에게 이르시되 너는 너의 고향과 친척과 아버지의 집을 떠나 내가 네게 보여 줄 땅으로 가라 내가 너로 큰 민족을 이루고 네게 복을 주어 네 이름을 창대하게 하리니 너는 복이 될지라 너를 축복하는 자에게는 내가 복을 내리고 너를 저주하는 자에게는 내가 저주하리니 땅의 모든 족속이 너로 말미암아 복을 얻을 것이라 하신지라 (창 12:1~3)

하나님은 아브람의 이름을 아브라함, "모든 나라의 아버지"로 바꾸셨다. 이것은 아브라함이 혈통을 초월하여 하나님이 자기 백성 삼으실 모든 성도의 조상이 될 것이라는 약속이다. 아브라함을 통해, 하나님나라의 백성들을 통해 온 세상에 하나님나라가 확장될 것이라는 예언이 선포된 것이다. 하나님은 아브라함에게 땅을 약속하셨다.

롯이 아브람을 떠난 후에 여호와께서 아브람에게 이르시되 너는 눈을 들어 너 있는 곳에서 북쪽과 남쪽 그리고 동쪽과 서쪽을 바라보라 보이는 땅을 내가 너와 네 자손에게 주리니 영원히 이르리라(창 13:14~15)

하나님이 아브라함을 통해 세상에서 하나님의 백성들을 택하시고, 그들에게 땅을 주시려는 이유는 무엇인가? 모든 인류가 하나님의 말씀을 지키며 살아감으로써 죄의 결과로 찾아온 불행에서 벗어나 하나님을 섬기며 이웃을 사랑하는 축복된 삶을 살아가게 하시기 위함이다.

여호와께서 이르시되 내가 하려는 것을 아브라함에게 숨기겠느냐 아브라함은 강대한 나라가 되고 천하 만민은 그로 말미암아 복을 받게 될 것이 아니냐 내가 그로 그 자식과 권속에게 명하여 여호와의 도를 지켜 의와 공도를 행하게 하려고 그를 택하였나니 이는 나 여호와가 아브라함에게 대하여 말한 일을 이루려 함이니라(창 18:17~19)

✝ 이스라엘과의 언약

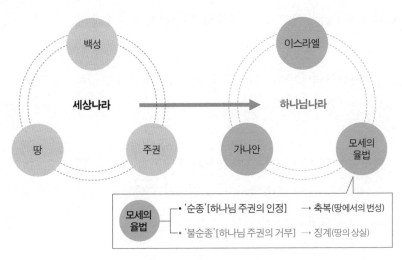

가나안의 하나님나라 모형

아브라함에게 하신 언약은 이삭과 야곱, 요셉으로 대표되는 족장들과 그들의 후손들을 통해 이어진다. 족장들은 어디에 살고 있든지 하나님이 주실 땅에서 이루어질 하나님나라를 소망했다. 그리고 그 하나님나라에 대한 소망을 자손들에게 전달했다.

> 요셉이 그의 형제들에게 이르되 나는 죽을 것이나 하나님이 당신들을 돌보시고 당신들을 이 땅에서 인도하여 내사 아브라함과 이삭과 야곱에게 맹세하신 땅에 이르게 하시리라 하고 요셉이 또 이스라엘 자손에게 맹세시켜 이르기를 하나님이 반드시 당신들을 돌보시리니 당신들은 여기서 내 해골을 메고 올라가겠다 하라 하였더라(창 50:24~25)

하나님은 자신이 살던 땅을 떠나 이방에 거주하던 아브라함의 후손들을 애굽으로 보내셨고, 그곳에서 큰 민족으로 번성하게 하셨다. 하나님 나라를 확장하기 위해 그의 백성들을 번성하게 하신 것이다.

하나님이 그 산파들에게 은혜를 베푸시니 그 백성은 번성하고 매우 강해지니라(출 1:20)

하나님은 그 히브리민족✝의 지도자로 모세를 세우고, 열 가지 재앙✝으로 애굽에서 탈출하게 하시고, 그 민족의 조상에게 약속한 땅 가나안으로 인도하셨다.

바로 그 날에 여호와께서 이스라엘 자손을 그 무리대로 애굽 땅에서 인도하여 내셨더라(출 12:51)

애굽을 탈출하여 하나님이 주실 가나안으로 가는 이스라엘 백성은 시내산에 이르러 하나님과 언약을 맺는다.

이스라엘 자손이 애굽 땅을 떠난 지 삼 개월이 되던 날 그들이 시내 광야에 이르니라 …… 모세가 하나님 앞에 올라가니 여호와께서 산에서 그를 불러 말씀하시되 너는 이같이 야곱의 집에 말하고 이스라엘 자손들에게 말하라 내가 애굽 사람에게 어떻게 행하였음과 내가 어떻게 독수리 날개로 너희를 업어 내게로 인도하였음을 너희가 보았느니라 세계가 다 내게 속하였나니 너희가 내 말을 잘 듣고 내 언약을 지키

✝ 히브리민족
히브리어 '이브리'에서 유래된 '히브리'는 '건너온 사람들'이라는 의미를 지닌다. 성경에서 아브라함이 유브라데 강을 건너온 데서 기원하여 그의 후손인 이스라엘 민족 모두를 지칭하는 명칭이 된 것으로 보인다.

✝ 열 가지 재앙
하나님이 이스라엘 백성을 출애굽시키려고, 이를 막는 애굽 왕 바로에게 내리신 열 가지 재앙을 말한다. 그 재앙들은 다음과 같다. ① 피, ② 개구리, ③ 이, ④ 파리, ⑤ 악질, ⑥ 독종, ⑦ 우박, ⑧ 메뚜기, ⑨ 흑암, ⑩ 장자의 죽음

면 너희는 모든 민족 중에서 내 소유가 되겠고 너희가 내게 대하여 제사장 나라가 되며 거룩한 백성이 되리라 너는 이 말을 이스라엘 자손에게 전할지니라(출 19:1, 3~6)

Note

하나님은 그들의 하나님이 되고 그들은 하나님의 백성이 된다. 이것이 언약이며 하나님이 백성을 삼는 방식이다.

너희를 내 백성으로 삼고 나는 너희의 하나님이 되리니 나는 애굽 사람의 무거운 짐 밑에서 너희를 빼낸 너희의 하나님 여호와인 줄 너희가 알지라(출 6:7)

언약의 백성들이 지켜야 할 말씀을 선포한 후에 비슷한 구절들이 반복되고 있다(레 26:12; 신 29:13). 이러한 하나님백성의 고백은 성경 〈사무엘하〉 7장 24절, 〈역대상〉 17장 22절, 〈시편〉 100편 3절 말씀으로 이어지고 있다.

주께서 주의 백성 이스라엘을 세우사 영원히 주의 백성으로 삼으셨사오니 여호와여 주께서 그들의 하나님이 되셨나이다(삼하 7:24)
주께서 주의 백성 이스라엘을 영원히 주의 백성으로 삼으셨사오니 여호와여 주께서 그들의 하나님이 되셨나이다(대상 17:22)
여호와가 우리 하나님이신 줄 너희는 알지어다 그는 우리를 지으신 이요 우리는 그의 것이니 그의 백성이요 그의 기르시는 양이로다(시 100:3)

〈레위기〉 26:12
나는 너희 중에 행하여 너희의 하나님이 되고 너희는 내 백성이 될 것이니라

〈신명기〉 29:13
여호와께서 네게 말씀하신 대로 또 네 조상 아브라함과 이삭과 야곱에게 맹세하신 대로 오늘 너를 세워 자기 백성을 삼으시고 그는 친히 네 하나님이 되시려 함이니라

하나님의 백성이 하나님이 주신 땅을 얻기 전에 하나님과 언약을 체결한다는 것은, 선물로 받은 땅에서 하나님의 주권을 인정하며 살아가는 백성이 되겠다고 서약하는 것과 같다. 그러므로 하나님의 백성은 하나님이 주실 땅에서 언약의 말씀(율법, 말씀, 성경)을 따라 살아가야 한다. 이것이 축복의 조건이다. 만일 하나님의 백성이 하나님의 말씀을 떠나 하나님의 주권을 인정하지 않으면 주님의 징계가 찾아온다.

> 오직 내가 이것을 그들에게 명령하여 이르기를 너희는 내 목소리를 들으라 그리하면 나는 너희 하나님이 되겠고 너희는 내 백성이 되리라 너희는 내가 명령한 모든 길로 걸어가라 그리하면 복을 받으리라 하였으나 그들이 순종하지 아니하며 귀를 기울이지도 아니하고 자신들의 악한 마음의 꾀와 완악한 대로 행하여 그 등을 내게로 돌리고 그 얼굴을 향하지 아니하였으며(렘 7:23~24)

이것이 성경 전체의 주제이다. 하나님의 백성은 이 세상이 끝날 때까지 하나님의 주권을 인정하고, 하나님의 나라를 확장하는 삶을 살아야 한다. 이것이 축복을 받는 유일한 길이요, 아름다운 인생의 조건이다. 구약의 선지자들은 예수 그리스도에 의해 성취될 새 언약의 하나님나라를 예언했다(렘 30:22, 31:1, 31:33, 32:38; 겔 11:20, 14:11, 36:28, 37:23~27; 호 2:23; 히 8:10; 벧전 2:8 참고).

〈에스겔서〉 11:20
내 율례를 따르며 내 규례를 지켜 행하게 하리니 그들은 내 백성이 되고 나는 그들의 하나님이 되리라

✚ 새 언약을 통해 하나님나라를 성취하신 예수

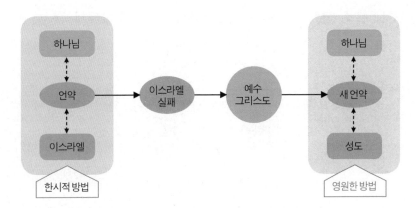

예수 그리스도를 통한 하나님나라의 성취

선지자들이 예언한 새 언약의 약속은 예수 그리스도를 통해 온전히 성취된다. 성부 하나님이 세우신 언약을 예수님의 몸과 피로 성취하신 것이다.

아들을 낳으리니 이름을 예수라 하라 이는 그가 자기 백성을 그들의 죄에서 구원할 자이심이라 하니라 이 모든 일이 된 것은 주께서 선지자로 하신 말씀을 이루려 하심이니 이르시되 보라 처녀가 잉태하여 아들을 낳을 것이요 그의 이름은 임마누엘이라 하리라 하셨으니 이를 번역한즉 하나님이 우리와 함께 계시다 함이라(마 1:21~23)

예수께서 신 포도주를 받으신 후에 이르시되 다 이루었다 하시고 머리를 숙이니 영혼이 떠나가시니라(요 19:30)

예수 그리스도를 통해 하나님나라는 성취되었다. 베드로와 바울과 여러 사도는 예루살렘과 온 세상으로 복음을 전하며 교회를 통해 하나님나라를 확장했다. 그들은 편지로 바른 믿음의 길과 삶의 방식을 전했고, 하나님나라는 종말을 향해 계속 확장되었다.

베드로가 열한 사도와 함께 서서 소리를 높여 이르되 유대인들과 예루살렘에 사는 모든 사람들아 이 일을 너희로 알게 할 것이니 내 말에 귀를 기울이라(행 2:14)

주를 섬겨 금식할 때에 성령이 이르시되 내가 불러 시키는 일을 위하여 바나바와 사울을 따로 세우라 하시니 이에 금식하며 기도하고 두 사람에게 안수하여 보내니라(행 13:2~3)

그리스도 예수의 종 바울과 디모데는 그리스도 예수 안에서 빌립보에 사는 모든 성도와 또한 감독들과 집사들에게 편지하노니(빌 1:1)

이렇게 교회를 통해 확장되는 하나님나라는 예수의 재림을 통해 완성된다. 하나님이 친히 다스리는 완전한 하나님나라에서 성도들은 영원한 삶을 누리게 된다.

내가 들으니 보좌에서 큰 음성이 나서 이르되 보라 하나님의 장막이 사람들과 함께 있으매 하나님이 그들과 함께 계시리니 그들은 하나님의 백성이 되고 하나님은 친히 그들과 함께 계셔서(계 21:3)

✝ 땅을 통해 구체화되는 하나님나라

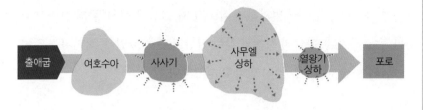

땅의 확장과 상실의 역사(핵심은 하나님주권)

하나님은 아브라함에게 약속하신 것과 같이 선택된 하나님의 백성들에게 땅을 주셨다.

> 이와 같이 여호수아가 여호와께서 모세에게 말씀하신 대로 그 온 땅을 점령하여 이스라엘 지파의 구분에 따라 기업으로 주매 그 땅에 전쟁이 그쳤더라(수 11:23)

이스라엘 백성이 그 땅에서 하나님의 주권을 인정하고 말씀에 순종하여 살아갈 때, 하나님이 명하신 대로 제사하며, 재판하며, 고아와 과부를 돌보며 살아갈 때, 다윗과 솔로몬 시대와 같이 번성을 누렸다.

> 유다와 이스라엘의 인구가 바닷가의 모래 같이 많게 되매 먹고 마시며 즐거워하였으며 …… 솔로몬이 사는 동안에 유다와 이스라엘이 단에서부터 브엘세바에 이르기까지 각기 포도나무 아래와 무화과나무 아래에서 평안히 살았더라(왕상 4:20, 25)

✣ 사사
이스라엘 백성이 가나안에 들
어가서부터 왕이 세워지기 전
까지 이스라엘 백성을 지도했
던 정치, 군사적 지도자를 말
한다. '사사'로 번역된 히브리
어 '쇼페트'는 '재판한다', '다
스린다', '구원한다'는 의미를
지닌다. 이스라엘이 주변의
나라들로부터 공격받을 때마
다 하나님은 사사를 세워서
그들을 통해 이스라엘을 구원
하셨다.

하지만 그들이 하나님의 백성임을 망각하고, 자신들의 주권을 주장하며 하나님의 말씀을 멀리하며 살아갈 때, 그들은 사사✣들의 시대와 같이, 솔로몬 이후 왕들의 시대와 같이 멸망의 길을 걸었다. 선지자들은 하나님이 주권자이심을 잊지 말라고 경고했다.

하늘이여 들으라 땅이여 귀를 기울이라 여호와께서 말씀하시기를 내가 자식을 양육하였거늘 그들이 나를 거역하였도다 소는 그 임자를 알고 나귀는 그 주인의 구유를 알건마는 이스라엘은 알지 못하고 나의 백성은 깨닫지 못하는도다 하셨도다(사 1:2~3)

하나님이 하나님의 백성들을 아름다운 땅에 거하게 하신 것은 아름다운 열매, 하나님의 말씀에 순종하여 서로 사랑하는 삶의 열매를 보시기 위함이었다. 또한 하나님의 영광을 널리 전하여 하나님나라가 온 세상에 확장되는 것을 보시기 위함이었다. 그렇지 않을 때 하나님은 자신의 목적을 회복하기 위하여 징계를 내린다는 것이 구약의 역사서와 선지서가 내리는 같은 결론이다.

예루살렘 주민과 유다 사람들아 구하노니 이제 나와 내 포도원 사이에서 사리를 판단하라 내가 내 포도원을 위하여 행한 것 외에 무엇을 더할 것이 있으랴 내가 좋은 포도 맺기를 기다렸거늘 들포도를 맺음은 어찌 됨인고(사 5:3~4)

하나님의 통치를 거부하는 것은 바로 하나님이 약속하신 땅을 상실하는 것으로 직결된다. 하나님의 주권을 인정하지 않고 살아가도 번영할 것이라는 생각은 결국 재앙을 불러온다.

> 땅이여 들으라 내가 이 백성에게 재앙을 내리리니 이것이 그들의 생각의 결과라 그들이 내 말을 듣지 아니하며 내 율법을 거절하였음이니라(렘 6:19)

하나님은 하나님의 백성이 그들이 속한 땅에서 살아가는 삶의 모습을 보시고 심판하신다.

> 주 여호와께서 이같이 이르시되 재앙이로다, 비상한 재앙이로다 볼지어다 그것이 왔도다 끝이 왔도다, 끝이 왔도다 끝이 너에게 왔도다 볼지어다 그것이 왔도다 이 땅 주민아 정한 재앙이 네게 임하도다 때가 이르렀고 날이 가까웠으니 요란한 날이요 산에서 즐거이 부르는 날이 아니로다 이제 내가 속히 분을 네게 쏟고 내 진노를 네게 이루어서 네 행위대로 너를 심판하여 네 모든 가증한 일을 네게 보응하되(겔 7:5~8)

✚ 땅을 빼앗기는 이스라엘 _ 하나님 백성의 실패

하나님의 주권이 상실된 이후의 역사

Note

✛ 앗수르
B.C. 800년대부터 B.C.
605년 바벨론에 의해 멸망할
때까지 약 200년간 메소포타
미아(오늘날 이라크지역)를 중
심으로 형성된 대제국이다.
B.C. 722년 북이스라엘이 이
들에 의해 멸망당했다.

결국 이스라엘은 두 나라로 나뉘게 되었다. 그리고 북이스라엘이 먼저 앗수르✛에 의해 멸망한다.

앗수르 왕이 올라와 그 온 땅에 두루 다니고 사마리아로 올라와 그 곳을 삼 년간 에워쌌더라 호세아 제구년에 앗수르 왕이 사마리아를 점령하고 이스라엘 사람을 사로잡아 앗수르로 끌어다가 고산 강가에 있는 할라와 하볼과 메대 사람의 여러 고을에 두었더라(왕하 17:5~6)

200년 쯤 후에 남유다도 같은 길을 걷게 된다.

시드기야 제구년 열째 달 십일에 바벨론의 왕 느부갓네살이 그의 모든 군대를 거느리고 예루살렘을 치러 올라와서 그 성에 대하여 진을 치고 주위에 토성을 쌓으매 그 성이 시드기야 왕 제십일년까지 포위되었더라(왕하 25:1~2)

하나님의 백성들에게 주어진 존엄과 하나님에게 드려진 성전의 영광은 완전히 화염에 휩싸였고, 하나님이 주신 땅은 황폐한 곳이 되었다.

바벨론 왕 느부갓네살의 열아홉째 해 오월 칠일에 바벨론 왕의 신복 시위대장 느부사라단이 예루살렘에 이르러 여호와의 성전과 왕궁을 불사르고 예루살렘의 모든 집을 귀인의 집까지 불살랐으며 시위대장에게 속한 갈대아 온 군대가 예루살렘 주위의 성벽을 헐었으며 성 중에 남아 있는 백성과 바벨론 왕에게 항복한 자들과 무리 중 남은 자는 시위대장 느부사라단이 모두 사로잡아 가고 시위대장이 그 땅의 비천한 자를 남겨 두어 포도원을 다스리는 자와 농부가 되게 하였더라(왕하 25:8~12)

이유는 간단하다. 하나님나라의 원리가 작동되지 않았기 때문이다. 하나님의 백성이 하나님이 주신 땅에서 하나님의 주권을 인정하며 살지 않았기 때문이다. 성경의 핵심주제를 하나님나라, 특히 하나님나라의 주권을 인정하며 살아가는 것으로 보는 것은 매우 타당하다. 성경 전체는 하나님나라의 개념으로 볼 때 명확히 정리된다.

✚ 구약에서 약속된 메시아를 통한 하나님나라

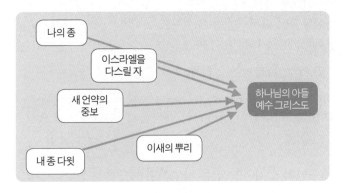

구약에서 예언된 예수 그리스도

에덴동산에서 아담과 하와가 하나님의 주권을 지키지 않아 추방된 후, 아브라함의 후손 이스라엘은 같은 과정을 겪게 되었다. 하지만 하나님

Note

✝ 메시아
히브리어로 '기름부음을 받은 자'라는 뜻으로, '구원자', '해방자'라는 의미를 지닌다. 신약성경에서는 일반적으로 '그리스도'로 번역되었다. 구약에서 기름부음을 받는다는 것은 하나님의 특별한 일들을 수행할 특별한 종으로 부름을 받는다는 의미로 이해되고 있다. 그런 의미에서 제사장(레4:3), 왕(삼상 24:10), 선지자들(왕상 19:16)이 여기에 해당됐다. 신약시대 예수 그리스도께서 진정한 메시아로 이 땅에 오셔서 하나님나라를 성취하셨다.

〈예레미야서〉31:31, 33
여호와의 말씀이니라 보라 날이 이르리니 내가 이스라엘집과 유다 집에 새 언약을 맺으리라 …… 그러나 그 날 후에 내가 이스라엘집과 맺을 언약은 이러하니 곧 내가 나의 법을 그들의 속에 두며 그들의 마음에 기록하여 나는 그들의 하나님이 되고 그들은 내 백성이 될 것이라 여호와의 말씀이니라

은 그의 백성이 실패했음에도 불구하고 하나님나라의 비전을 포기하지 않으신다. 메시아✝ 예수 그리스도를 통해 새 언약을 체결하시고, 하나님나라를 성취하실 것임을 선지자들은 일관되게 전하고 있다.

> 내가 붙드는 나의 종, 내 마음에 기뻐하는 자 곧 내가 택한 사람을 보라 내가 나의 영을 그에게 주었은즉 그가 이방에 정의를 베풀리라(사 42:1)

인류를 구원하고 하나님나라를 성취하실 예수 그리스도는 고난과 십자가의 길을 통해 하나님의 백성을 잉태하고 해산하신다.

> 그가 찔림은 우리의 허물 때문이요 그가 상함은 우리의 죄악 때문이라 그가 징계를 받으므로 우리는 평화를 누리고 그가 채찍에 맞으므로 우리는 나음을 받았도다 우리는 다 양 같아서 그릇 행하여 각기 제 길로 갔거늘 여호와께서는 우리 모두의 죄악을 그에게 담당시키셨도다 (사 53:5~6)

예레미야는 하나님이 하나님의 백성들과 새 언약을 맺으실 것을 예언했다(렘 31:31, 33). 이 예언은 예수님이 십자가에 죽으심으로 성취되었다. 예수님의 십자가는 잔을 나누시며 예수께서 말씀하신 언약의 피로 영원히 우리에게 기념되며, 우리는 거룩한 예식을 통해 하나님의 백성임을 확인한다. 메시아를 통해 하나님의 백성과 성전의 영광은 회복될 것이며, 결국 교회를 통해 흘러나갈 하나님의 복음은 이 세상을 치료하게 될 것이다.

그가 나를 데리고 성전 문에 이르시니 성전의 앞면이 동쪽을 향하였
는데 그 문지방 밑에서 물이 나와 동쪽으로 흐르다가 성전 오른쪽 제
단 남쪽으로 흘러 내리더라 …… 그가 내게 이르시되 이 물이 동쪽으
로 향하여 흘러 아라바로 내려가서 바다에 이르리니 이 흘러 내리는
물로 그 바다의 물이 되살아나리라 …… 주 여호와께서 이같이 말씀하
셨느니라 너희는 이 경계선대로 이스라엘 열두 지파에게 이 땅을 나누
어 기업이 되게 하되 요셉에게는 두 몫이니라 (겔 47:1, 8, 13)

선지자들은 메시아를 통해 하나님나라가 성취될 것이며, 그 하나님
나라는 말세를 향해 계속 나아가게 될 것이라는 예언을 쏟아 냈다. 선지
자들이 예언했던 메시아를 통해 성취될 하나님나라는 예수에 의해 실
현되는 하나님의 통치를 말한다 (겔 37:24~27).

✝ 예수에 의해 성취되고 선포되는 하나님나라

하나님이 구약에서 진행해 오신 하나님나라의 역사는 예수 그리스도를
통해 성취되며 완성을 향해 나아간다 (마 1:1). 예수 그리스도는 모든 인
류의 구원자이시다 (마 1:21). 하나님이 그의 백성을 삼는 방법은 예수님
의 대속의 죽음을 통해 성취된다. 예수의 죽음은 하나님이 구약백성들
에게 주신 언약의 완전한 성취인 것이다.

예수께서 다시 크게 소리 지르시고 영혼이 떠나시니라 이에 성소 휘
장이 위로부터 아래까지 찢어져 둘이 되고 땅이 진동하며 바위가 터지

〈마태복음〉 1:1
아브라함과 다윗의 자손 예수
그리스도의 계보라

〈마태복음〉 1:21
아들을 낳으리니 이름을 예수
라 하라 이는 그가 자기 백성
을 그들의 죄에서 구원할 자이
심이라 하니라

고(마 27:50~51)

이제 새로운 시대가 열렸다. 예수 그리스도를 믿어 자신이 죄인임을 인정하고 하나님의 백성이 되는 시대가, 하나님의 백성으로 온 세상에 하나님나라를 확장해 나가는 시대가 열린 것이다.

예수님은 공생애 초기부터 하나님나라에 대해 가르치셨다(막 1:15). 이 세상 모든 인간의 역사는 그 중심에 하나님나라가 유유히 진행되고 있다. 사람들은 하나님나라를 보지 못하지만, 예수님의 가르침을 통해 하나님을 경외하는 남은 자들은 하나님나라를 보기 시작했다.

예수 그리스도를 주님으로 영접하면 하나님의 백성이 된다(요 1:12). 그들은 아브라함의 자손이 되며, 하나님의 통치가 영원히 계속되는 내세의 하나님나라를 소유하게 되는 것이다(요 5:24).

〈마가복음〉 1:15
이르시되 때가 찼고 하나님의 나라가 가까이 왔으니 회개하고 복음을 믿으라 하시더라

〈요한복음〉 5:24
내가 진실로 진실로 너희에게 이르노니 내 말을 듣고 또 나 보내신 이를 믿는 자는 영생을 얻었고 심판에 이르지 아니하나니 사망에서 생명으로 옮겼느니라

✚ 하나님나라를 확장하는 하나님의 백성

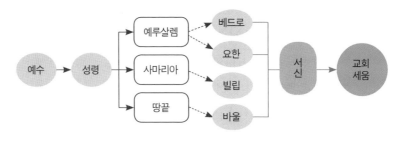

예수 그리스도 이후 하나님나라의 확장

이제 예수님을 믿고 하나님의 백성이 된 사람들은 어떻게 살아야 하는

가? 그것은 구약의 백성들과 동일하다. 구약의 백성들이 가나안을 중심으로 살아갔다면, 예수님 이후 하나님의 백성들은 지리적 한계를 초월하여 모든 민족으로 나아가 하나님나라를 확장해야 한다. 예수 그리스도를 통해 주신 말씀을 자신이 먼저 지키고 모든 민족으로 지키게 해야 한다. 하나님이 주신 땅에서 하나님의 주권을 인정하여, 예수 그리스도를 통해 주신 말씀을 지키며, 나아가 온 세상에 하나님나라를 확장하며 살아가는 것이 하나님의 백성의 미래를 결정할 것이다(마 28:18~20).

하나님의 주권을 인정하며 살아가기 위해서는 예수 그리스도를 영접하고 성령의 인도하심을 받아야 한다.

오직 성령이 너희에게 임하시면 너희가 권능을 받고 예루살렘과 온 유대와 사마리아와 땅 끝까지 이르러 내 증인이 되리라 하시니라(행 1:8)

예수께서 승천하신 후 제자들은 마가의 다락방에서 기도하며 성령을 기다렸다. 성령의 충만함을 받아 하나님나라의 성취를 이루신 예수님의 복음을 증거한 사도들의 사역에 엄청난 열매가 맺히기 시작했다.

그 말을 받은 사람들은 세례를 받으매 이 날에 신도의 수가 삼천이나 더하더라 그들이 사도의 가르침을 받아 서로 교제하고 떡을 떼며 오로지 기도하기를 힘쓰니라(행 2:41~42)

그 결과 하나님의 백성들에 의해 교회가 세워졌다. 교회는 하나님나

Note

✚ 사마리아
이스라엘의 중부에 위치한 이
곳은 북이스라엘의 수도로서,
북이스라엘의 정치와 문화
의 중심적 역할을 감당했다.
B.C. 722년 앗수르에 의해
북이스라엘이 멸망하자(왕하
17:3~6), 앗수르는 사마리아
에 살던 이스라엘 백성의 일부
를 당시 앗수르가 지배하던 여
러 지역으로 강제이주시켰다.
동시에 여러 지역의 식민지 주
민들을 사마리아로 이주시켰
다(왕하 17:24). 이로 인하여
사마리아 지역의 신앙은 혼합
주의적인 경향을 띠게 되었으
며, 사마리아인은 유대인에게
배척당하게 된다.

✚ 수리아의 안디옥
오늘날 터키 남동부에 위치한
도시. B.C. 300년경 수리아
의 셀류커스왕이 자신의 아버
지인 안티오쿠스를 기념하여
건설한 이곳은 셀류커스 왕조
의 수도였다. 그 후 B.C. 64년
로마의 폼페이우스에 의해 정
복된 후 로마령 수리아의 수
도가 되었으며, 당시 로마의 3
대 도시 중 하나였다. 스데반
의 순교 이후에 예루살렘의 박
해로 인하여 흩어진 성도들은
이곳에 정착하여 안디옥교회
를 세운다(행 11:19~20). 최
초로 '그리스도인'으로 불린
안디옥교회(행 11:26)는 당
시 기근으로 고통당하던 예루
살렘교회를 위해 헌금했으며
(행 11:27~30), 바울과 바나
바를 파송함으로써 최초로 이
방선교를 시작했던 교회(행
13:1~3)였다.

라를 확장하기 위해 하나님이 이 땅에 세운 거룩한 성도들의 모임이다. 베드로를 중심으로 교회는 예루살렘에서 규모를 확장해 갔고, 빌립은 사마리아✚까지 하나님나라를 전파했다. 예루살렘교회가 박해로 인하여 흩어져 이방인 지역에도 교회가 생기기 시작했고, 유대인만 모이던 교회가 이방인 지역에서 주변의 이방인을 하나님의 백성으로 세워 가기 시작했다. 결국 이방인 지역 수리아의 안디옥✚에 교회가 세워졌고, 그 교회에서 바울과 바나바를 선교사로 파송하였으며, 본격적으로 하나님나라가 확장되어 나가기 시작했다.

> 주를 섬겨 금식할 때에 성령이 이르시되 내가 불러 시키는 일을 위하여 바나바와 사울을 따로 세우라 하시니 이에 금식하며 기도하고 두 사람에게 안수하여 보내니라(행 13:2~3)

바울과 그의 제자, 동역자, 익명의 많은 그리스도인은 예루살렘과 소아시아, 유럽과 로마까지 하나님나라를 확장해 나갔고, 〈사도행전〉 이후 복음은 세계로 확장되었다. 바울과 여러 사도는 서신을 통해 예수 그리스도의 복음과 그리스도인의 삶의 문제에 대해 가르쳤다. 그들의 서신을 통해 교회는 아름답게 세워져 간 것이다.

> 형제들아 내가 우리 주 예수 그리스도의 이름으로 너희를 권하노니 모두가 같은 말을 하고 너희 가운데 분쟁이 없이 같은 마음과 같은 뜻으로 온전히 합하라(고전 1:10)
> 내 형제들아 너희가 여러 가지 시험을 당하거든 온전히 기쁘게 여기

라 이는 너희 믿음의 시련이 인내를 만들어 내는 줄 너희가 앎이라(약 1:2~3)

✝ 완성될 하나님나라를 바라보며 승리하는 그의 백성

완성될 하나님나라

성경의 계시는 끝났지만, 여전히 교회의 성도들은 완성될 하나님나라를 바라보며 영적 전쟁을 치른다. 하나님의 주권을 인정하고 성령의 인도하심에 따라 하나님의 말씀에 순종하여 하나님나라를 확장하며 살아가느냐, 자신의 욕망과 사탄의 유혹을 따라 살아가느냐의 치열한 싸움은 지금도 계속되고 있다. 그러한 삶을 독려하며 많은 서신서가 기록되었지만, 특히 〈요한계시록〉은 치열한 영적 전쟁에서 승리하도록 성도들을 독려하고 있다. 결국 이 세상은 주님의 재림과 함께 종말을 맞이한다. 치열한 영적 싸움이 끝나고 영원히 하나님의 통치 아래 살아가게 될 새 하늘과 새 땅을 소망하도록 〈요한계시록〉은 우리를 독려한다.

또 내가 새 하늘과 새 땅을 보니 처음 하늘과 처음 땅이 없어졌고 바다도 다시 있지 않더라 또 내가 보매 거룩한 성 새 예루살렘이 하나님께로부터 하늘에서 내려오니 그 준비한 것이 신부가 남편을 위하여 단장한 것 같더라 내가 들으니 보좌에서 큰 음성이 나서 이르되 보라 하나님의 장막이 사람들과 함께 있으매 하나님이 그들과 함께 계시리니 그들은 하나님의 백성이 되고 하나님은 친히 그들과 함께 계셔서 모든 눈물을 그 눈에서 닦아 주시니 다시는 사망이 없고 애통하는 것이나 곡하는 것이나 아픈 것이 다시 있지 아니하리니 처음 것들이 다 지나갔음이러라(계 21:1~4)

하나님나라의 완성을 바라보며 예수의 재림을 준비하는 참으로 현명한 하나님의 용사들을 이 시대는 요청하고 있다.

이것들을 증언하신 이가 이르시되 내가 진실로 속히 오리라 하시거늘 아멘 주 예수여 오시옵소서(계 22:20)

성경은 결국 하나님나라의 완성까지 보여 주며, 아직 완성되지 않은 시대를 살아가는 우리들에게 도전한다. 어떻게 하나님나라의 완성과정에 동참하며, 어떻게 하나님의 통치를 삶에 실현시키며 살아갈 것인지 말이다. 이는 하나님나라를 우리 삶의 목적으로 제시하는 하나님의 계시이다.

하나님나라 3요소로 성경 살펴보기

3

✚ 백성 _ 국민

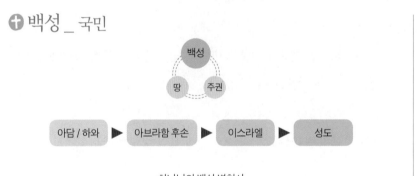

하나님의 백성 변천사

성경은 하나님의 백성이 형성되는 일련의 과정을 보여 준다. 하나님은
이 세상을 창조하셨는데 특별히 하나님의 형상으로 사람을 창조하셨
다. 하나님은 사람을 하나님의 백성으로 삼아 영광을 받으시고, 이 세상

에 하나님의 나라를 만드시려 하셨다.

하나님이 자기 형상 곧 하나님의 형상대로 사람을 창조하시되 남자
와 여자를 창조하시고 하나님이 그들에게 복을 주시며 하나님이 그들
에게 이르시되 생육하고 번성하여 땅에 충만하라, 땅을 정복하라, 바
다의 물고기와 하늘의 새와 땅에 움직이는 모든 생물을 다스리라 하시
니라(창 1:27~28)

첫 사람 아담과 하와의 타락으로 이 세상이 죄로 가득하게 되었다. 죄
가 범람한 세상을 홍수로 심판하고, 바벨탑사건✝을 통해 언어를 흩으신
이후에 하나님은 이 세상에 하나님의 나라를 확장하시고, 선택하신 자
들을 구원하시기 위해 아브라함을 부르신다.

✝ 바벨탑사건
히브리어로 '바벨'은 '혼돈'이
라는 의미를 지닌다. 노아의
홍수 이후 사람들이 자신의 이
름을 내고, 온 지면에 흩어짐
을 면하고 연합하기 위해 시날
평지에 위치한 '바벨'이라는
곳에 꼭대기가 하늘에 닿을 수
있는 탑을 쌓기로 계획하였다
(창 11:4). 그러자 하나님은 사
람들의 언어를 혼잡하게 하셔
서 탑을 쌓지 못하게 하시고,
그들은 온 지면에 흩으셨다(창
11:9). 이것을 가리켜 바벨탑
사건이라고 한다.

내가 너로 큰 민족을 이루고 네게 복을 주어 네 이름을 창대하게 하
리니 너는 복이 될지라(창 12:2)

그리고 그의 자손들로 민족을 이루게 하실 것을 약속하셨다.

아브라함은 강대한 나라가 되고 천하 만민은 그로 말미암아 복을 받
게 될 것이 아니냐(창 18:18)

〈출애굽기〉 1:9
그가 그 백성에게 이르되 이
백성 이스라엘 자손이 우리보
다 많고 강하도다

이렇게 형성된 이스라엘 민족은 60만 명에 이를 만큼 강해져 애굽이
위협을 느낄 정도였다(출 1:9). 하나님은 이 백성을 하나님의 백성으로

삼아 이 땅에 하나님의 뜻을 이루시기 원하셨다.

Note

> 너희를 내 백성으로 삼고 나는 너희의 하나님이 되리니 나는 애굽
> 사람의 무거운 짐 밑에서 너희를 빼낸 너희의 하나님 여호와인 줄 너
> 희가 알지라(출 6:7)

그들은 가나안에서 이스라엘이라는 나라를 이루었다. 하나님은 언약
을 통해서 이스라엘 백성을 자신의 백성으로 삼고 그들의 하나님이 되
신다. 후에 이스라엘에는 라합이나 룻과 같은 이방인들도 속하게 되었
다(수 6:22; 룻 1:22).

요나와 이사야 선지자에 이르면 이방인들을 하나님의 백성을 만드시
려는 하나님의 의지가 구체적으로 나타난다.

> 하물며 이 큰 성읍 니느웨에는 좌우를 분변하지 못하는 자가 십이만
> 여 명이요 가축도 많이 있나니 내가 어찌 아끼지 아니하겠느냐 하시니
> 라(욘 4:11)

> 그 날에 애굽에서 앗수르로 통하는 대로가 있어 앗수르 사람은 애굽
> 으로 가겠고 애굽 사람은 앗수르로 갈 것이며 애굽 사람이 앗수르 사
> 람과 함께 경배하리라 그 날에 이스라엘이 애굽 및 앗수르와 더불어
> 셋이 세계 중에 복이 되리니 이는 만군의 여호와께서 복 주시며 이르
> 시되 내 백성 애굽이여, 내 손으로 지은 앗수르여, 나의 기업 이스라엘
> 이여, 복이 있을지어다 하실 것임이라(사 19:23~25)

하나님은 온 민족과 방언들 가운데 하나님의 백성을 선택하시고, 그들을 구원하여 이 세상에서 하나님의 뜻을 이루고, 나아가 그들이 영원한 천국의 축복을 누리게 하시려는 계획을 이루시는 것이다.

구약에서 이스라엘과 맺은 하나님의 언약은 신약에서 예수 그리스도께서 십자가로 세우실 새 언약으로 대체되는데, 그 언약의 목적은 동일하다. 하나님은 선택한 사람들을 하나님의 백성으로 삼아 그들의 하나님이 되시어 이 땅에 하나님나라를 이루어 가시는 것이다. 하나님의 백성은 결국 이스라엘 민족에게 국한된 것이 아니라, 모든 인류에게로 확장되는 개념이다.

왕의 어명이 이르는 각 지방, 각 읍에서 유다인들이 즐기고 기뻐하여 잔치를 베풀고 그 날을 명절로 삼으니 본토 백성이 유다인을 두려워하여 유다인 되는 자가 많더라(에 8:17)

예수 그리스도께서 이루신 십자가의 구속사역 이후 유대인과 이방인의 벽은 완전히 사라졌고, 예수 그리스도를 믿는 모든 자는 하나님의 백성이 된다.

영접하는 자 곧 그 이름을 믿는 자들에게는 하나님의 자녀가 되는 권세를 주셨으니(요 1:12)

성경에 이르되 누구든지 그를 믿는 자는 부끄러움을 당하지 아니하리라 하니 유대인이나 헬라인이나 차별이 없음이라 한 분이신 주께서 모든 사람의 주가 되사 그를 부르는 모든 사람에게 부요하시도다 누구

든지 주의 이름을 부르는 자는 구원을 받으리라(롬 10:11~13)

Note

예수님이 승천하신 후의 교회시대는 결국 온 인류를 백성 삼으시려는 하나님의 사역이 계속되는 시대이며, 모든 하나님의 백성에게는 온 인류에 대한 선교적 사명이 주어진다(막 16:15).

〈마가복음〉16:15
또 이르시되 너희는 온 천하에 다니며 만민에게 복음을 전파하라

그러므로 너희는 가서 모든 민족을 제자로 삼아 아버지와 아들과 성령의 이름으로 세례를 베풀고 내가 너희에게 분부한 모든 것을 가르쳐 지키게 하라 볼지어다 내가 세상 끝날까지 너희와 항상 함께 있으리라 하시니라(마 28:19~20)

전도와 선교의 사명에 동참하는 것이 말세를 살아가는 하나님의 백성의 가장 중요한 사명인 것이다. 백성이라는 하나님나라의 요소는 하나님이 인류와 맺으시는 모든 구원을 포함하는 개념이다.

내가 들으니 보좌에서 큰 음성이 나서 이르되 보라 하나님의 장막이 사람들과 함께 있으매 하나님이 그들과 함께 계시리니 그들은 하나님의 백성이 되고 하나님은 친히 그들과 함께 계셔서 …… 이기는 자는 이것들을 상속으로 받으리라 나는 그의 하나님이 되고 그는 내 아들이 되리라(계 21:3, 7)

성경의 주된 관심은 하나님이 택한 백성들을 구원하여 하나님의 백성을 만드는 과정을 소개하는 것이다.

✚ 땅 _ 영토

하나님의 땅 변천사

성경은 앞서 설명한 하나님의 백성에게 땅을 주시고, 그 땅에서 하나님의 주권을 세워가는 과정을 보여 준다. 하나님이 창조한 세상이 타락한 이후, 하나님은 이 타락한 세상에 또다시 하나님나라의 영역을 세워 가셨다. 그 방법은 하나님의 백성들에게 땅을 주시고, 그 땅에서 하나님의 백성으로 살아가게 하시는 것이다.

> 내가 너와 네 후손에게 네가 거류하는 이 땅 곧 가나안 온 땅을 주어 영원한 기업이 되게 하고 나는 그들의 하나님이 되리라 (창 17:8)

이스라엘 백성들은 가나안에 대한 약속을 믿음으로 이어갔다.

> 요셉이 그의 형제들에게 이르되 나는 죽을 것이나 하나님이 당신들을 돌보시고 당신들을 이 땅에서 인도하여 내사 아브라함과 이삭과 야곱에게 맹세하신 땅에 이르게 하시리라 하고 요셉이 또 이스라엘 자손에게 맹세시켜 이르기를 하나님이 반드시 당신들을 돌보시리니 당신

들은 여기서 내 해골을 메고 올라가겠다 하라 하였더라(창 50:24~25)

또 온 납달리와 에브라임과 므낫세의 땅과 서해까지의 유다 온 땅과 네겝과 종려나무의 성읍 여리고 골짜기 평지를 소알까지 보이시고 여호와께서 그에게 이르시되 이는 내가 아브라함과 이삭과 야곱에게 맹세하여 그의 후손에게 주리라 한 땅이라 내가 네 눈으로 보게 하였거니와 너는 그리로 건너가지 못하리라 하시매(신 34:2~4)

Note

하나님의 백성 이스라엘은 결국 땅을 선물로 받게 되었고, 그들에게는 그 땅에서 우상을 없애고 하나님을 예배해야 할 책임이 주어졌다. 그리고 그 책임을 실행하느냐의 여부에 따라 땅의 운명이 결정되었다.

너희가 요단 강을 건너 가나안 땅에 들어가거든 그 땅의 원주민을 너희 앞에서 다 몰아내고 그 새긴 석상과 부어 만든 우상을 다 깨뜨리며 산당을 다 헐고 그 땅을 점령하여 거기 거주하라 내가 그 땅을 너희 소유로 너희에게 주었음이라 …… 너희가 만일 그 땅의 원주민을 너희 앞에서 몰아내지 아니하면 너희가 남겨둔 자들이 너희의 눈에 가시와 너희의 옆구리에 찌르는 것이 되어 너희가 거주하는 땅에서 너희를 괴롭게 할 것이요 나는 그들에게 행하기로 생각한 것을 너희에게 행하리라(민 33:51b~53, 55~56)

하나님에게 순종한 다윗과 솔로몬 시대에 이르러 땅은 매우 크게 확장되었다.

땅의 어느 한 나라가 주의 백성 이스라엘과 같으리이까 하나님이 가서 구속하사 자기 백성으로 삼아 주의 명성을 내시며 그들을 위하여 큰 일을, 주의 땅을 위하여 두려운 일을 애굽과 많은 나라들과 그의 신들에게서 구속하신 백성 앞에서 행하셨사오며 …… 다윗이 어디로 가든지 여호와께서 이기게 하시니라(삼하 7:23, 8:14b)

유다와 이스라엘의 인구가 바닷가의 모래 같이 많게 되매 먹고 마시며 즐거워하였으며 솔로몬이 그 강에서부터 블레셋 사람의 땅에 이르기까지와 애굽 지경에 미치기까지의 모든 나라를 다스리므로 솔로몬이 사는 동안에 그 나라들이 조공을 바쳐 섬겼더라(왕상 4:20~21)

다윗과 솔로몬에게도 여전히 땅의 운명을 좌우하는 말씀이 주어진다. 하나님이 선물로 주신 땅은 하나님나라의 목적을 성취하기 위해 주어진 것이기 때문이다. 결국 땅의 운명은 하나님의 말씀에 대한 순종, 즉 다음에 설명할 하나님나라의 주권이 확립되느냐의 여부에 달려 있다.

네가 만일 네 아버지 다윗이 행함 같이 마음을 온전히 하고 바르게 하여 내 앞에서 행하며 내가 네게 명령한 대로 온갖 일에 순종하여 내 법도와 율례를 지키면 내가 네 아버지 다윗에게 말하기를 이스라엘의 왕위에 오를 사람이 네게서 끊어지지 아니하리라 한 대로 네 이스라엘의 왕위를 영원히 견고하게 하려니와 만일 너희나 너희의 자손이 아주 돌아서서 나를 따르지 아니하며 내가 너희 앞에 둔 나의 계명과 법도를 지키지 아니하고 가서 다른 신을 섬겨 그것을 경배하면 내가 이스라엘을 내가 그들에게 준 땅에서 끊어 버릴 것이요 내 이름을 위하여 내가 거룩하게 구별한 이 성전이라도 내 앞에서 던져버리리니 이스라엘은 모든 민족 가운데에서 속담거리와 이야기거리가 될 것이며(왕상 9:4~7)

선지자들은 열심히 하나님의 주권을 인정하라고 외쳤다. 하나님의 주권을 인정한다는 것은 그분의 백성들의 삶에 그분의 말씀이 실천되는 것을 의미한다. 이스라엘이 그렇지 않을 때 선지자들은 계속 책망하였다.

하늘이여 들으라 땅이여 귀를 기울이라 여호와께서 말씀하시기를 내가 자식을 양육하였거늘 그들이 나를 거역하였도다 소는 그 임자를 알고 나귀는 그 주인의 구유를 알건마는 이스라엘은 알지 못하고 나의 백성은 깨닫지 못하는도다 하셨도다(사 1:2~3)

그들이 내 백성의 도를 부지런히 배우며 살아 있는 여호와라는 내 이름으로 맹세하기를 자기들이 내 백성을 가리켜 바알로 맹세하게 한 것 같이 하면 그들이 내 백성 가운데에 세움을 입으려니와 그들이 순종하지 아니하면 내가 반드시 그 나라를 뽑으리라 뽑아 멸하리라 여호와의 말씀이니라(렘 12:16~17)

그들의 우두머리들은 뇌물을 위하여 재판하며 그들의 제사장은 삯을 위하여 교훈하며 그들의 선지자는 돈을 위하여 점을 치면서도 여호와를 의뢰하여 이르기를 여호와께서 우리 중에 계시지 아니하냐 재앙이 우리에게 임하지 아니하리라 하는도다 이러므로 너희로 말미암아 시온은 갈아엎은 밭이 되고 예루살렘은 무더기가 되고 성전의 산은 수풀의 높은 곳이 되리라(미 3:11~12)

✚ 바벨론
B.C. 625년경부터 B.C.
539년 페르시아에 의해 멸
망할 때까지 메소포타미아
남부지역(오늘날 이라크지역)
을 중심으로 형성된 대제국
이다. 느부갓네살 2세(B.C.
605~562) 때 앗수르를 멸
망시키고, 예루살렘을 정복
(B.C. 586)하는 등 절정기를
맞았다. 그러나 B.C. 539년
페르시아의 고레스에 의해 멸
망한다.

하지만 결국 하나님의 백성 이스라엘은 하나님의 주권을 거부했고,
그 땅은 이방 민족 앗수르와 바벨론✚에게 넘어가게 되었다.

이스라엘 자손이 여로보암이 행한 모든 죄를 따라 행하여 거기서 떠
나지 아니하므로 여호와께서 그의 종 모든 선지자를 통하여 하신 말씀
대로 드디어 이스라엘을 그 앞에서 내쫓으신지라 이스라엘이 고향에
서 앗수르에 사로잡혀 가서 오늘까지 이르렀더라(왕하 17:22~23)

시드기야 제구년 열째 달 십일에 바벨론의 왕 느부갓네살이 그의 모
든 군대를 거느리고 예루살렘을 치러 올라와서 그 성에 대하여 진을
치고 주위에 토성을 쌓으매 그 성이 시드기야 왕 제십일년까지 포위되
었더라(왕하 25:1~2)

하나님의 말씀에 순종하는 것, 다시 말해 하나님의 주권을 인정하는
것이 땅을 유지하는 유일한 방법이라는 것이 역사적 교훈으로 제시된다.

행위가 온전하여 여호와의 율법을 따라 행하는 자들은 복이 있음이
여 여호와의 증거들을 지키고 전심으로 여호와를 구하는 자는 복이 있
도다(시 119:1~2)

〈사도행전〉1:8
오직 성령이 너희에게 임하시
면 너희가 권능을 받고 예루살
렘과 온 유대와 사마리아와 땅
끝까지 이르러 내 증인이 되리
라 하시니라

이제 신약시대 이후로 '땅'은 이스라엘이라는 지리적 개념을 넘어서
서, 하나님의 복음이 선포되고 주님을 믿는 모든 백성의 거주지로 확대
된다(마 28:19; 행 1:8).

또한 믿는 자들 모두는 하나님이 거하시는 성전이기에 우리는 온전

히 하나님의 주권을 인정하는 자가 되어야 한다(골 3:10). 나아가 하나님의 교회를 이루어 주변과 세상을 하나님이 통치하는 세상으로 바꾸어 나가야 하는 사명이 있다.

Note
〈골로새서〉 3:10
옛 사람과 그 행위를 벗어 버리고 새 사람을 입었으니 이는 자기를 창조하신 이의 형상을 따라 지식에까지 새롭게 하심을 입은 자니라

> 하나님 앞과 살아 있는 자와 죽은 자를 심판하실 그리스도 예수 앞에서 그가 나타나실 것과 그의 나라를 두고 엄히 명하노니 너는 말씀을 전파하라 때를 얻든지 못 얻든지 항상 힘쓰라 범사에 오래 참음과 가르침으로 경책하며 경계하며 권하라(딤후 4:1~2)

결국 하나님나라는 이 세상 땅의 개념을 넘어서서 하나님이 다스리시는 통치영역을 의미하는 것이 되었다. 하나님나라는 지상에서 완성되지 않는다. 그것은 최후에 하나님이 직접 통치하시는 영원한 새 하늘과 새 땅에서 완성되는 것이다(계 21:1).

✚ 주권

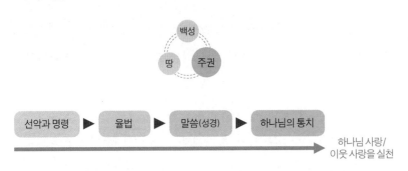

하나님의 주권 변천사

하나님나라의 세 번째 개념이자 가장 핵심적인 것은 하나님의 주권 개념이다. 성경은 결국 하나님나라에 대한 것이라고 앞서 정리했다. 왜 하나님의 주권 개념이 가장 중요한가? 하나님의 백성은 하나님의 언약적 선택(구원)으로 이루어진다. 땅은 하나님이 자신의 백성에게 선물로 주신다. 하나님나라의 유지와 발전은 그분의 백성이 하나님이 주신 삶의 영역(땅)에서 그분의 주권을 인정하느냐의 여부에 달려 있다. 하나님의 주권을 인정한다는 것은 이 세상에서 하나님의 말씀에 순종하고, 하나님나라를 확장하는 것이다.

인류가 에덴동산에서 쫓겨난 것은 하나님의 주권을 인정하지 않았기 때문이다.

여호와 하나님이 그 사람을 이끌어 에덴동산에 두어 그것을 경작하며 지키게 하시고 여호와 하나님이 그 사람에게 명하여 이르시되 동산 각종 나무의 열매는 네가 임의로 먹되 선악을 알게 하는 나무의 열매는 먹지 말라 네가 먹는 날에는 반드시 죽으리라 하시니라(창 2:15~17)

하나님은 아브라함을 통해 그의 후손을 하나님의 백성으로 선택하시는데, 그 이유는 온 인류가 하나님의 가르침을 지켜 행하게 하기 위함이다.

아브라함은 강대한 나라가 되고 천하 만민은 그로 말미암아 복을 받게 될 것이 아니냐 내가 그로 그 자식과 권속에게 명하여 여호와의 도를 지켜 의와 공도를 행하게 하려고 그를 택하였나니 이는 나 여호와가 아브라함에게 대하여 말한 일을 이루려 함이니라(창 18:18~19)

하나님은 이스라엘 백성을 애굽에서 구원해 내시고 그들이 가나안에 들어가기 전에 율법을 주셨다.

세계가 다 내게 속하였나니 너희가 내 말을 잘 듣고 내 언약을 지키면 너희는 모든 민족 중에서 내 소유가 되겠고 너희가 내게 대하여 제사장 나라가 되며 거룩한 백성이 되리라 너는 이 말을 이스라엘 자손에게 전할지니라(출 19:5~6)

율법의 준수 여부는 결국 하나님의 주권을 인정하는가를 보여 주는 것이며, 그에 따라 하나님의 백성에게 주어진 땅의 운명이 결정되는 것이다(레 18:2~5; 신 11:13~17, 22~24).

너희가 만일 내가 너희에게 명하는 이 모든 명령을 잘 지켜 행하여 너희의 하나님 여호와를 사랑하고 그의 모든 도를 행하여 그에게 의지하면 여호와께서 그 모든 나라 백성을 너희 앞에서 다 쫓아내실 것이라 너희가 너희보다 강대한 나라들을 차지할 것인즉 너희의 발바닥으로 밟는 곳은 다 너희의 소유가 되리니 너희의 경계는 곧 광야에서부터 레바논까지와 유브라데 강에서부터 서해까지라(신 11:22~24)

하나님의 백성은 하나님이 주신 땅에서 살아갈 때 삶의 모든 상황에서 하나님의 주권을 인정해야 한다. 하나님의 주권의 핵심은 시간과 물질의 주권을 인정하는 것이다.

안식일을 기억하여 거룩하게 지키라 엿새 동안은 힘써 네 모든 일을
행할 것이나 일곱째 날은 네 하나님 여호와의 안식일인즉 너나 네 아
들이나 네 딸이나 네 남종이나 네 여종이나 네 가축이나 네 문안에 머
무는 객이라도 아무 일도 하지 말라 이는 엿새 동안에 나 여호와가 하
늘과 땅과 바다와 그 가운데 모든 것을 만들고 일곱째 날에 쉬었음이
라 그러므로 나 여호와가 안식일을 복되게 하여 그 날을 거룩하게 하
였느니라(출 20:8~11)

너희가 너희의 땅에서 곡식을 거둘 때에 너는 밭 모퉁이까지 다 거
두지 말고 네 떨어진 이삭도 줍지 말며 네 포도원의 열매를 다 따지 말
며 네 포도원에 떨어진 열매도 줍지 말고 가난한 사람과 거류민을 위
하여 버려두라 나는 너희의 하나님 여호와이니라(레 19:9~10)

그리고 그 땅의 십분의 일 곧 그 땅의 곡식이나 나무의 열매는 그 십
분의 일은 여호와의 것이니 여호와의 성물이라(레 27:30)

〈출애굽기〉 20장에서 〈민수기〉 10장까지는 모세가 이끄는 이스라엘
백성이 하나님에게 받은 율법, 즉 하나님의 주권을 인정하기 위한 삶의
규범이 기록되어 있다. 또한 〈신명기〉 전체는 가나안에 들어가게 된 새
세대에게 모세가 재차 하나님의 주권을 인정하며 살아갈 것을 가르치
는 말씀이다.

다시 강조하지만, 하나님의 주권을 인정한다는 것은 육체의 욕심을
따라 살아가지 않고, 성령의 인도하심을 따라 살아간다는 것이다.

내가 이르노니 너희는 성령을 따라 행하라 그리하면 육체의 욕심을
이루지 아니하리라 육체의 소욕은 성령을 거스르고 성령은 육체를 거

스르나니 이 둘이 서로 대적함으로 너희가 원하는 것을 하지 못하게
하려 함이니라(갈 5:16~17)

예수님은 구약의 모든 율법을 한마디로 정리하셨다. 율법조항을 지
키는 것을 넘어서 하나님을 사랑하고 이웃을 사랑하라는 말씀에 순종
하는 것이 바로 삶에서 하나님의 주권을 인정하는 것이다. 하나님의 말
씀에 절대적으로 순종하는 것이 결국 하나님의 백성이 살아가는 방법
이며, 하나님이 요구하시는 기독교적 삶인 것이다.

우리가 하나님을 사랑하고 그의 계명들을 지킬 때에 이로써 우리가
하나님의 자녀를 사랑하는 줄을 아느니라 하나님을 사랑하는 것은 이
것이니 우리가 그의 계명들을 지키는 것이라 그의 계명들은 무거운 것
이 아니로다(요일 5:2~3)

이 시대 모든 하나님의 백성은 자신이 속한 삶의 영역을 뛰어넘어 온
세상에 복음을 전파하여 하나님의 나라를 확장해야 한다. 또 온 세상에
하나님의 말씀을 가르쳐 지키게 하여 하나님의 주권이 세워지게 해야
할 막중한 사명이 있다(마 28:19~20; 행 1:8)
이 모든 말씀대로 하나님의 주권을 세워 가는 하나님의 백성은 땅에
서 하나님의 나라를 확장해 가는 축복의 삶을 살아가게 된다. 하나님의
나라 안에서 하나님의 주권을 인정하는 것과 땅의 운명은 항상 연동되
어 움직인다.

4 땅의 상실과정 자세히 보기

구약을 이해하기 위해 가장 어려운 부분은 솔로몬 이후의 분열 왕정 시대에서 바벨론 포로기, 그 이후까지 다루어지는 역사서 후반부와 동시대에 활동했던 선지자들의 책일 것이다. 북쪽의 이스라엘과 남쪽의 유다를 다스렸던 많은 왕, 그들과 주변국들과의 외교관계와 전쟁, 거기에 선지자들까지 얽혀 구약을 이해하기 어렵게 만든다. 이 부분을 명쾌하게 이해할 수 있다면 구약은 한결 쉬워질 것이다.

사실 솔로몬 사후인 B.C. 930년 이후부터 바벨론 포로기가 끝나는 시점인 B.C. 539년까지의 이스라엘의 역사는 하나님나라의 관점으로 볼 때 축복이자 사명이었던 땅을 잃어버리는 과정이라고 말할 수 있다. 하나님이 이스라엘 백성에게 약속한 땅을 온전히 차지했던 다윗과 솔로몬 시대 이후 땅의 상실과정을 자세히 살펴보면서 구약을 하나님나라 관점으로 쉽게 이해할 틀을 만들어 보자.

✚ 성경의 땅

먼저 세계 속에서 성경, 특히 구약에 등장하는 땅을 전체적으로 조망해 보자.

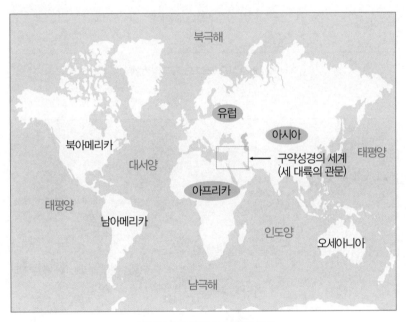

〈지도1〉 구약성경의 지리학적 배경

〈지도1〉은 세계 속에서 성경이 배경으로 하는 땅의 위치를 보여 준다. 이스라엘 백성들에게 약속된 가나안은 동서양과 아프리카의 중심에 놓여 있다. 〈지도2〉는 구약성경의 땅이 현재 어떤 모습인지 보여 준다.

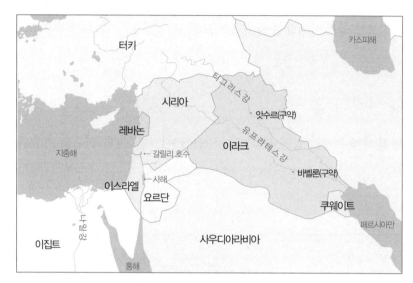

<지도2> 현재 상황으로 보는 구약의 세계

✛ 페르시아

B.C. 6세기 중엽 오늘날의 이란지역에서 발흥한 대제국으로 B.C. 539년 고레스는 바벨론을 멸망시키고, 페르시아(바사) 제국을 세웠다. 전성기 때 페르시아의 경계는 동쪽의 인더스 강, 서쪽의 애굽, 남쪽의 티그리스 강, 북쪽의 카스피 해까지 이르렀다. 그러다가 4세기 중엽 마케도니아(헬라)의 알렉산더에 의해 멸망한다. 성경에서 언급된 바벨론 포로귀환, 예루살렘 성전재건, 예루살렘 성벽재건, 그리고 에스라와 느헤미야의 개혁 등이 이 시대에 일어난 사건들이다.

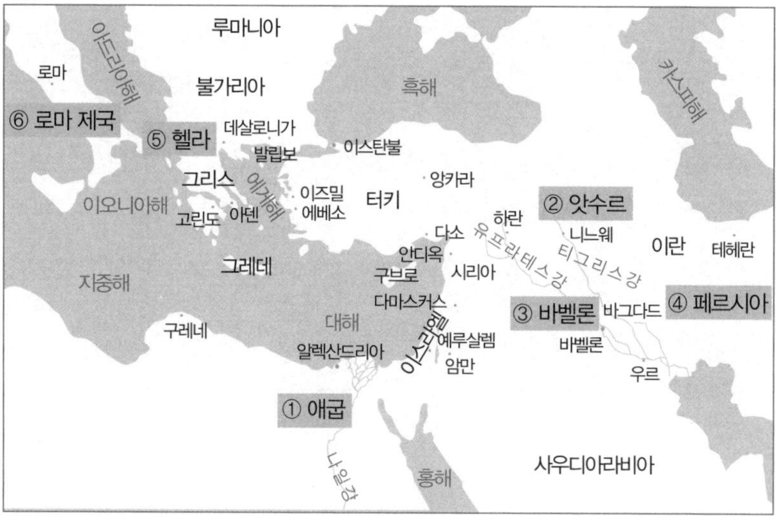

<지도3> 이스라엘에 영향을 미친 제국들

① **애굽** 출 1:12(외 153회); 왕상 3:1; 왕하 18:21; 사 19:1; 마 2:14; 계 11:8
② **앗수르** 왕하 15:19~20, 16:7~10, 17:23~26; 사 10:5; 겔 23:9

③ **바벨론** 왕하 17:24, 20:12, 24:1, 25:7~11; 렘 20:4~5; 계 14:8, 16:19, 18:2
④ **페르시아(바사)** 대하 36:20~23; 스 1:1~2, 6:14; 에 1:18~19
⑤ **헬라** 단 8:21, 10:20; 슥 9:13; 막 7:26; 행 6:1, 18:4, 20:2; 고전 1:22
⑥ **로마제국** 요 11:48; 행 2:10, 16:21, 19:21, 23:11, 28:16; 롬 1:15

〈지도3〉에서는 성경의 배경을 이루는 땅을 전체적으로 조망했다. 북동으로는 장차 앗수르, 바벨론, 페르시아⁺ 등의 강대국이 포진하게 되며, 남서쪽으로는 애굽이 자리잡고 있다. 서쪽에는 구약이 끝난 이후 차례로 헬라⁺와 로마⁺가 제국을 이루어 유대지역을 통치하게 된다.

역사상 제일 먼저 강대국을 이루었던 나라는 애굽이며, 출애굽시대의 기록으로 애굽의 위용을 느낄 수 있다. 북이스라엘의 멸망을 주도한 앗수르가 그다음으로 강대국을 이루었고, 남유다의 멸망을 가져온 바벨론이 뒤를 잇는다. 다음으로는 바벨론을 무너뜨리고 이스라엘 백성들의 귀환을 촉발시킨 페르시아가, 그다음으로는 알렉산더의 헬라가 강대국을 이루었다. 예수님 시대에 유대를 지배하고 사도들의 시대에 기독교인을 핍박했던 로마가 차례로 이스라엘에 영향을 미쳤다.

✚ 약속하신 땅

하나님은 아브라함에게 땅을 약속하셨다. 그 땅은 하나님의 나라를 온 세상에 이루어 가기 위한 발판이다. 모세는 아브라함의 자손을 이끌고 출애굽하여 하나님이 주신 땅으로 나아갔다. 하나님이 하나님나라를 확장하기 위해 하나님의 백성에게 주신 땅, 그 땅의 경계는 여호수아에게 약속한 대로 남으로는 광야, 북으로는 레바논, 북동쪽으로는 유브라데 강, 서쪽으로는 대해까지였다(수 1:4, 지도4).

Note

✚ 헬라
오늘날 그리스를 비롯한 유럽의 남동지역, 발칸반도의 남쪽에 있던 나라로 로마에 의해서 정복되기 전까지 유럽문화의 중심지였다. 도시국가로 구성되었던 헬라는 마게도냐의 필립 2세에 의해 정복당했으며, 아들인 알렉산더 때에는 애굽과 인도에까지 이르는 거대한 제국을 이루었다. 그러나 알렉산더의 사후 헬라제국은 그의 부하들에 의해 3개로 분열되었으며, 그 뒤 쇠퇴를 거듭하다가 로마에 의해 멸망한다.

✚ 로마
B.C. 8세기경 이탈리아 반도에 위치한 작은 도시에서 시작된 로마는 점차 이탈리아 반도와 유럽, 지중해를 넘어 북아프리카와 페르시아와 이집트까지 영역을 확장하였다. 과거 페르시아나 헬라 제국보다 훨씬 더 넓고 정비된 대제국을 이루었으며, 신약성경의 배경이 바로 로마제국 시대였다.

〈지도4〉 약속의 땅

✝여호수아의 정복과 사사시대의 쇠퇴

여호수아의 정복전쟁으로 이스라엘은 우선 요단강 동서지역을 차지하
게 되었다. 그 땅들은 열두 지파에게 분배되었고, 분배된 지역의 완전한
정복과 확장은 후대의 몫으로 남겨졌다. 하지만 여호수아의 사후 주변
을 둘러싸고 있었던 이방족속들을 완전히 제압하지 못한 채 이스라엘
백성은 주변국의 우상숭배를 받아들였다. 이 시기가 이른바 "각자가 자
기 소견대로 행하던" 사사✝시대였다. 그들은 사사시대를 거치면서 땅
을 넓히기는커녕 조금씩 빼앗겼다. 주변을 둘러싸고 있던 여러 민족에게
열두 지파는 계속 침략을 당했다. 서로는 블레셋, 남으로는 미디안과 에돔,
동으로는 암몬과 모압, 북으로는 메소보다미아와 가나안 족속들의 침략
을 받았다. 게다가 이미 정복했던 요단강 동서 지역에도 원주민들이 버티
던 정복하지 못한 땅이 많았다. 대표적인 족속이 여부스 족속이었다.

예루살렘 주민 여부스 족속을 유다 자손이 쫓아내지 못하였으므로 여부스 족속이 오늘까지 유다 자손과 함께 예루살렘에 거주하니라(수 15:63)

베냐민 자손은 예루살렘에 거주하는 여부스 족속을 쫓아내지 못하였으므로 여부스 족속이 베냐민 자손과 함께 오늘까지 예루살렘에 거주하니라(삿 1:21)

특히 사사시대 말기에서 초기 통일왕정시대인 사울의 통치기간에 이스라엘은 블레셋의 침략으로 많은 고통을 당하고 있었다. 유브라데까지 땅을 확장하는 일은 꿈같은 일이 되어 있었다. 〈지도5〉를 통해 각 지파의 위치를 확인하고, 주변의 이방 나라들을 통해 땅이 축소되는 상황을 정리해 보자. 그리고 〈지도6〉을 통해 구약성경에 등장하는 주요 도시들의 위치를 확인해 보자.

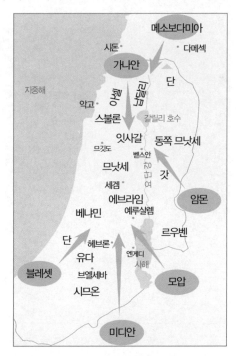

〈지도5〉
이스라엘의 열두 지파와
사사시대 이방민족의 침략

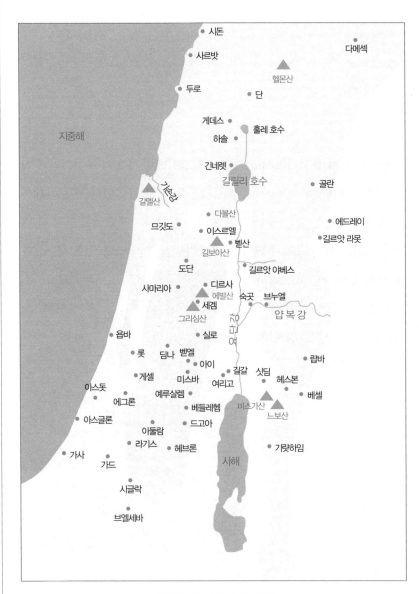

〈지도6〉 구약시대의 이스라엘

✝ 사무엘에게서 시작된 다윗과 솔로몬의 승리

Note

하지만 B.C. 1,000년을 전후로 다윗은 하나님의 주권을 철저히 인정하며 나라를 세워 간다. 이스라엘에서 하나님의 주권은 한나의 아들 사무엘을 통해 회복되기 시작하였고, 보아스와 룻의 자손인 다윗에게서 꽃을 피운다. 다윗의 신앙은 다음 구절에서 확인할 수 있다.

> 여호와여 위대하심과 권능과 영광과 승리와 위엄이 다 주께 속하였사오니 천지에 있는 것이 다 주의 것이로소이다 여호와여 주권도 주께 속하였사오니 주는 높으사 만물의 머리이심이니이다(대상 29:11)

다윗은 하나님의 임재를 소중히 여겼다. 그는 법궤를 영구히 둘 성전 건축을 계획하는 등 약속하신 땅에 하나님나라를 세워 가는 일에 관심을 집중하였다. 다른 한편 그는 하나님이 약속하신 땅을 정복해 나간다. 하나님은 연전연승을 허락하셨다. 우선 다윗은 온 이스라엘의 왕이 된 후에 여호수아시대부터 정복되지 않고 남아 있던 여부스 사람을 정복하여 예루살렘을 하나님에게 드렸다.

> 왕과 그의 부하들이 예루살렘으로 가서 그 땅 주민 여부스 사람을 치려 하매 그 사람들이 다윗에게 이르되 네가 결코 이리로 들어오지 못하리라 맹인과 다리 저는 자라도 너를 물리치리라 하니 그들 생각에는 다윗이 이리로 들어오지 못하리라 함이나 다윗이 시온 산성을 빼앗았으니 이는 다윗 성이더라(삼하 5:6~7)

4 땅의 상실과정 자세히 보기 077

그 후 계속해서 이스라엘을 괴롭히던 남서쪽의 블레셋을 정복했다.

> 이스라엘이 다윗에게 기름을 부어 이스라엘 왕으로 삼았다 함을 블
> 레셋 사람들이 듣고 블레셋 사람들이 다윗을 찾으러 다 올라오매 다윗
> 이 듣고 요새로 나가니라 …… 이에 다윗이 여호와의 명령대로 행하여
> 블레셋 사람을 쳐서 게바에서 게셀까지 이르니라(삼하 5:17, 25)

다윗은 이로써 남쪽과 북동쪽으로 땅을 넓힐 수 있는 기틀을 다졌다.
그는 계속해서 하나님이 약속하신 땅인 주변국들을 정복하여 하나님을

경배하는 땅으로 바꾸어 간다.
다윗은 남쪽으로 에돔까지, 북
쪽으로는 수리아의 다메섹까
지 정복하였다(삼하 8장 참조).
결국 솔로몬시대에 이르러서
는 하나님이 약속하신 유브라
데 강까지 모든 지역을 차지하
게 된다. 하나님의 약속이 다
윗시대와 솔로몬시대에 걸쳐
이루어진 것이다.

〈지도7〉
사울, 다윗, 솔로몬 시대의 이스라엘 영토

솔로몬이 그 강에서부터 블레셋 사람의 땅에 이르기까지와 애굽 지경에 미치기까지의 모든 나라를 다스리므로 솔로몬이 사는 동안에 그 나라들이 조공을 바쳐 섬겼더라(왕상 4:21)

축복과 사명으로 하나님의 백성에게 약속된 땅. 그 약속이 성취된 것은 사무엘과 다윗, 솔로몬이 하나님의 주권을 인정하며 나라를 세운 결과이다. 사무엘은 우상숭배로 황폐해진 사사시대의 이스라엘이 다시 영적으로 회복하도록 이끌었다.

사무엘이 이스라엘 온 족속에게 말하여 이르되 만일 너희가 전심으로 여호와께 돌아오려거든 이방 신들과 아스다롯을 너희 중에서 제거하고 너희 마음을 여호와께로 향하여 그만을 섬기라 그리하면 너희를 블레셋 사람의 손에서 건져내시리라 이에 이스라엘 자손이 바알들과 아스다롯을 제거하고 여호와만 섬기니라(삼상 7:3~4)

다윗은 법궤를 예루살렘으로 옮기고, 성전건축을 위해 필요한 모든 것을 마련했다(삼하 6:1~2).

〈사무엘하〉 6:1~2
다윗이 이스라엘에서 뽑은 무리 삼만 명을 다시 모으고 다윗이 일어나 자기와 함께 있는 모든 사람과 더불어 바알레유다로 가서 거기서 하나님의 궤를 메어 오려 하니 그 궤는 그룹들 사이에 좌정하신 만군의 여호와의 이름으로 불리는 것이라

내가 이미 내 하나님의 성전을 위하여 힘을 다하여 준비하였나니 곧 기구를 만들 금과 은과 놋과 철과 나무와 또 마노와 가공할 검은 보석과 채석과 다른 모든 보석과 옥돌이 매우 많으며 성전을 위하여 준비한 이 모든 것 외에도 내 마음이 내 하나님의 성전을 사모하므로 내가 사유한 금, 은으로 내 하나님의 성전을 위하여 드렸노니(대상 29:2~3)

솔로몬은 아버지를 이어 나라를 하나님의 정의로 다스리고, 성전을
건축하는 일에 매진했다(왕상 3:9, 5:5). 이스라엘은 이렇게 하나님에게
축복이자 사명인 땅을 받게 되었다. 이스라엘 백성은 많은 것을 누렸고,
동시에 많은 사명을 받게 된 것이다.

✛ 솔로몬의 실패와 땅의 위기

축복의 땅이 유지되려면 하나님의 주권을 인정하는 삶이 계속되어야
한다(왕상 9:4~5). 그런데 솔로몬은 말년에 하나님보다는 나라의 부국
강병에 더 초점을 맞추어 실패의 길을 가게 되었다. 솔로몬 말년부터 나
라가 둘로 나뉘었다. 그 이후부터 북쪽의 이스라엘이 먼저 앗수르에 의
해 멸망하고, 남쪽의 유다가 바벨론에 의해 멸망하는 순간까지는 하나
님이 주신 땅을 상실하는 과정이다. 그것은 모두 하나님의 주권을 인정
하지 않은 결과, 즉 하나님의 말씀인 율법을 지키며 살아가지 않은 결과
였다.

먼저 솔로몬 말년에 이스라엘의 통치에 순응하고 있던 주변국들에게
서 반역의 움직임들이 나타나기 시작한다. 이스라엘 남쪽 에돔의 지도
자 하닷이 이스라엘을 반역했다.

여호와께서 에돔 사람 하닷을 일으켜 솔로몬의 대적이 되게 하시니
그는 왕의 자손으로서 에돔에 거하였더라(왕상 11:14)

이스라엘 북쪽지역에 위치한 아람-소바의 르손이 솔로몬을 대적했다.

하나님이 또 엘리아다의 아들 르손을 일으켜 솔로몬의 대적자가 되
게 하시니 그는 그의 주인 소바 왕 하닷에셀에게서 도망한 자라(왕상
11:23)

가장 중요한 것은 솔로몬의 신하였던 여로보암이 아히야 선지자의
예언을 따라 솔로몬을 반역한 것이다.

여로보암에게 이르되 너는 열 조각을 가지라 이스라엘의 하나님 여
호와의 말씀이 내가 이 나라를 솔로몬의 손에서 찢어 빼앗아 열 지파
를 네게 주고(왕상 11:31)

여로보암은 솔로몬을 피해 애굽으로 망명했고, 솔로
몬 사후 돌아와 이스라엘이라는 나라를 세운다. 솔로몬
말기에 하나님의 백성이 선물받은 땅은 큰 위기에 처하
기 시작했던 것이다. 이 모든 것은 하나님이 주신 땅에
서 하나님의 주권이 흔들리기 시작한 결과였다. 〈지도
8〉은 솔로몬이 하나님의 주권을 거부한 이후 통치 말기
에 일어난 대적들을 보여 준다.

〈지도8〉 솔로몬 통치
말기에 일어난 대적들(왕상 11장)

오직 내 종 다윗을 위하고 이스라엘 모든 지파 중에서 택한 성읍 예
루살렘을 위하여 한 지파를 솔로몬에게 주리니 이는 그들이 나를 버리
고 시돈 사람의 여신 아스다롯과 모압의 신 그모스와 암몬 자손의 신
밀곰을 경배하며 그의 아버지 다윗이 행함 같지 아니하여 내 길로 행

하지 아니하며 나 보기에 정직한 일과 내 법도와 내 율례를 행하지 아니함이니라(왕상 11:32~33)

✚ 주권 거부와 북이스라엘 멸망

솔로몬의 신하 여로보암이 통일왕국 이스라엘의 국호를 가져가 북쪽에 이스라엘을 건국했다. 먼저 북이스라엘의 왕들을 열거해 보자. '→'표는 아들이나 형제에게 계승된 것을 의미하며, '/'표는 쿠데타가 일어나 왕조가 바뀐 것을 의미한다.

여로보암 → 나답 / 바아사 → 엘라 / 시므리 / 오므리 → 아합 → 아하시야 → 요람(여호람) / 예후 → 여호아하스 → 요아스 → 여로보암 → 스가랴 / 살룸 / 므나헴 → 브가히야 / 베가 / 호세아

약 200여 년 이어진 왕국의 역사에서 왕이 죽임을 당하고 정권이 바뀐 경우가 8번이나 된다는 것은 그만큼 하나님의 말씀을 따라 하나님의 주권을 인정하는 선한 정치가 이루어지지 않았다는 것을 의미한다. 참고로 남유다는 350년 역사 가운데 한 번 피로 왕이 바뀌었는데, 그것도 바로 북이스라엘 왕 오므리의 손녀 아달랴가 유다의 왕 여호람과 결혼하여 그의 손자들을 죽이고 왕이 된 것이다. 이것은 유다의 신하들에 의해서가 아니라 북이스라엘의 버릇(?)을 아달랴가 옮겨온 것이라 할 수 있다.

이스라엘은 출발부터 좋지 않았다. 여로보암은 정치적인 이유로 하나님의 율법을 버리고 우상숭배를 도입하였다.

만일 이 백성이 예루살렘에 있는 여호와의 성전에 제사를 드리고자
하여 올라가면 이 백성의 마음이 유다 왕 된 그들의 주 르호보암에게
로 돌아가서 나를 죽이고 유다의 왕 르호보암에게로 돌아가리로다 하
고 이에 계획하고 두 금송아지를 만들고 무리에게 말하기를 너희가 다
시는 예루살렘에 올라갈 것이 없도다 이스라엘아 이는 너희를 애굽 땅
에서 인도하여 올린 너희의 신들이라 하고 하나는 벧엘에 두고 하나는
단에 둔지라(왕상 12:27~29)

여로보암 이후의 왕들은 비슷한 길을 걸었다. 유명한 선지자 엘리야가
사역하던 시대 북이스라엘의 왕이었던 아합은 우상숭배가 특히 심각했다.

유다의 아사 왕 제삼십팔년에 오므리의 아들 아합이 이스라엘의 왕
이 되니라 오므리의 아들 아합이 사마리아에서 이십이 년 동안 이스라
엘을 다스리니라 오므리의 아들 아합이 그의 이전의 모든 사람보다 여
호와 보시기에 악을 더욱 행하여(왕상 16:29~30)

하나님의 주권이 무너져버린 왕조에 닥친 운명은 계속되는 쿠데타만이
아니었다. 하나님이 주신 땅을 상실하게 된 것이다. 아합과 그의 아들 아하
시야와 요람 왕 시대에 북쪽에 있던 아람은 계속해서 이스라엘을 공격했다.

아람의 벤하닷 왕이 그의 군대를 다 모으니 왕 삼십이 명이 그와 함
께 있고 또 말과 병거들이 있더라 이에 올라가서 사마리아를 에워싸고
그 곳을 치며(왕상 20:1)

이렇게 되다 보니 동쪽의 모압 왕도 이스라엘을 배반했다.

유다의 여호사밧 왕 열여덟째 해에 아합의 아들 여호람이 사마리아
에서 이스라엘을 열두 해 동안 다스리니라 그가 여호와 보시기에 악을
행하였으나 그의 부모와 같이 하지는 아니하였으니 이는 그가 그의 아
버지가 만든 바알의 주상을 없이하였음이라 그러나 그가 느밧의 아들
여로보암이 이스라엘에게 범하게 한 그 죄를 따라 행하고 떠나지 아니
하였더라 모압 왕 메사는 양을 치는 자라 새끼 양 십만 마리의 털과 숫
양 십만 마리의 털을 이스라엘 왕에게 바치더니 아합이 죽은 후에 모
압 왕이 이스라엘 왕을 배반한지라(왕하 3:1~5)

유브라데까지 지배하던 과거의 영화는 생각할 수 없을 정도로 이스라
엘의 운명은 어려워졌다. 요단강 동서의 영토를 지키는 것도 쉽지 않았다.

이 후에 아람 왕 벤하닷이 그의 온 군대를 모아 올라와서 사마리아
를 에워싸니 아람 사람이 사마리아를 에워싸므로 성중이 크게 주려서
나귀 머리 하나에 은 팔십 세겔이요 비둘기 똥 사분의 일 갑에 은 다섯
세겔이라 하니(왕하 6:24~25)

하나님은 그래도 이스라엘 백성을 긍휼히 여기셨으나 이스라엘 백성
은 결코 하나님의 주권을 인정하는 삶으로 돌아오지 않았다.

여호와께서 이스라엘에게 노하사 늘 아람 왕 하사엘의 손과 그의 아
들 벤하닷의 손에 넘기셨더니 아람 왕이 이스라엘을 학대하므로 여호

아하스가 여호와께 간구하매 여호와께서 들으셨으니 이는 그들이 학대받음을 보셨음이라 여호와께서 이에 구원자를 이스라엘에게 주시매 이스라엘 자손이 아람 사람의 손에서 벗어나 전과 같이 자기 장막에 거하였으나 그들이 이스라엘에게 범죄하게 한 여로보암 집의 죄에서 떠나지 아니하고 그 안에서 따라 행하며 또 사마리아에 아세라 목상을 그냥 두었더라(왕하 13:3~6)

그들은 B.C. 8세기에 접어들어 여로보암(2세) 왕 때 세력을 넓히게 되었지만, 호세아와 아모스 선지자의 외침에도 불구하고 결코 하나님에게로 돌아오지 않았다.

웃시야와 요담과 아하스와 히스기야가 이어 유다 왕이 된 시대 곧 요아스의 아들 여로보암이 이스라엘 왕이 된 시대에 브에리의 아들 호세아에게 임한 여호와의 말씀이라(호 1:1)
유다 왕 웃시야의 시대 곧 이스라엘 왕 요아스의 아들 여로보암의 시대 지진 전 이년에 드고아 목자 중 아모스가 이스라엘에 대하여 이상으로 받은 말씀이라(암 1:1)

결국 북쪽의 이스라엘은 200여 년의 짧은 역사를 뒤로 하고 당시 급부상하던 앗수르에게 멸망당하고 말았다.

호세아 제구년에 앗수르 왕이 사마리아를 점령하고 이스라엘 사람을 사로잡아 앗수르로 끌어다가 고산 강 가에 있는 할라와 하볼과 메대 사람의 여러 고을에 두었더라(왕하 17:6)

　이로써 하나님이 주신 땅은 겨우 남쪽의 유다지역만 남게 되었다. B.C. 722년 북이스라엘은 앗수르에게 멸망당한 후 앗수르제국의 각지로 유배되었고, 이민족들이 북이스라엘로 이주해 왔다(지도9). 북이스라엘이 이렇게 빨리 멸망한 것은 계속해서 말씀을 거역했기 때문이다. 회개하고 하나님의 말씀을 지키며 하나님의 주권을 인정하라는 아히야(왕하 14장 참조), 예후(왕하 16장 참조), 엘리야, 엘리사, 호세아, 아모스 등 선지자들의 경고에 아랑곳하지 않았던 것이다.

　하나님의 주권을 인정하지 않으면 하나님이 주신 축복이자 사명인 땅을 잃어버리게 된다. 우리가 이 시대에 하나님의 말씀에 순종하는 삶을 회복해야 하는 이유는 바로 이 때문이다. 삶 속에서 하나님의 주권을 인정하는 신앙이 회복되지 않으면 어느 시대의 어느 교회도 망했다는 것을 기억해야 한다.

〈지도9〉 앗수르의 침략(B.C. 722)

✚ 남유다의 타락과 멸망과정

솔로몬 사후 약 350년 간 존속한 남쪽의 유다가 땅을 상실하는 과정을 살펴보겠다. 먼저 왕들을 열거해 보자. 밑줄 쳐진 왕은 다윗 왕의 뒤를 이어 긍정적 평가를 받았던 왕이다.

르호보암 → 아비얌(아비야) → 아사 → 여호사밧 → 여호람(요람) → 아하시야 → 아달랴 → 요아스 → 아마샤 → 웃시야(아사랴) → 요담 → 아하스 → 히스기야 → 므낫세 → 아몬 → 요시야 → 여호아하스 → 여호야김 → 여호야긴 → 시드기야

유다의 왕들을 열거하면서 기준으로 삼아야 할 시점은 히스기야 통치이다. 히스기야가 통치하던 시기 북쪽의 이스라엘이 망했기 때문이다. 히스기야까지 유다의 왕은 13명이다. 이 중 〈열왕기서〉를 기록한 저자에게 부분적으로라도 긍정적 평가를 받은 왕은 총 7명으로 반 이상이다. 실제로 그들이 다스린 시기를 놓고 따지면 남쪽의 유다는 히스기야시대까지 선한 왕들의 통치가 장기간 이루어졌다. 그것이 북쪽 이스라엘이 멸망하여 모든 땅을 상실했는데도 남쪽의 유다가 건재했던 이유이다.

하지만 북쪽의 이스라엘이 멸망한 이후(히스기야 이후)의 유다 왕은 총 7명, 그중 요시야 한 명을 제외하면 모두 부정적 평가를 받았다. 이것이 바로 남쪽 유다가 바벨론에 의해 멸망하고 모든 땅을 상실하게 된 이유이다. 즉 히스기야 이후 온 나라가 하나님의 주권을 인정하지 않고, 하나님의 율법을 어기는 삶을 살았다는 것이다. 남유다에서 20명의 왕이 통치하던 시기에 어떻게 땅을 상실하게 되는지 살펴보도록 하자.

먼저 남유다의 첫 번째 왕 르호보암 때 남쪽의 애굽으로부터 침략을 받는다. 이것은 솔로몬의 타락에 대한 하나님의 심판이며, 동시에 르호보암 왕의 악에 대한 보응이다.

> 애굽 왕 시삭이 올라와서 예루살렘을 치고 여호와의 전 보물과 왕궁의 보물을 모두 빼앗고 솔로몬이 만든 금 방패도 빼앗은지라 르호보암 왕이 그 대신에 놋으로 방패를 만들어 궁문을 지키는 경호 책임자들의 손에 맡기매(대하 12:9~10)

솔로몬 초기에 국경을 맞댄 애굽과 대등한 관계로 평화를 누렸던 것을 생각하면 솔로몬이 죽은 지 얼마 되지 않은 상황에서 일어난 애굽의 침입은 뜻밖의 일이다. 유다는 북쪽의 땅을 이스라엘에게 내주고, 남쪽에서 침략을 받는 상황에 처했다. 여호사밧 왕의 아들 여호람 때 유다의 수하에서 남동쪽의 에돔이 배반을 했다.

> 이스라엘의 왕 아합의 아들 요람 제오년에 여호사밧이 유다의 왕이었을 때에 유다의 왕 여호사밧의 아들 여호람이 왕이 되니라 …… 이와 같이 에돔이 유다의 수하에서 배반하였더니 오늘까지 그러하였으며 그 때에 립나도 배반하였더라(왕하 8:16, 22)

부정적 평가를 받은 또 한 명의 왕 아하스시대에는 북쪽의 아람 땅을 잃게 되었고, 앗수르 왕에 의지하여 겨우 아람의 침략을 막아 냈다. 하지만 이때부터 유다는 앗수르의 영향권에 들게 되어 히스기야시대까지 이르게 된다.

이 때에 아람의 왕 르신과 이스라엘의 왕 르말랴의 아들 베가가 예루살렘에 올라와서 싸우려 하여 아하스를 에워쌌으나 능히 이기지 못하니라 당시에 아람의 왕 르신이 엘랏을 회복하여 아람에 돌리고 유다 사람을 엘랏에서 쫓아내었고 아람 사람이 엘랏에 이르러 거기에 거주하여 오늘까지 이르렀더라 아하스가 앗수르 왕 디글랏 빌레셀에게 사자를 보내 이르되 나는 왕의 신복이요 왕의 아들이라 이제 아람 왕과 이스라엘 왕이 나를 치니 청하건대 올라와 그 손에서 나를 구원하소서 하고 아하스가 여호와의 성전과 왕궁 곳간에 있는 은금을 내어다가 앗수르 왕에게 예물로 보냈더니 앗수르 왕이 그 청을 듣고 곧 올라와서 다메섹을 쳐서 점령하여 그 백성을 사로잡아 기르로 옮기고 또 르신을 죽였더라(왕하 16:5~9)

유다가 본격적으로 멸망의 길에 접어든 것은 히스기야 왕의 아들 므낫세 때이다. 므낫세 왕은 악한 지도자였다. 그는 온 백성을 우상숭배로 나아가게 하여 노골적으로 하나님의 주권을 거부했다.

므낫세가 왕위에 오를 때에 나이가 십이 세라 예루살렘에서 오십오 년 동안 다스리며 여호와 보시기에 악을 행하여 여호와께서 이스라엘 자손 앞에서 쫓아내신 이방 사람들의 가증한 일을 본받아 그의 아버지 히스기야가 헐어 버린 산당을 다시 세우며 바알들을 위하여 제단을 쌓으며 아세라 목상을 만들며 하늘의 모든 일월성신을 경배하여 섬기며 …… 옛적에 하나님이 이 성전에 대하여 다윗과 그의 아들 솔로몬에게 이르시기를 내가 이스라엘 모든 지파 중에서 택한 이 성전과 예루살렘에 내 이름을 영원히 둘지라 만일 이스라엘 사람이 내가 명령한 일들 곧 모세를 통하여 전한 모든 율법과 율례와 규례를 지켜 행하면 내가 그들의 발로 다시는 그의 조상들에게 정하여 준 땅에서 옮기지 않게 하리라 하셨으나 유다와 예루살렘 주민이 므낫세의 꾀임을 받고 악을 행한 것이 여호와께서 이스라엘 자손 앞에서 멸하신 모든 나라보다 더욱 심하였더라(대하 33:1~3, 7b~9)

결국 므낫세 왕 이후로 급부상하던 바벨론에게 유다는 여러 차례 침략당하고 완전히 멸망했다.

여호야김이 왕위에 오를 때에 나이가 이십오 세라 예루살렘에서 십일 년 동안 다스리며 그의 하나님 여호와 보시기에 악을 행하였더라 바벨론 왕 느부갓네살이 올라와서 그를 치고 그를 쇠사슬로 결박하여 바벨론으로 잡아가고 …… 그의 아들 여호야긴이 대신하여 왕이 되니라 여호야긴이 왕위에 오를 때에 나이가 팔 세라 예루살렘에서 석달 열흘 동안 다스리며 여호와 보시기에 악을 행하였더라 그 해에 느부갓네살 왕이 사람을 보내어 여호야긴을 바벨론으로 잡아가고 여호와의 전의 귀한 그릇들도 함께 가져가고 그의 숙부 시드기야를 세워 유다와 예루살렘 왕으로 삼았더라 시드기야가 왕위에 오를 때에 나이가 이십일 세라 예루살렘에서 십일 년 동안 다스리며 그의 하나님 여호와 보시기에 악을 행하고 선지자 예레미야가 여호와의 말씀으로 일러도 그 앞에서 겸손하지 아니하였으며 …… 하나님이 갈대아 왕의 손에 그들을 다 넘기시매 그가 와서 그들의 성전에서 칼로 청년들을 죽이며 …… 또 하나님의 전을 불사르며 예루살렘 성벽을 헐며 그들의 모든 궁실을 불사르며 그들의 모든 귀한 그릇들을 부수고 칼에서 살아 남은 자를 그가 바벨론으로 사로잡아가매 무리가 거기서 갈대아 왕과 그의 자손의 노예가 되어 바사국이 통치할 때까지 이르니라 이에 토지가 황폐하여 땅이 안식년을 누림 같이 안식하여 칠십 년을 지냈으니 여호와께서 예레미야의 입으로 하신 말씀이 이루어졌더라(대하 36:5~6, 8b~12, 17a, 19~21)

유다가 멸망하는 과정에서 많은 선지자가 목숨을 걸고 사역했다. 스바냐, 하박국, 예레미야 등의 선지자들이 힘써 회개를 부르짖고, 이스라엘 백성의 회복을 위해 힘썼던 것이다.

〈지도10〉 유다의 바벨론 유배(B.C. 586)

✚ 하나님의 주권회복과 땅의 회복

바벨론에 포로로 잡혀간 다니엘과 에스겔 같은 선지자들이 하나님의 부르심을 받아 열심히 하나님의 주권을 회복하기 위해 힘썼다.

유다 왕 여호야김이 다스린 지 삼 년이 되는 해에 바벨론 왕 느부갓네살이 예루살렘에 이르러 성을 에워쌌더니 주께서 유다 왕 여호야김과 하나님의 전 그릇 얼마를 그의 손에 넘기시매 …… 그들 가운데는 유다 자손 곧 다니엘과 하나냐와 미사엘과 아사랴가 있었더니 환관장이 그들의 이름을 고쳐 다니엘은 벨드사살이라 하고 하나냐는 사드락이라 하고

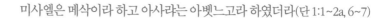

미사엘은 메삭이라 하고 아사랴는 아벳느고라 하였더라(단 1:1~2a, 6~7)

〈다니엘서〉 1:21
다니엘은 고레스 왕 원년까지
있으니라

다니엘은 바벨론이 멸망할 때(고레스 왕 원년)까지 이방 땅에 살며 자신의 소명을 다했다(단 1:21).

에스겔도 파괴된 성전이 다시 회복될 것을 꿈꾸며, 바벨론에서 하나님의 주권을 회복하라고 외쳤다.

서른째 해 넷째 달 초닷새에 내가 그발 강 가 사로잡힌 자 중에 있을 때에 하늘이 열리며 하나님의 모습이 내게 보이니 여호야긴 왕이 사로잡힌 지 오 년 그 달 초닷새라 갈대아 땅 그발 강 가에서 여호와의 말씀이 부시의 아들 제사장 나 에스겔에게 특별히 임하고 여호와의 권능이 내 위에 있으니라(겔 1:1~3)

하나님은 징계의 시간을 끝내시고, 바벨론을 멸망시킨 바사 왕 고레스를 통해 하나님의 백성들을 다시 예루살렘으로 보내셨다. 그렇게 하나님나라는 계속되었다. 스룹바벨에 의해 성전이 재건되고, 에스라와 느헤미야에 의하여 신앙의 회복이 일어났다. 학개와 스가랴 선지자는 성전재건을 위해 하나님의 백성들을 독려했으며, 말라기는 타락해 가는 신앙에 새 힘을 불어넣기에 힘썼다.

바사 왕 고레스 원년에 여호와께서 예레미야의 입을 통하여 하신 말씀을 이루게 하시려고 바사 왕 고레스의 마음을 감동시키시매 그가 온 나라에 공포도 하고 조서도 내려 이르되 바사 왕 고레스는 말하노니 하늘의 하나님 여호와께서 세상 모든 나라를 내게 주셨고 나에게 명령하사 유다 예루살렘에 성전을 건축하라 하셨나니 이스라엘의 하나님은 참 신이시라 너희 중에 그의 백성 된 자는 다 유다 예루살렘으로 올라가서 이스라엘의 하나님 여호와의 성전을 건축하라 그는 예루살렘에 계신 하나님이시라 그 남아 있는 백성이 어느 곳에 머물러 살든지 그 곳 사람들이 마땅히 은과 금과 그 밖의 물건과 짐승으로 도와 주고 그 외에도 예루살렘에 세울 하나님의 성전을 위하여 예물을 기쁘게 드릴지니라 하였더라(스 1:1~4)

유다 사람의 장로들이 선지자 학개와 잇도의 손자 스가랴의 권면을 따랐으므로 성전 건축하는 일이 형통한지라 이스라엘 하나님의 명령과 바사 왕 고레스와 다리오와 아닥사스다의 조서를 따라 성전을 건축하며 일을 끝내되 다리오 왕 제육년 아달월 삼일에 성전 일을 끝내니라(스 6:14~15)

Note

〈지도11〉 이스라엘의 유배와 귀환

다리오 왕 제이년 여섯째 달 곧 그 달 초하루에 여호와의 말씀이 선지자 학개로 말미암아 스알디엘의 아들 유다 총독 스룹바벨과 여호사닥의 아들 대제사장 여호수아에게 임하니라 이르시되 만군의 여호와가 이같이 말하여 이르노라 이 백성이 말하기를 여호와의 전을 건축할 시기가 이르지 아니하였다 하느니라(학 1:1~2)

만군의 여호와가 이르노라 너희가 눈 먼 희생제물을 바치는 것이 어찌 악하지 아니하며 저는 것, 병든 것을 드리는 것이 어찌 악하지 아니하냐 이제 그것을 너희 총독에게 드려 보라 그가 너를 기뻐하겠으며 너를 받아 주겠느냐(말 1:8)

유다까지 땅을 잃어버린 이후 하나님의 백성은 겨우 예루살렘에 작은 성전을 짓고 명맥을 이어갔다. 그리고 하나님의 백성 이스라엘은 차례로 페르시아(바사) → 헬라(셀류커스 왕조✛와 프톨레미 왕조✛) → 로마의 통치를 받으면서 메시아를 기다리게 된다.

✟ 하나님의 주권회복을 위해 일한 선지자들

구약 역사의 결론은 하나님의 백성이 하나님의 주권을 인정하는 삶을 살아가는 데 실패하면 축복이자 사명으로 받은 땅을 잃어버리게 된다는 것이다. 시가서라고 불리는 다섯 권의 책은, 하나님의 백성은 하나님의 주권을 인정하며 살아야 한다는 것을 반복적으로 교훈하고 있다. 선지자들의 책 17권은 주로 북쪽 이스라엘과 남쪽 유다가 하나님의 주권을 인정하지 못하고 영적인 위기에 빠졌던 상황에서 기록되었다. 그들은 한결같이 하나님의 주권을 인정하고 하나님의 말씀을 순종하는 삶

Note

✛ 셀류커스 왕조
헬라제국의 알렉산더의 사후 그의 부하 장군이었던 셀류커스에 의해 시리아지역을 중심으로 세워진 왕국. 이스라엘 지역의 지배를 놓고 프톨레미 왕조와의 치열한 전쟁 끝에 이스라엘을 지배하게 된다. 그러나 안티오쿠스 4세의 폭정에 항거한 유대인들과의 마카비전쟁에서 패배함으로써 셀류커스 왕조의 세력은 점차 약화되었으며, 결국 B.C.146년 로마에 의해 멸망한다.

✛ 프톨레미 왕조
알렉산더의 사후 그의 부하 장군이었던 프톨레미에 의해 이집트를 중심으로 세워진 왕국. 처음에는 이스라엘을 지배하였으나, 셀류커스와의 전쟁에서 패배하여 이스라엘을 상실하게 된다. B.C.31년 악티움해전의 패배로 프톨레미 왕조는 멸망하고, 이집트는 로마의 지배를 받게 된다.

을 살 것을 촉구하고 있으며, 그렇지 않을 경우에 멸망(땅의 상실)하게 된다고 경고하고 있다.

남쪽 유다가 순항하던 전반기에 하나님에게로 돌아올 것을 가르친 선지자는 요엘이고 북쪽 이스라엘이 멸망하는 과정으로 접어드는 여로보암 왕 때 호세아, 아모스, 요나 선지자가 사역했다. 북이스라엘을 멸망시킨 앗수르의 침략에 맞서 두려워하던 남유다 히스기야의 통치 전후로 이사야와 미가 선지자가 사역했다. 그리고 남유다가 므낫세 왕 이후로 하나님을 떠나 멸망의 길로 갈 때 나훔, 하박국, 스바냐, 오바댜, 예레미야 선지자가 사역했으며, 암울한 바벨론 포로시대를 지나고 있을 때 다니엘과 에스겔 선지자가 활동했다. 바벨론 포로기가 끝나고 예루살렘으로 귀환한 유다 백성들이 성전을 재건하지 못하고 주저할 때 학개와 스가랴 선지자가 사역했다. 에스라와 느헤미야의 개혁이 이어졌고, 이후 신앙의 회복을 외치며 하나님의 주권을 선포한 선지자가 말라기이다. 선지자들은 하나같이 하나님의 주권을 회복하여 나라를 회복시키려 했던 진정한 애국자이며, 올바른 선견지명을 가진 지도자들이었다.

유다 왕 웃시야와 요담과 아하스와 히스기야 시대에 아모스의 아들 이사야가 유다와 예루살렘에 관하여 본 계시라(사 1:1)

히스기야 왕의 신복이 이사야에게 나아가니 이사야가 그들에게 이르되 너희는 너희 주에게 이렇게 말하라 여호와의 말씀이 너는 앗수르 왕의 신복에게 들은 바 나를 모욕하는 말 때문에 두려워하지 말라 내가 한 영을 그의 속에 두어 그로 소문을 듣고 그의 본국으로 돌아가게 하고 또 그의 본국에서 그에게 칼에 죽게 하리라 하셨느니라 하더라

(왕하 19:5~7)

유다의 왕들 요담과 아하스와 히스기야 시대에 모레셋 사람 미가에게 임한 여호와의 말씀 곧 사마리아와 예루살렘에 관한 묵시라(미 1:1)

아몬의 아들 유다 왕 요시야의 시대에 스바냐에게 임한 여호와의 말씀이라 스바냐는 히스기야의 현손이요 아마랴의 증손이요 그다랴의 손자요 구시의 아들이었더라(습 1:1)

아몬의 아들 유다 왕 요시야가 다스린 지 십삼 년에 여호와의 말씀이 예레미야에게 임하였고 요시야의 아들 유다의 왕 여호야김 시대부터 요시야의 아들 유다의 왕 시드기야의 십일년 말까지 곧 오월에 예루살렘이 사로잡혀 가기까지 임하니라(렘 1:2~3)

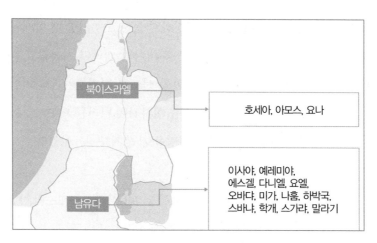

〈지도12〉 남북 왕국에서 활동한 선지자들

하나님나라 관점으로
성경 정리하기

5

✚ 하나님나라의 개념으로 구분해 본 성경

성경구분	창세기 1~11장	창세기 12장~말라기	마태복음~ 요한계시록 20장	요한계시록 21~22장
국민	아담, 하와	이스라엘	성도	하나님백성
영토	에덴동산	가나안	세계	새 하늘과 새 땅
주권	선악과 명령	모세의 율법	성경	하나님의 직접 통치

하나님나라의 3요소를 통해 본 성경

영토를 기준으로 생각할 때, 첫 번째 하나님나라의 모형은 '에덴동산'이다. 하나님이 세상을 창조하시고, 아담과 하와가 하나님의 주권(선악과 명령)을 지키고 살도록 의도된 하나님나라의 모형이 바로 에덴동산인 것이다.

선악을 알게 하는 나무의 열매는 먹지 말라 네가 먹는 날에는 반드시 죽으리라 하시니라(창 2:17)

그다음은 하나님이 택하신 이스라엘 백성이 모세에게 주신 율법을 통해 하나님의 주권을 지키며 살아가도록 의도된 '가나안'이다. 구약에서 한시적으로 의도된 하나님나라가 바로 가나안의 이스라엘인 것이다.

네 조상의 하나님 여호와께서 네게 주셔서 차지하게 하신 땅에서 너희가 평생에 지켜 행할 규례와 법도는 이러하니라(신 12:1)

에덴동산과 가나안에 이어 영토로 본 하나님나라는 바로 '세계'이다. 하나님의 택하심으로 부르심을 받아 예수를 주로 영접한 성도가 예수님을 통해 주신 하나님의 말씀, 즉 성경말씀을 통해 하나님의 주권을 지키며, 세상으로 하나님나라의 영토를 확장해 가는 과정이 바로 주님의 재림 이전까지 주어진 하나님나라의 신약적 형태이다.

그런즉 너희는 먼저 그의 나라와 그의 의를 구하라 그리하면 이 모든 것을 너희에게 더하시리라(마 6:33)

최종적으로 하나님나라는 '새 하늘과 새 땅'에서 완성된다. 하나님이 구원하셔서 영원한 생명을 얻은 백성들이 하나님의 직접 통치를 받으며 영원한 복을 누리는 곳이다. 이것이 예수 그리스도의 재림으로 완성될 하나님나라이다.

다시 저주가 없으며 하나님과 그 어린 양의 보좌가 그 가운데에 있
으리니 그의 종들이 그를 섬기며(계 22:3)

✚ 구약에서 신약으로 개념전환

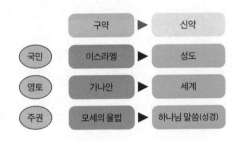

하나님나라 3요소의 개념전환

1. 백성(국민)

구약에서 하나님의 백성은 하나님의 언약의 대상자인 아브라함의 자
손 이스라엘 백성이었고, 약간의 이방인이 여기에 포함되었다. 하지만
예수 그리스도께서 승천하신 이후 세상의 모든 사람에게 하나님의 자
녀가 되는 권세가 주어졌다(요 1:12). 예수님을 영접하는 자가 진정한
아브라함의 자손이며, 아브라함에게 주어진 축복의 약속을 계승할 사
람이다.

〈요한복음〉 1:12
영접하는 자 곧 그 이름을 믿
는 자들에게는 하나님의 자녀
가 되는 권세를 주셨으니

너희에게 성령을 주시고 너희 가운데서 능력을 행하시는 이의 일이
율법의 행위에서냐 혹은 듣고 믿음에서냐 아브라함이 하나님을 믿으
매 그것을 그에게 의로 정하셨다 함과 같으니라 그런즉 믿음으로 말미
암은 자들은 아브라함의 자손인 줄 알지어다 또 하나님이 이방을 믿음

으로 말미암아 의로 정하실 것을 성경이 미리 알고 먼저 아브라함에게 복음을 전하되 모든 이방인이 너로 말미암아 복을 받으리라 하였느니라 그러므로 믿음으로 말미암은 자는 믿음이 있는 아브라함과 함께 복을 받느니라(갈 3:5~9)

2. 영토(땅)

구약시대에는 하나님의 주권을 인정하는 백성들의 영역이 가나안으로 한정되었다. 그런데 예수님 이후에 이 세상의 모든 곳이 하나님의 백성들이 거주하며 하나님의 주권이 이루어지는 영역으로 확장되었다(마 28:19).

오직 성령이 너희에게 임하시면 너희가 권능을 받고 예루살렘과 온 유대와 사마리아와 땅 끝까지 이르러 내 증인이 되리라 하시니라(행 1:8)

3. 주권

구약시대에는 그 시대와 민족에 합당한 율법이 주어졌다. 하지만 예수님 이후 신약시대에는 더욱 완성된 형태의 율법인 예수님의 가르침과 사도들의 가르침이 율법과 더불어 주어져, 하나님의 주권을 인정하며 살아가는 지침으로 제시되었다.

모든 성경은 하나님의 감동으로 된 것으로 교훈과 책망과 바르게 함과 의로 교육하기에 유익하니(딤후 3:16)
내가 율법이나 선지자를 폐하러 온 줄로 생각하지 말라 폐하러 온 것이 아니요 완전하게 하려 함이라(마 5:17)

이 예언의 말씀을 읽는 자와 듣는 자와 그 가운데에 기록한 것을 지 키는 자는 복이 있나니 때가 가까움이라(계 1:3)

Note

✝ 성경의 8구분과 하나님나라의 관점으로 요약

성경의 구분과 하나님나라

기독교 전통은 구약과 신약을 각각 4부분으로 나누어 성경을 총 8부분으로 구분한다. 그리고 성경의 각 부분은 하나님의 나라가 인간의 역사 속에서 어떻게 완성을 향해 나아가는지를 보여 주고 있다.

모세오경은 역사 속에서 이루어질 하나님나라의 원리를 제시한다. 선택된 하나님의 백성은(이스라엘) 하나님이 주신 땅에서(가나안) 하나님의 주권을 인정하며(언약의 율법에 순종) 살아갈 때 하나님의 나라를 세워 가며 번성하는 삶을 살아갈 수 있다. 하나님은 타락 이후 망가진 인류를 구원하기 위해 아브라함을 선택하시고, 그의 후손들로 민족을 이루게 하셔서 그들을 구원하시고(출애굽), 그들에게 가나안을 약속하시면서 율법을 주셨다.

역사서는 이스라엘의 역사를 통해 하나님나라의 원리가 어떻게 실제로 적용되는지 보여 준다. 이스라엘 백성은 약속된 가나안을 얻게 되었다. 그 땅에서 하나님에게 순종할 때는 하나님의 축복을 누리지만(여호수아, 사무엘상하), 하나님에게 순종하지 않을 때 멸망의 길을 걷게 된다(사사기, 열왕기상하). 하지만 하나님은 결코 하나님의 백성을 포기하지 않으시고 은총을 베푸신다(역대상하, 에스라, 느헤미야, 에스더).

시가서는 역사의 과정에서 도출된 하나님나라의 원리를 집약하여 대화, 잠언, 시, 노래의 형태로 전해 준다. 하나님의 백성은 하나님의 말씀에 순종하기도 하였고, 때로 불순종하기도 하였다. 그 결과 그들이 얻은 지혜가 이 시가서에 나타난다.

선지서는 구약 이스라엘의 죄악과 실패를 경고하며, 메시아를 통해 하나님나라를 성취할 것을 예언한다. 선지서는 역사서와 맥을 같이한다. 특히 역사서의 후반부와 시대적으로 일치하는데(열왕기상~에스더), 그 시대에 선지자들이 전해 준 메시지와 메시아를 통해 하나님나라를 성취할 것에 대한 소망이 나온다. 선지서는 자연스럽게 신약의 복음서가 제시하는 예수 그리스도의 복음으로 이어진다.

복음서는 구약(특히 선지서)에서 예언한 메시아, 예수 그리스도를 통해 성취된 하나님나라의 복음을 전해 준다. 예수 그리스도에 의해 하나님나라가 성취되었다. 이제 구약의 '이스라엘-가나안' 모델은 끝난 것이다. 예수 그리스도를 믿는 모든 자는 하나님의 백성이 되었다. 그들이 온 세상에 하나님나라를 확장할 것이며 예수님의 재림을 통해 하나님나라가 완성될 것이다.

역사서(사도행전)는 예수께서 성취하신 하나님나라의 복음에 세워진 교회가 땅끝까지 확장되는 과정을 기록하고 있다. 교회는 예루살렘과 온 유대와 이방인 지역(소아시아와 유럽)으로 확장되어 로마까지 이어진다.

서신서는 세워진 교회(교회의 성도)들에게 그들이 믿는 신앙의 내용(교리)과 살아야 할 삶의 내용(윤리)에 대한 교훈을 편지형식으로 전해준다. 서신서를 통해 모든 성도는 믿음의 내용을 확실히 이해하고, 어떻게 살아야 할지 교훈을 얻는다.

예언서(요한계시록)는 재림을 통해 완성될 하나님나라의 모습을 보여주며, 영적 전쟁에서 승리하며 믿음을 지킬 것을 묵시로 전하는 책이다.

✚ 하나님나라 관점으로 본 성경의 흐름

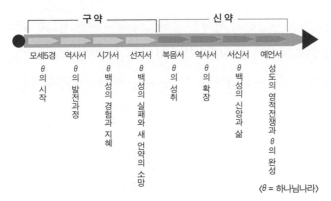

성경의 흐름 속에 있는 하나님나라

역사 속에 펼쳐진 하나님나라는 모세오경에서 시작된다. 에덴동산에서의 실패 이후 아브라함의 후손들은 이스라엘 민족을 이루고, 땅에 대한 약속을 소망하며, 율법을 지키며 하나님의 주권을 세워나갔다. 이것이 하나님나라의 시작이다. 그들은 〈여호수아서〉에서 〈에스더서〉까지

약 1,000년의 역사 속에서, 하나님에게 순종하며 땅에서 번성하기도 하고, 하나님에게 불순종하며 우상숭배를 일삼아 땅을 잃어버리기도 하였다. 하나님의 백성들이 이 과정에서 배운 인생의 지혜가 〈욥기〉에서 〈아가서〉에 걸쳐 시가서(지혜서)에 나타나 있다.

이스라엘의 역사, 특히 왕정시대에 등장한 선지자들은 이스라엘이 하나님의 주권을 인정하는 데 실패하여 심판이 있을 것을 계속 경고하였고, 더불어 하나님이 메시아를 통해 새로운 언약을 맺고 주님을 믿는 자들을 구원할 것을 예언했다.

선지자들의 예언을 성취하며 이 세상에 오신 예수 그리스도. 그분을 통해 하나님나라가 성취되었음을 복음서의 저자들은 각 나라와 백성들에게 전하고 있으며, 그 이후 믿음의 백성들은 교회를 이루어 온 세상에 하나님나라를 확장하기 시작했다. 사도 바울과 여러 사도는 교회의 성도에게 편지를 써서 올바른 교리와 성도의 진정한 삶을 가르쳤다. 요한은 완성될 하나님의 나라를 묵시로 보여 주며, 영적 전쟁에서 승리할 것을 독려했다.

✝ 성경관통을 위한 성경 역사 개관

아래 연대표는 이스라엘(남유다와 북이스라엘)과 이스라엘에 직접적인 영향을 미친 제국들을 중심으로 구성되었다. 이 연대표에 나오는 중요한 역사적 분기점을 따라 성경의 각 권을 시대적으로 구분하면, 구약의 말씀을 좀 더 쉽게 이해할 수 있다.

중요한 역사적 분기점은 출애굽(B.C. 1,450년경), 다윗시대(B.C. 1,000

년경), 남유다와 북이스라엘의 분단(B.C. 930년경), 북이스라엘의 멸망 (B.C. 722년경 앗수르에 의해), 남유다의 멸망(B.C. 586년경 바벨론에 의해), 바벨론의 멸망과 남유다의 귀환(B.C. 539년경), 에스라와 느헤미야의 귀환(B.C. 450년경), 로마시대의 시작(B.C. 63년경), 예수님의 탄생 (B.C. 4년경) 등이다.

시대 구분	연대 (대략)	오경 역사서	선지서		지혜서	주요 열방
			남유다	북이스라엘		
천지창조		창 1~11				
족장시대	B.C. 2,100~	창 12~50			욥기	애굽
출애굽과 가나안정복시대	B.C. 1,450~ B.C. 1,380	출애굽기~ 여호수아				
사사시대	B.C. 1,380~ B.C. 1,150	사사기, 룻기				아람, 암몬 모압, 미디안 블레셋
통일왕국시대 (사울 다윗)	B.C. 1,050~ B.C. 930	사무엘, 역대상 (창조부터)			시편	
솔로몬과 분열왕국시대	B.C. 930~ B.C. 722	열왕기서	요엘	요나 호세아 아모스	잠언 전도서 아가	앗수르
남왕국 단독시대	B.C. 722~ B.C. 586	역대하 (솔로몬에서 1차 포로귀환까지)	이사야, 미가			앗수르
			나훔, 스바냐 하박국, 오바댜, 예레미야			바벨론
바벨론 포로시대	B.C. 586~ B.C. 539		다니엘 에스겔			바벨론
메대 바사시대	B.C. 539~	에스더, 에스라 느헤미야	학개, 스가랴 말라기			페르시아
헬라시대	B.C. 332~ B.C. 323					헬라 제국
프톨레미 왕조 시대	B.C. 320~ B.C. 197	중간기				
셀루커스 왕조 시대	B.C. 197~ B.C. 166					
하스몬왕조시대	B.C. 142~ B.C. 63					독립국
로마제국시대	B.C. 63~ A.D. 476	신약성경				로마

성경을 관통하기 위한 제국 중심의 연대표

PART 2

하나님나라로
구약관통

1

서론:
구약관통

'하나님나라' 관점으로 구약을 보면 구약 전체의 메시지가 보인다.

모세오경 : 하나님나라의 시작

- 하나님나라의 원리와 필요성 : 창세기
- 하나님나라의 시작
  · 국민 : 이스라엘(아브라함의 후손) – 창세기, 출애굽기A, 민수기B
  · 영토 : 가나안(약속의 땅) – 오경 전체에서 약속의 형태로 나타남
  · 주권 : 하나님의 율법 – 출애굽기B, 레위기, 민수기A/ 신명기

역사서 : 하나님나라의 발전과정

- 역사서 1 : 하나님나라의 운행법칙(레위기 26장, 신명기 27~28장)
  흥(여호수아서) – 망(사사기, 룻기) – 성(사무엘서) – 쇠(열왕기서)
- 역사서 2 : 하나님나라를 지배하는 은총(창세기18:18/역대하 7:7~18)
  다윗왕조 보존(역대기서)–성전재건(에스라)–성벽재건(느헤미야)–백성보존(에스더)

시가서 : 하나님나라 백성의 경험과 지혜

- 욥기 : 하나님나라 백성의 고난과 인간지식의 한계
- 시편 : 하나님나라 백성의 다양한 신앙경험
- 잠언 : 하나님을 경외하는 지혜와 지혜의 실제
- 전도서 : 하나님나라 백성의 진정한 가치
- 아가 : 하나님나라 백성의 진정한 사랑

선지서 : 하나님나라 백성의 실패와 새 언약의 소망

- 대선지서 : 이사야 ,예레미야(애가), 에스겔, 다니엘
- 소선지서: 호세아, 요엘, 아모스, 오바댜, 요나, 미가, 나훔, 하박국, 스바냐, 학개, 스가랴, 말라기

하나님나라 관점으로 구약 한눈에 보기(표)

모세오경에는 백성, 땅, 주권의 원리가 제시되고 있다. 에덴동산에서 이 원리가 제시되고, 하나님의 주권을 거부하여 땅을 상실했다. 하지만 하나님은 하나님나라를 포기하지 않으신다. 여자의 후손이 뱀의 후손을 이기고 승리할 것을 예언하시고, 실패한 아담과 하와에게 가죽옷을 입혀 살게 하셨다(창 3장). 하나님은 셋의 후손을 통해 하나님나라를 이어가시다가 아브라함을 부르시고, 그의 후손들을 통해 다시 이 땅에 하나님나라의 원리를 제시한다. 이스라엘 민족을 백성으로 삼아 땅을 약속해 주고, 시내산에서 율법을 선포했다.

역사서는 이스라엘 백성이 멸망하여 바벨론에 포로로 잡혀가기 전에 기록된 역사서 1과 포로후기에 기록된 역사서 2로 나뉜다. 역사서 1은 이스라엘 역사 가운데 하나님나라의 원리가 어떻게 적용되어 발전해 가고 있는지를 보여 준다. 역사서 2는 멸망하여 소망을 잃어버린 하나님의 백성들에게 하나님나라는 여전히 유효하다는 말씀을 전한다.

시가서는 전체적으로 하나님나라 백성으로 살아간 이스라엘 백성들

에게 주어진 지혜의 결과물이다. 〈욥기〉는 의인의 고난을 소재로 하여 인간지혜의 한계를 보여 준다. 〈시편〉은 인생의 모든 분야에서 겪는 하나님나라 백성의 경험을 소재로 하여 신앙의 고백을 전해 준다. 〈잠언〉은 그러한 경험들의 결과물로서 지혜의 본질과 지혜로운 삶의 실제를 기록한다.

〈전도서〉는 지혜의 결과로서 인간만사에 대한 가치판단의 기준을 헛됨(히브리어로 헤벨 : 안개, 수증기)이라는 단어로 요약하면서, 세상 모든 것보다 가치 있는 하나님을 전한다. 〈아가〉는 지혜서의 마무리이다. 결국 성숙한 지혜의 끝은 사랑이다. 하나님과 인간 사이의 사랑이며, 인간과 인간 사이의 사랑이다. 이것은 결국 율법의 요약이다.

마지막으로 선지서는 하나님나라의 원리로 이스라엘 백성들의 삶을 평가하며 경고와 심판의 메시지를 전한다. 〈요나서〉와 〈나훔서〉, 〈오바댜서〉는 앗수르와 에돔에 대한 심판을 전하고 있으나, 나머지 책들은 모두 이스라엘(남유다와 북이스라엘)에 관한 평가가 핵심이다. 선지자들은 이 평가를 통해 하나님나라의 위기를 통감하며, 하나님이 주시는 새로운 소망을 전한다. 그 소망의 핵심에는 새 언약을 성취할 메시아╬ 사상이 들어 있다. 이 메시아사상은 신약복음서로 이어지게 된다. 아래의 그림을 통해 구약의 내용을 한눈에 그려 보라.

하나님나라 관점으로 구약 한눈에 보기(그림)

╬ 메시아

히브리어로 '기름부음을 받은 자'라는 뜻으로, '구원자', '해방자'라는 의미를 지닌다. 신약성경에서는 일반적으로 '그리스도'로 번역되었다. 구약에서 기름부음을 받는다는 것은 하나님의 특별한 일들을 수행할 특별한 종으로 부름을 받는다는 의미로 이해되고 있다. 그런 의미에서 제사장(레 4:3), 왕(삼상 24:10), 선지자들(왕상 19:16)이 여기에 해당됐다. 신약시대 예수 그리스도께서 진정한 메시아로 이 땅에 오셔서 하나님나라를 성취하셨다.

110

모세오경: 하나님나라의 시작(원리)

2

구약 전체를 조망했다면, 이제 모세오경으로 들어가 보자. 〈창세기〉 〈출애굽기〉 〈레위기〉 〈민수기〉 〈신명기〉, 이 다섯 권의 책은 사실 한 권의 책이라고 불러도 무방하다. 실제로 이 책은 히브리성경의 전통에서 소선지서 12권과 더불어 한 번도 분리되거나 순서가 바뀐 적이 없다. 모세오경은 하나님이 부르신 백성이자 아브라함의 후손인 이스라엘에 관심을 집중한다. 그들은 하나님의 언약백성이 되어 땅을 약속받는다. 그 땅에 대한 믿음이 아브라함, 이삭, 야곱, 요셉, 모세, 여호수아에게로 이어진다. 동시에 그들에게는 그 땅에서 하나님의 주권을 인정하며 살아가기 위한 계명들이 주어진다. 이 하나님나라의 원리를 밝히는 것이 모세오경의 목적이다.

Note

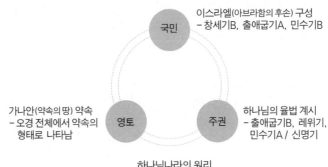

하나님나라의 원리

✙ 하나님나라의 원리와 필요성 _ 〈창세기〉 1장~11장

하나님의 백성 아담과 하와는 에덴동산에서 하나님의 주권을 지키지 못하고 쫓겨났다. 쫓겨난 인류는 하나님을 반역하는 길로 나아간다. 에덴동산에서의 실패는 지금 우리가 사는 이 세상에서 하나님나라의 복음이 필요한 이유가 되었다. 가인의 후예들은 열심히 세상의 나라를 만들어 갔다. 세상나라의 핵심은 인간이 자신을 높이는 것에 있다. 그것이 바벨탑이 의미하는 바이다. 그러나 하나님은 언어를 흩으심으로 인간의 모든 시도를 막으셨다. 그리고 역사의 한편에서 아브라함의 자손을 통해 하나님나라의 사역을 새롭게 시작하신다.

✙ 하나님나라의 원리 _ 〈창세기〉 12장~〈신명기〉

인류를 구원하시기 위해 하나님은 새로운 나라를 계획하셨다. 하나님나라의 복음은 이미 에덴동산 이후에 시작된 것이다. 하나님나라의 새 백성으로 아브라함이 선택되며, 아브라함의 후손에게는 땅이 약속으로 주어진다. 그 땅을 통해 하나님나라는 천하만민으로 확대될 것이다. 아브라함의 후손은 요셉을 통해 애굽으로 이주하여 크게 번성한다(창 12장~출 18장). 하지만 그들은 홍해를 건너 구원을 경험했음에도 하나님나라의 비전을 소망하지 못하고 광야에서 대부분 죽었다. 그들의 후손들이 가나안에 들어갈 준비를 한다(민 11~36장). 시내산과 모압평원에서 그들에게 율법이 주어진다(1차: 출 19장~ 레~ 민 10장, 2차: 신). 이 율법을 준수하는 것은 그들이 하나님나라의 백성으로서 하나님의 주권을 인정하고 살아가는 것을 의미한다. 하나님의 주권을 인정하는 여부가 하나님의 백성 이스라엘의 미래를 좌우할 것이다(레 26장, 신 28장).

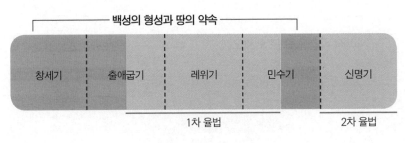

모세오경 속 하나님나라

✚ 하나님나라로 모세오경 관통

모세오경 : 하나님나라의 시작

- 하나님나라의 원리와 필요성 : 창세기A
- 하나님나라의 시작(원리)
  - 국민 : 이스라엘(아브라함의 후손) – 창세기, 출애굽기A, 민수기B
  - 영토 : 가나안(약속의 땅) – 오경 전체에서 약속의 형태로 나타남
  - 주권 : 하나님의 율법 – 출애굽기B, 레위기, 민수기A / 신명기

창세기	하나님나라의 원리와 필요성(창조 / 타락 1~11장) 하나님나라 백성의 형성 (아브라함과 언약 / 백성의 형성 / 가나안의 약속 12~50장)
출애굽기	출애굽(1~18장) 시내산언약과 성막제조(19~40장)
레위기	제사규례(1~10장) 정결규례(11~17장) 도덕과 기타 규례(18~27장)
민수기	가나안으로의 행진준비(1~10장) 38년 광야여정(11~25장) 새로운 세대(26~36장)
신명기	모세의 회고(1~3장) 시내산 율법의 재론(4~11장) 새 땅에서의 삶의 규례(12~26장) 언약갱신과 모세의 죽음(27~34장)

하나님나라로 관통하는 모세오경

1. 지리적 배경으로 본 모세오경

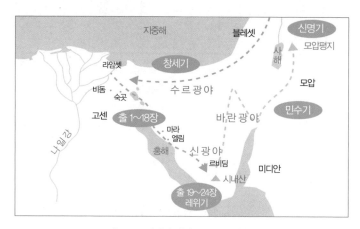

〈지도13〉 지리적 배경으로 본 모세오경

하나님은 에덴동산에서 쫓겨난 인류 중에서 갈대아 우르✛에 있는 아
브라함을 택하셨다. 그로 하여금 하란✛을 지나 가나안으로 가서 살게 하

✛ 갈대아 우르

'갈대아'는 티그리스와 유프
라테스 두 강의 하류에 위치한
바벨론과 페르시아 만 사이의
주변지역을 통칭하는 표현이
며, 그 갈대아지역의 대표적
인 성읍이 우르이다(창 11:28,
31). B.C. 1,000년경 갈대아
인들이 이곳에 거주하면서부
터 갈대아 우르라고 불리게 되
었다. 우르는 산업과 종교의
중심지로 아브라함이 살던 당
시 대단한 번영을 누리고 있었
다(창 11:28).

✛ 하란

북부 메소포타미아에 있던 고
대의 도시이다(창 11:31~32).
유프라테스 강의 북쪽 지류인
발릭(Balik) 강 유역에 위치한
이곳은, 메소포타미아의 다른
도시들과 애굽과 소아시아를
연결하는 중요한 지리적 위치
때문에 무역이 성행하였다(겔
27:23). 데라와 아브라함의
일가가 갈대아 우르를 떠나 가
나안으로 들어가기 전에 머물
렀던 곳이다(창 11:31).

셨다. 아브라함의 후손들은 요셉을 통해 애굽으로 이주하게 되었고, 거기에서 번성하여 민족을 이뤘다. 그 후 모세의 인도하에 출애굽하여 시내산에서 언약을 체결하고 율법을 받는다. 이후 광야를 지나 가나안으로 들어가야 했는데, 하나님나라의 비전을 소망하지 못하여 광야에서 총 40여 년 동안 방랑생활을 한다. 이후 새 세대가 요단 동편을 정복하고, 모압평지에서 가나안에 살면서 지켜야 할 규례를 받는다. 모세가 죽은 후 여호수아와 함께 가나안정복을 준비한다.

2. 모세오경의 내용 분해

모세오경은 하나님이 창조한 세상이 어떻게 지금과 같은 세상이 되었는지 기원을 설명하는 부분과(창 1~11장), 에덴에서 쫓겨난 인류가 살아가는 이 세상에 어떻게 하나님나라가 세워지고 발전해 나갔는지를 기록한 부분으로 나뉜다(창 12장~신). 하나님의 백성은 하나님이 창조하시고 선택하신다(창 1~2장, 5장, 12:1~3). 하나님나라의 영토는 하나님이 지정해 주신다(창 15:18~21, 17:8, 50:25; 출 3:7~8, 6:4, 13:5; 레 25:38; 민 34:2; 신 1:8; 수 1:4). 하나님이 백성을 선택하시고 영토를 주시는 이유는 하나님의 주권이 인정되고 실현되는 하나님나라를 만들고, 그 나라를 통해 온 세상을 구원하시기 위함이다(창 12:1~3, 18:18; 레 18:3~5; 민 33:50~56; 신 8:11~14).

3. 모세오경의 결론

결국 모세오경의 결론은 하나님의 백성이 하나님이 주시는 땅에서 하나님의 주권을 지키며 살아가야 한다는 것이다.

내가 오늘 명하는 모든 명령을 너희는 지켜 행하라 그리하면 너희가 살고 번성하고 여호와께서 너희의 조상들에게 맹세하신 땅에 들어가서 그것을 차지하리라(신 8:1)

만약 그렇게 된다면 하나님의 백성은 하나님이 주신 땅에서 번성하게 될 것이며, 하나님나라가 온 세계로 확장될 것이다. 하지만 하나님의 주권을 지키지 아니하고, 불순종하며 자신들의 생각대로 살아간다면, 하나님의 백성은 약속된 축복을 누리지 못하게 되며, 땅을 빼앗기게 될 것이다(신 10:12~22; 레 26:3~46; 신 28장).

4. 모세오경의 핵심

모세오경의 목적은 역사 속에 시작된 하나님나라와 그 핵심인 하나님의 주권을 제시하는 것이다. 이것은 여호와 하나님이 주신 율법에 순종하느냐에 달려 있다. 에덴동산에서 하나님의 주권을 인정하지 못하고 쫓겨난 것은 이후 이스라엘 백성의 운명에 있어 모형이 된다. 십계명을 포함한 율법이 두 곳에 기록된 이유는(출 19장~민 10장, 신) 첫 번째 율법을 받았던 백성이 거의 다 광야에서 죽었기 때문이다(민 11~25장). 두 율법이 약간 상이한 이유는 첫 번째 율법은 시내산에서 광야생활을 앞두고 주어졌고, 두 번째 율법은 광야생활을 마치고 가나안에 들어갔을 경우를 대비하여 주어진 것이기 때문이다. 또한 첫 번째 율법에 포함된 성막에 관한 규례(출 25~40장), 제사에 관한 규례(레 1~10장), 행군과 진의 유지에 관한 규례(민 1~10장) 등은 반복될 필요가 없었기 때문이다.

역사서: 하나님나라의 발전과정

3

Note

역사서는 모세오경의 연장이며, 모세오경에서 제시된 하나님나라의 원리가 이스라엘의 역사에 어떻게 적용되었는지를 보여 주는 부분이다. 즉 이스라엘의 역사 속에서 '하나님나라의 발전과정'을 추적한 책들이다. 하나님나라 원리의 실제를 배우며 신앙생활에 적용할 수 있는 매우 소중한 부분이라고 하겠다. 우선 역사서는 크게 두 부분, 역사서 1(수~왕하)과 역사서 2(대상~에)로 나눌 수 있다.

✝ 역사서 1

〈여호수아〉에서 〈열왕기하〉까지의 역사서 1은 하나님나라의 원리가 실제로 어떻게 적용되는지를 보여 주는 '하나님나라의 운행법칙'이다. 하나님나라의 주권이 인정되면 번성하고, 하나님나라의 주권이 거부되면 땅을 빼앗기고 멸망하는 원리의 적용이 주된 메시지이다. 여기서의 핵심은 역사 속에 진행되는 하나님나라의 운명은 하나님의 백성인 이스라엘이 하나님의 주권을 인정하며 하나님의 말씀에 순종하는 데 달려 있다는 것이다.

하나님나라의 운행법칙

1. 〈여호수아서〉

땅을 정복하는 데 요구되는 필수적인 사항은 말씀에 순종하는 것이다.

> 오직 강하고 극히 담대하여 나의 종 모세가 네게 명령한 그 율법을 다 지켜 행하고 우로나 좌로나 치우치지 말라 그리하면 어디로 가든지 형통하리니 이 율법책을 네 입에서 떠나지 말게 하며 주야로 그것을 묵상하여 그 안에 기록된 대로 다 지켜 행하라 그리하면 네 길이 평탄하게 될 것이며 네가 형통하리라(수1:7~8)

〈여호수아서〉 11:23
이와 같이 여호수아가 여호와께서 모세에게 말씀하신 대로 그 온 땅을 점령하여 이스라엘 지파의 구분에 따라 기업으로 주매 그 땅에 전쟁이 그쳤더라

여호수아는 순종하여 땅을 정복한다(수 11:23). 이제 중요한 것은 남은 땅을 계속 정복하며, 새로 얻은 땅에서 하나님만 섬기는 것이다.

그러므로 이제는 여호와를 경외하며 온전함과 진실함으로 그를 섬기라 너희의 조상들이 강 저쪽과 애굽에서 섬기던 신들을 치워 버리고 여호와만 섬기라(수 24:14)

2. 〈사사기〉

이스라엘은 남은 땅을 정복하라는 하나님의 명령에 순종하지 않고 안주했다(삿 1:29). 그리고 그 땅에 남아 있는 가나안 거민들의 풍습을 받아들였다.

〈사사기〉 1:29
에브라임이 게셀에 거주하는 가나안 족속을 쫓아내지 못하매 가나안 족속이 게셀에서 그들 중에 거주하였더라

…… 내가 너희를 애굽에서 올라오게 하여 내가 너희의 조상들에게 맹세한 땅으로 들어가게 하였으며 또 내가 이르기를 내가 너희와 함께 한 언약을 영원히 어기지 아니하리니 너희는 이 땅의 주민과 언약을 맺지 말며 그들의 제단들을 헐라 하였거늘 너희가 내 목소리를 듣지 아니하였으니 어찌하여 그리하였느냐 그러므로 내가 또 말하기를 내가 그들을 너희 앞에서 쫓아내지 아니하리니 그들이 너희 옆구리에 가시가 될 것이며 그들의 신들이 너희에게 올무가 되리라 하였노라(삿 2:1~3)

결국 이스라엘은 우상숭배의 길로 빠졌다(삿 3:7). 계속해서 죄와 징계가 반복되며, 사사를 통해 구원을 얻기도 했지만, 이스라엘은 하나님 나라의 사명을 잃어 갔다.

3. 〈룻기〉와 〈사무엘상·하〉

룻과 보아스의 믿음을 통해 이스라엘 공동체는 회복의 소망에 휩싸인다. 이들 부부를 통해 다윗에게서 예수에게로 흘러가는 계보가 이어진다. 사무엘에 의해 이스라엘은 〈사사기〉의 우상숭배에서 벗어난다(삼상 7:2~4). 다윗은 왕이 된 후 하나님을 위해 성전건축을 계획한다(삼하 7:1~2). 사무엘과 다윗에 의해 회복된 하나님의 백성 이스라엘은 다시 번영기를 얻게 된다.

〈사무엘하〉 7:1~2
여호와께서 주위의 모든 원수를 무찌르사 왕으로 궁에 평안히 살게 하신 때에 왕이 선지자 나단에게 이르되 볼지어다 나는 백향목 궁에 살거늘 하나님의 궤는 휘장 가운데에 있도다

다윗이 에돔에 수비대를 두되 온 에돔에 수비대를 두니 에돔 사람이 다 다윗의 종이 되니라 다윗이 어디로 가든지 여호와께서 이기게 하셨더라 다윗이 온 이스라엘을 다스려 다윗이 모든 백성에게 정의와 공의를 행할새(삼하 8:14~15)

4. 〈열왕기상·하〉

다윗을 통해 이루어진 이스라엘의 번영기는 솔로몬까지 이어진다. 솔로몬은 하나님의 말씀대로 나라를 이끌 것인가?

만일 너희나 너희의 자손이 아주 돌아서서 나를 따르지 아니하며 내가 너희 앞에 둔 나의 계명과 법도를 지키지 아니하고 가서 다른 신을 섬겨 그것을 경배하면 내가 이스라엘을 내가 그들에게 준 땅에서 끊어버릴 것이요 내 이름을 위하여 내가 거룩하게 구별한 이 성전이라도 내 앞에서 던져버리리니 이스라엘은 모든 민족 가운데에서 속담거리와 이야기거리가 될 것이며(왕상 9:6~7)

솔로몬은 노년에 하나님을 떠났고, 나라는 둘로 갈라지고 만다.

솔로몬이 마음을 돌려 이스라엘의 하나님 여호와를 떠나므로 여호와께서 그에게 진노하시니라 여호와께서 일찍이 두 번이나 그에게 나타나시고 이 일에 대하여 명령하사 다른 신을 따르지 말라 하셨으나 그가 여호와의 명령을 지키지 않았으므로 여호와께서 솔로몬에게 말씀하시되 네게 이러한 일이 있었고 또 네가 내 언약과 내가 네게 명령한 법도를 지키지 아니하였으니 내가 반드시 이 나라를 네게서 빼앗아 네 신하에게 주리라(왕상 11:9~11)

북이스라엘의 왕이 된 여로보암은 우상숭배의 길로 가게 된다. 솔로몬이나 여로보암이나 모두 하나님의 주권을 인정하는 일에 실패한다.

이에 계획하고 두 금송아지를 만들고 무리에게 말하기를 너희가 다시는 예루살렘에 올라갈 것이 없도다 이스라엘아 이는 너희를 애굽 땅에서 인도하여 올린 너희의 신들이라 하고 하나는 벧엘에 두고 하나는 단에 둔지라 이 일이 죄가 되었으니 이는 백성들이 단까지 가서 그 하나에게 경배함이더라 그가 또 산당들을 짓고 레위 자손 아닌 보통 백성으로 제사장을 삼고 여덟째 달 곧 그 달 열다섯째 날로 절기를 정하여 유다의 절기와 비슷하게 하고 제단에 올라가되 벧엘에서 그와 같이 행하여 그가 만든 송아지에게 제사를 드렸으며 그가 지은 산당의 제사장을 벧엘에서 세웠더라 그가 자기 마음대로 정한 달 곧 여덟째 달 열다섯째 날로 이스라엘 자손을 위하여 절기로 정하고 벧엘에 쌓은 제단에 올라가서 분향하였더라(왕상 12:28~33)

북이스라엘 여로보암의 왕조는 오래가지 못한다.

여로보암이 이 일 후에도 그의 악한 길에서 떠나 돌이키지 아니하고 다시 일반 백성을 산당의 제사장으로 삼되 누구든지 자원하면 그 사람을 산당의 제사장으로 삼았으므로 이 일이 여로보암 집에 죄가 되어 그 집이 땅 위에서 끊어져 멸망하게 되니라(왕상 13:33~34)

약 다섯 번에 걸친 왕조교체와 피의 역사 끝에 심각한 우상숭배를 일삼았던 북이스라엘은 결국 남유다보다 먼저 앗수르에 멸망하고 만다.

호세아 제구년에 앗수르 왕이 사마리아를 점령하고 이스라엘 사람을 사로잡아 앗수르로 끌어다가 고산 강 가에 있는 할라와 하볼과 메대 사람의 여러 고을에 두었더라 이 일은 이스라엘 자손이 자기를 애굽 땅에서 인도하여 내사 애굽의 왕 바로의 손에서 벗어나게 하신 그 하나님 여호와께 죄를 범하고 또 다른 신들을 경외하며 여호와께서 이스라엘 자손 앞에서 쫓아내신 이방 사람의 규례와 이스라엘 여러 왕이 세운 율례를 행하였음이라(왕하 17:6~8)

남유다는 간헐적으로 선한 왕들의 개혁이 있긴 했지만, 결국 하나님의 주권을 인정하지 못한 결과 바벨론에 의해 멸망한다.

그 때에 바벨론의 왕 느부갓네살의 신복들이 예루살렘에 올라와서 그 성을 에워싸니라 그의 신복들이 에워쌀 때에 바벨론의 왕 느부갓네살도 그 성에 이르니 유다의 왕 여호야긴이 그의 어머니와 신복과 지도자들과 내시들과 함께 바벨론 왕에게 나아가매 왕이 잡으니 때는 바벨론의 왕 여덟째 해이라 …… 그가 또 예루살렘의 모든 백성과 모든 지도자와 모든 용사 만 명과 모든 장인과 대장장이를 사로잡아 가매 비천한 자 외에는 그 땅에 남은 자가 없었더라 …… 여호와께서 예루살렘과 유다를 진노하심이 그들을 그 앞에서 쫓아내실 때까지 이르렀더라 시드기야가 바벨론 왕을 배반하니 (왕하 24:10~12, 14, 20)

Note

✚ 역사서 2

〈역대상〉에서 〈에스더〉까지는 멸망당한 유다공동체에 잃어버린 소망을 불어넣기 위해 기록된 책이다. 아래의 그림을 통해 볼 수 있듯이 이 부분은 여전히 지속되는 하나님나라의 증거들을 보여 준다. 〈역대상〉은 창조에서부터 다윗에게로 이어진 하나님나라의 역사를 추적하고, 다윗에 의하여 번성했던 하나님나라의 주권을 보여 준다. 〈역대하〉는 비록 멸망했지만 회개하면 회복의 은총이 하나님나라 백성들에게 있음을 보여 주면서, 은총의 증거로 고레스✚의 칙령을 소개하는 것으로 끝을 맺는다. 〈에스라〉, 〈느헤미야〉, 〈에스더〉는 하나님나라 백성들의 회복을 위해 섭리하시는 하나님의 은총을 증거한다.

✚ 페르시아 왕 고레스
페르시아(바사)의 초대 왕이다(B.C. 559~530). 메대 바사를 통일하고 바벨론을 정복하여 페르시아 제국을 세웠다. 고레스의 정복정책은 앗수르와는 달리 정복민족의 전통을 존중하고 종교의 자유도 인정하였다(스 1:3~4). 이러한 정책의 일환으로 바벨론포로였던 이스라엘 백성을 이스라엘로 귀환하게 했으며 성전도 재건축하도록 허락했다(스 1:2~4).

다윗왕조 보존	성전재건	성벽재건	백성보존
: 역대기서	: 에스라	: 느헤미야	: 에스더

하나님나라를 지배하는 은총

1. 포로후기 공동체의 역사서

하나님의 백성 이스라엘은 하나님이 세우신 언약을 따라 하나님의 주권을 인정하며 살아가는 데 실패했다. 하지만 하나님나라는 결코 사라지지 않는다. 하나님은 놀라운 섭리로 여전히 믿음을 지키는 소수의 하나님백성을 통해 하나님나라를 유지하며 발전시키신다.

포로후기 이스라엘 백성은 〈역대기서〉를 통해 하나님이 여전히 하나님백성에게 은혜를 베푸시고 있다는 사실을 확신한다. 〈역대기서〉는 어떻게 다윗과 솔로몬 시대에 은혜를 베푸셨는지 기억하게 하며 소망을 준다. 페르시아 왕 고레스의 칙령으로 귀환한 이스라엘 백성은 스룹바벨의 지도 아래 성전을 재건한다.

다리오 왕의 조서가 내리매 유브라데 강 건너편 총독 닷드내와 스달보스내와 그들의 동관들이 신속히 준행하니라 유다 사람의 장로들이 선지자 학개와 잇도의 손자 스가랴의 권면을 따랐으므로 성전 건축하는 일이 형통한지라 이스라엘 하나님의 명령과 바사 왕 고레스와 다리오와 아닥사스다의 조서를 따라 성전을 건축하며 일을 끝내되 다리오 왕 제육년 아달월 삼일에 성전 일을 끝내니라(스 6:13~15)

후에 느헤미야는 성벽을 재건한다.

성벽 역사가 오십이 일 만인 엘룰월 이십오일에 끝나매 우리의 모든 대적과 주위에 있는 이방 족속들이 이를 듣고 다 두려워하여 크게 낙담하였으니 그들이 우리 하나님이 이 역사를 이루신 것을 앎이니라(느 6:15~16)

성전과 성벽의 재건은 에스라의 말씀사역을 통해 하나님백성의 공동체가 회복하는 역사로 이어진다.

> 이스라엘 자손이 자기들의 성읍에 거주하였더니 일곱째 달에 이르러 모든 백성이 일제히 수문 앞 광장에 모여 학사 에스라에게 여호와께서 이스라엘에게 명령하신 모세의 율법책을 가져오기를 청하매(느 8:1)

이스라엘 백성들은 이제 예루살렘에 거주하며 신앙개혁에 박차를 가하게 된다.

> 백성의 지도자들은 예루살렘에 거주하였고 그 남은 백성은 제비 뽑아 십분의 일은 거룩한 성 예루살렘에서 거주하게 하고 그 십분의 구는 다른 성읍에 거주하게 하였으며 예루살렘에 거주하기를 자원하는 모든 자를 위하여 백성들이 복을 빌었느니라(느 11:1~2)

그런 와중에 본국으로 돌아오지 못하고 페르시아에서 변방인으로 살던 이스라엘 백성은 하나님의 놀라운 은혜로 보호받는다.

> 모르드개가 푸르고 흰 조복을 입고 큰 금관을 쓰고 자색 가는 베 겉옷을 입고 왕 앞에서 나오니 수산 성이 즐거이 부르며 기뻐하고 유다인에게는 영광과 즐거움과 기쁨과 존귀함이 있는지라 왕의 어명이 이르는 각 지방, 각 읍에서 유다인들이 즐기고 기뻐하여 잔치를 베풀고 그 날을 명절로 삼으니 본토 백성이 유다인을 두려워하여 유다인 되는

자가 많더라(에 8:15~17)

✝ 하나님나라로 역사서 관통

역사서는 모세오경에서 시작된 하나님나라가 어떻게 진행되고 발전되었는지를 기록한 책들이다. 역사서는 두 부분으로 나눌 수 있다. 〈여호수아서〉에서 〈열왕기하〉까지는 하나님나라의 흥망성쇠를 좌우하는 결정적인 문제는 무엇인가가 핵심주제이다. 하나님의 백성이 하나님이 주신 땅에서 번성함의 축복을 누리려면, 언약으로 주어진 율법이 준수되어야 한다(레 26장; 신 28장). 율법은 바로 하나님의 주권이 실현되기 위해 따라야 할 최소한의 규정이다. 하나님의 주권이 실현되면 하나님의 백성은 흥했다. 〈여호수아서〉와 〈사무엘서〉가 그것을 보여 준다. 하지만 하나님의 백성이 하나님의 주권을 실현하지 않으면, 결국 번성함의 축복은 물거품이 되고 멸망과 실패가 그들을 따랐다. 〈사사기〉와 〈열왕기서〉가 그것을 보여 준다.

역사서 : 하나님나라의 발전과정	
역사서 1 : 하나님나라의 통치법칙(레위기 26, 신명기 28) 흥(여호수아서) – 망(사사기) – 성(룻기, 사무엘서) – 쇠(열왕기서)	
여호수아	가나안의 점령(1~12장) 분배(13~21장) 미래를 위한 경고(22~24장)
사사기	불완전한 정복과 우상숭배(1~2장) 사사들에 의한 구원(3~16장) 혼란한 시대의 모습(17~21장)

룻기	사사시대의 새로운 소망(1~4장)
사무엘상	한나와 사무엘(1~15장) 사울과 다윗(16~31장)
사무엘하	다윗왕국의 명암(1~10장/11~20장) 다윗통치 요약(21~24장)
열왕기상	솔로몬의 영광과 실패(1~11장) 나라의 분열(12~16장) 엘리야 선지자(17~22장)
열왕기하	엘리사 선지자(1~13장) 북왕조 멸망(14~17장) 남왕조 멸망(18~25장)

역사서 2 : 은총으로 지속되는 하나님나라(창세기 18:18/역대하 7:7~18)
다윗왕조 보존(역대기서) – 성전재건(에스라) – 성벽재건(느헤미야) – 백성보존(에스더)

역대상	족보를 통한 정통성 회복(1~9장) 성전을 중심으로 한 다윗의 업적(10~29장)
역대하	솔로몬의 성전건축(1~9장) 다윗왕조를 도우시는 하나님의 신실하심(10~36장)
에스라	성전의 재건(1~6장) 에스라의 개혁(7~10장)
느헤미야	성벽의 재건(1–7장) 에스라 느헤미야의 개혁(8-13장)
에스더	페르시아 왕국에서도 보호받는 하나님나라(1~10장)

역사서 : 하나님나라의 발전과정

1. 하나님나라의 통치법칙(역사서 1)

여호수아와 백성들은 하나님의 말씀에 순종하여 정복전쟁을 수행했다. 그들은 가나안에서 승리하며 땅을 차지하게 되었다. 하지만 여호수아가 죽고 사사시대에 접어들자, 그들은 이방인들과 같은 삶을 살게 되었다. 하나님을 섬기지 않을 뿐 아니라, 그들의 삶이 완전히 이방인들과 같아졌다. 이웃을 돌보지 않았고, 무당과 신접한 자들을 따르는 등 율법의 대부분을 어겼다. 그들은 이방의 여러 나라에 의해 침략당하고, 많은 땅을 잃어버렸다. 사사시대 말기에 사무엘에 의해 이스라엘 백성들은 우상숭배의 고리를 끊고 다시금 하나님을 소망하게 되었다. 그리고 다윗에 의해 이스라엘 역사상 가장 번성하는 축복을 누렸다. 하지만 솔로몬의 말기로부터 나라는 다시 하나님의 주권을 상실하기 시작했고, 나라는 둘로 나뉘어 북이스라엘과 남유다가 차례로 멸망당했다.

왜 하나님의 백성이 흥하고 망하게 되었는가? 그 이유를 밝히는 책들이 바로 전반부의 역사서이다. 하나님의 주권의 상징인 율법이 잊혀지고 무시되었기 때문에 번성함의 축복이 사라졌다는 것이다.

2. 은총으로 지속되는 하나님나라(역사서 2)

그러면 하나님나라는 이렇게 끝이 나는가? 그렇지 않다. 에덴에서의 하나님나라가 아담과 하와의 선택으로 인해 중단되자 하나님은 셋의 후손들을 통해 하나님나라를 이어가셨다. 비록 이스라엘은 하나님나라의 번성함을 계속 이어가지 못했지만, 하나님은 이후 예수 그리스도를 통해 성취하실 하나님나라를 위해 이스라엘에 은총을 베푸시고, 그들을 존속시키셨다. 포기하지 않고 새 역사를 이루시는 은총의 발자취를 기록한 책이 바로 〈역대기서〉이다. 하나님이 세우신 하나님나라 다윗의 왕조는 예수 그리스도를 향해 달려가고 있다.

하나님은 그분의 주권인 율법이 선포되는 성전을 재건하시고(에스라), 하나님의 백성이 살아야 할 예루살렘 성의 성벽을 재건하시고(느헤미야), 이방인들 가운데 흩어져 있는 하나님의 백성을 여전히 지키신다(에스더). 여전히 하나님나라의 성취와 완성을 위해 일하시는 하나님의 모습이 후반부의 역사서에 분명하게 기록되어 있다.

4 시가서: 하나님나라 백성의 경험과 지혜

Note

시가서는 하나님의 백성이 하나님을 경험하며 살아가는 가운데 얻은 지혜들을 시와 노래 등의 문학형태로 기록한 책이다. 시가서를 단순하게 지혜의 모음집이나 감정의 표출로 보아서는 안된다. 하나님의 백성이 하나님이 주신 땅에서 하나님의 주권을 인정하며 살아가는 과정에서, 때로 실패하고 때로는 성공하며 겪는 모든 경험의 총합을 기록한 것이 시가서이다.

시가서는 지혜서라고도 부른다. 〈욥기〉, 〈시편〉, 〈잠언〉, 〈전도서〉, 〈아가〉, 이 다섯 권의 책은 역사의 산물이다. 하나님나라 백성으로서 하나님을 경외하며 그분의 주권을 인정하며 살아야만 하는 이스라엘 백성들은 다양한 삶의 정황 속에서 하나님을 찾았다. 때로는 하나님의 주권을 인정하며 구원의 기쁨도 누렸지만, 때로는 하나님의 주권을 거부하며 고통과 시련의 시간을 보내기도 했다. 하나님의 주권을 인정하며 당하는 고난 때문에 혼란을 겪기도 했다. 그 풍성한 삶의 경험 속에서 인생에 대한 지혜가 탄생했다. 우리는 다섯 권의 책을 지혜라는 주제로 정리할 수 있다. 한계, 경험, 실제, 가치, 사랑. 모든 지혜의 완성은 사랑이다.

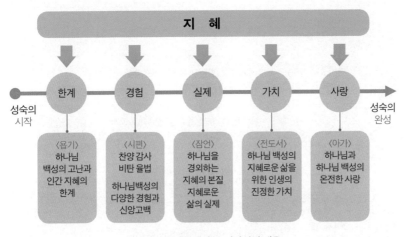

하나님나라 관점에서 본 시가서의 내용

✚ 하나님나라로 시가서 관통

시가서 : 하나님나라 백성의 경험과 지혜	
욥기: 하나님나라 백성의 고난과 인간 지혜의 한계 시편: 하나님나라 백성의 다양한 신앙경험 잠언: 하나님을 경외하는 지혜와 지혜의 실제 전도서: 하나님나라 백성의 진정한 가치 아가: 하나님나라 백성의 진정한 사랑	
욥기	의인의 고난(1~2장), 욥과 친구들의 대화(3~37장), 하나님의 질문(38~41장), 욥의 회복(42장)

시편	1권(1~41) 창조주와 인생	다윗(37편)
	2권(42~72) 해방과 구속	고라자손(7편), 다윗(18편)
	3권(73~89) 예배와 성소	아삽(11편), 고라자손(4편), 다윗(86편)
	4권(90~106) 인생 순례	주로 작자미상, 다윗(101편, 103편)
	5권(107~150) 말씀과 찬양	다윗(15편), 할렐시(113~118편, 145~150편), 성전순례시(120~134편)
잠언		지혜예찬(1~9장), 솔로몬잠언1(10~24장), 솔로몬잠언2(25~29장), 아굴/르무엘 왕 잠언(30~31장)
전도서		세상만사의 가치평가(1~8장) 진정한 가치와 사람의 본분(9~12장)
아가		사랑의 고백(1~4장) 사랑하는 자에 대한 열정(5~8장)

시가서 : 하나님나라 백성의 경험과 지혜

1. 〈욥기〉_하나님나라 백성의 고난과 인간 지혜의 한계

〈욥기〉는 하나님나라 백성이 당하는 고난의 문제를 통해 인간의 지혜가 얼마나 한계가 있는지를 보여 준다. 특히 욥의 고난을 놓고 변론하는 엘리바스, 빌닷, 소발, 엘리후를 통해 인간의 지식이 얼마나 한계가 있는지를 말한다. 시가서는 지혜보다 지혜에 접근하는 인간의 한계를 먼저 다루고 있다. 이로써 온전히 하나님의 주권을 인정하는 태도를 심어 주고 있다.

2. 〈시편〉_하나님나라 백성의 다양한 신앙경험

〈시편〉은 감사, 기쁨, 슬픔, 고난, 지혜 등 다양한 주제의 시가 모여 있는 책이며, 다윗을 비롯해 수많은 저자의 시가 기록되어 있다. 〈시편〉은 그야말로 다양한 경험과 그 경험에 대한 신앙적인 감정을 표현하였다. 때로는 기쁨으로, 때로는 감사로, 때로는 슬픔과 좌절로, 때로는 간절함으로, 때로는 적개심으로, 때로는 감탄으로 〈시편〉의 기자는 하나님을 찬양한다.

3. 〈잠언〉_하나님을 경외하는 지혜와 지혜의 실제

〈잠언〉은 지혜의 문제를 다룬다. 〈잠언〉의 초반부는(1~9장) 지혜를 의인화하여 지혜의 소중함을 이야기한다. 하나님나라 백성의 지혜는 하나님을 경외하는 것에서 나온다는 것이 잠언의 주제이며, 그에 따라 삶의 모든 순간에 적용될 수 있는 하나님나라 백성의 지혜로운 처신들에 대해 실로 엄청나게 다양한 '잠언'들이 정리되어 있다.

4. 〈전도서〉_하나님나라 백성의 진정한 가치

〈전도서〉는 가치의 문제를 다룬다. 돈, 일, 성공, 결혼, 행복, 집, 쾌락 등 이 세상사람들이 좇는 가치는 수없이 많다. 〈전도서〉는 하나님나라의 관점으로 이 모든 것의 가치를 평가한다. 세상의 모든 것들이 가지는 가치는 결국 한 단어로 표현되는데, 바로 '헤벨'이다. '헤벨'은 수증기, 연기, 안개 등을 뜻하는 단어이다. '헛되다'라고 번역된 이 단어는 하나님을 경외하는 것 이외에 이 세상의 모든 것이 곧 사라질 안개와 같음을 분명히 밝힌다. 세상의 것들은 우리가 생각하는 것만큼 가치 있는 것이 아니다. 그렇다면 무엇에 최고의 가치를 두어야 할 것인가? 바로 하나님 나라이다.

5. 〈아가서〉_하나님나라 백성의 진정한 사랑

〈아가서〉는 사랑의 문제를 다룬다. 하나님나라 백성은 하나님을 사랑해야 하고, 이웃(사람)을 사랑해야 한다. 무엇이 진정한 사랑이며, 진정한 사랑은 어떻게 이루어져야 하는가? 하나님나라 백성의 사랑은 순결하고 간절하며 배타적인 사랑이어야 한다.

선지서:
하나님나라 백성의
실패와 새 언약의 소망

5

선지자들은 정치와 종교가 통합되어 있던 사사시대에서 정치와 종교가 분리되는 왕정시대로 넘어가면서 자연스럽게 등장했다. 따라서 이들의 존재는 왕들의 시대에 계속 확인된다. 초기 선지자들인 갓이나 나단, 엘리야와 엘리사 같은 선지자들은 독립된 책이 아니라 〈사무엘서〉와 〈열왕기서〉에서 확인할 수 있다. 조금 후대의 선지자들은 독립된 책들을 남겼다. 구약 선지서란 기독교전통에 따라 구약의 39권의 성경 중에서 가장 마지막에 놓여 있는 17권의 책을 말하는데 16명의 선지자가 17권의 책을 기록하였다. 기독교전통은 성경을 오경, 역사서, 시가서, 선지서로 분류하고, 그 순서대로 성경을 배열했다. 사실 역사서, 시가서와 선지서는 거의 시대적 배경이 동일하다. 특히 선지서는 이스라엘이 남북으로 갈라진 이후에 쓰이기 시작하여 바벨론 포로기와 그 이

Note

후까지 활동한 선지자들의 사역과 메시지를 담고 있다. 하지만 선지서는 하나님나라 백성의 실패를 지적하고 심판을 경고하는 부분과 메시아를 통해 새 언약의 소망을 제시하는 내용을 담고 있다고 정리할 수 있다. 물론 이러한 전형적인 패턴을 따르지 않는 책들도 있지만, 모든 책들은 공통적으로 하나님나라 백성이 하나님의 주권을 거부한 것을 책망하고, 메시아를 통한 새로운 하나님나라의 소망을 전하고 있다는 것을 확인할 수 있다.

✝ 선지서의 주요 구성

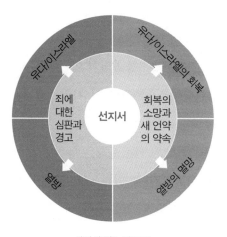

선지서 한눈에 보기

선지자들은 이스라엘(남유다와 북이스라엘)의 죄악과 더불어 열방의 죄악에 대해서도 지적한다. 그 죄는 바로 모세오경에서 제시한 하나님의 율법을 거부하는 것이며, 이는 삶 속에서 하나님의 주권을 거부했다는 것을 의미한다. 선지서는 대부분 죄를 심판하고 경고하는 것으로 시작하기 때문에 분위기가 엄중하다. 하지만 선지서는 그것으로 끝나지 않고 하나님나라를 이루어 가시려는 하나님의 열정을 담고 있다. 다시금 하나님의 주권을 인정하고 목자이신 주님을 따르게 될 하나님의 백성인 새 이스라엘에 대한 소망을 전하고, 동시에 하나님의 나라를 대적하는 악한 자들에 대한 멸망을 약속한다. 이사야, 예레미야, 에스겔을 통해 선지자들의 전형적인 메시지 구성을 정리해 보자.

	유다 이스라엘의 죄 (심판회복)	열방의 죄	이스라엘의 회복 (열방의 멸망)	역사적 기록
이사야	1~12, 24~35장	13~23장	40~66장(47)	36~39장
예레미야	1~29, 34~45장	46~51장	30~33장	52장
에스겔	1~24장	25~32장	33~48장(35, 38, 39)	

대선지서의 메시지 정리

✛ 죄를 심판하는 선지서의 메시지

선지자들은 거의 대부분 하나님의 주권에 대한 거부로서의 죄를 심판하고 경고했다. 선지서들은 모두 분열왕국시대 이후에 기록되었기 때문에, 선지자들의 경고의 대상을 셋으로 나눌 수 있다. 북이스라엘과 남유다와 열방이다. 주로 남유다에 대해서만 책망하고 경고한 선지자는 요엘과 미가와 말라기이다. 북이스라엘에 대해서만 경고한 선지자는 호세아이다. 열방의 심판만을 이야기한 선지자는 나훔과 오바댜이다. 아모스는 세 대상 모두에게 메시지를 전했고, 이사야와 예레미야와 에스겔과 스바냐는 남유다와 열방에 대해 주로 경고하고 심판했다. 예외도 있다. 학개와 스가랴는 포로후기 유다공동체에 성전건축을 독려하였다. 요나는 앗수르에 하나님의 말씀을 전하라는 명령을 받은 내용을 기록했다. 하박국은 이방인들(바벨론)에게 침략당하는 하나님의 백성으로서 하나님에게 항변하고 답변을 들은 내용을 기록했다. 다니엘은 하나님나라의 비전을 가지고 이방에서 살아간 다니엘과 친구들의 이야기를 기록했다.

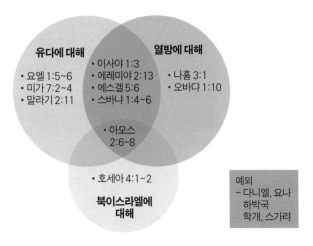

선지서의 핵심내용 살피기

1. 〈요엘서〉, 〈미가서〉, 〈말라기서〉

요엘, 미가, 말라기 선지자는 유다를 대상으로 심판의 메시지를 선포하였다.

취하는 자들아 너희는 깨어 울지어다 포도주를 마시는 자들아 너희
는 울지어다 이는 단 포도주가 너희 입에서 끊어졌음이니 다른 한 민
족이 내 땅에 올라왔음이로다 그들은 강하고 수가 많으며 그 이빨은
사자의 이빨 같고 그 어금니는 암사자의 어금니 같도다(욜 1:5~6)

경건한 자가 세상에서 끊어졌고 정직한 자가 사람들 가운데 없도다
무리가 다 피를 흘리려고 매복하며 각기 그물로 형제를 잡으려 하고
두 손으로 악을 부지런히 행하는도다 그 지도자와 재판관은 뇌물을 구
하며 권세자는 자기 마음의 욕심을 말하며 그들이 서로 결합하니 그들
의 가장 선한 자라도 가시 같고 가장 정직한 자라도 찔레 울타리보다
더하도다 그들의 파수꾼들의 날 곧 그들 가운데에 형벌의 날이 임하였
으니 이제는 그들이 요란하리로다(미 7:2~4)

유다는 거짓을 행하였고 이스라엘과 예루살렘 중에서는 가증한 일
을 행하였으며 유다는 여호와께 서 사랑하시는 그 성결을 욕되게 하여
이방 신의 딸과 결혼하였으니(말 2:11)

2. 〈이사야서〉, 〈예레미야서〉, 〈에스겔서〉, 〈스바냐서〉

이사야, 예레미야, 에스겔, 스바냐 선지자는 남유다와 열방을 대상으
로 심판의 메시지를 선포하였다.

소는 그 임자를 알고 나귀는 그 주인의 구유를 알건마는 이스라엘은
알지 못하고 나의 백성은 깨닫지 못하는도다 하셨도다(사 1:3)

내 백성이 두 가지 악을 행하였나니 곧 그들이 생수의 근원되는 나
를 버린 것과 스스로 웅덩이를 판 것인데 그것은 그 물을 가두지 못할
터진 웅덩이들이니라(렘 2:13)

그가 내 규례를 거슬러서 이방인보다 악을 더 행하며 내 율례도 그리함이 그를 둘러 있는 나라들보다 더하니 이는 그들이 내 규례를 버리고 내 율례를 행하지 아니하였음이니라(겔 5:6)

내가 유다와 예루살렘의 모든 주민들 위에 손을 펴서 남아 있는 바알을 그 곳에서 멸절하며 그마림이란 이름과 및 그 제사장들을 아울러 멸절하며 또 지붕에서 하늘의 뭇 별에게 경배하는 자들과 경배하며 여호와께 맹세하면서 말감을 가리켜 맹세하는 자들과 여호와를 배반하고 따르지 아니한 자들과 여호와를 찾지도 아니하며 구하지도 아니한 자들을 멸절하리라(습 1:4~6)

3. 〈아모스서〉

선지자 아모스는 남유다와 북이스라엘과 열방을 대상으로 심판의 메시지를 선포하였다.

여호와께서 이와 같이 말씀하시되 이스라엘의 서너 가지 죄로 말미암아 내가 그 벌을 돌이키지 아니하리니 이는 그들이 은을 받고 의인을 팔며 신 한 켤레를 받고 가난한 자를 팔며 힘 없는 자의 머리를 티끌 먼지 속에 발로 밟고 연약한 자의 길을 굽게 하며 아버지와 아들이 한 젊은 여인에게 다녀서 내 거룩한 이름을 더럽히며 모든 제단 옆에서 전당 잡은 옷 위에 누우며 그들의 신전에서 벌금으로 얻은 포도주를 마심이니라(암 2:6~8)

4. 〈나훔서〉, 〈오바댜서〉

나훔과 오바댜 선지자는 열방을 대상으로 심판의 메시지를 선포하였다.

화 있을진저 피의 성이여 그 안에는 거짓이 가득하고 포악이 가득하며 탈취가 떠나지 아니하는도다(나 3:1)

네가 네 형제 야곱에게 행한 포학으로 말미암아 부끄러움을 당하고 영원히 멸절되리라(옵 1:10)

5. 〈호세아서〉

선지자 호세아는 북이스라엘을 대상으로 심판의 메시지를 선포하였다.

이스라엘 자손들아 여호와의 말씀을 들으라 여호와께서 이 땅 주민과 논쟁하시나니 이 땅에는 진실도 없고 인애도 없고 하나님을 아는 지식도 없고 오직 저주와 속임과 살인과 도둑질과 간음뿐이요 포악하여 피가 피를 뒤이음이라(호 4:1~2)

✚ 출신지로 구분한 선지자들

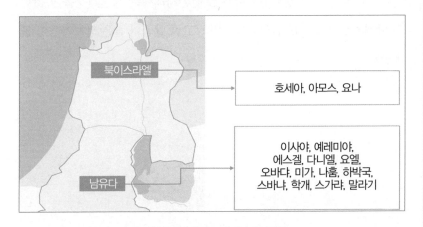

〈지도 12〉 출신지로 구분한 선지자들

✛ 시대적으로 구분한 선지서

우선 선지자들의 시대를 이해하기 위해서 솔로몬 이후 시대를 넷으로 나눠야 한다. 남북왕조(분열왕조)시대, 북이스라엘이 멸망한 이후 남왕조(유다단독)시대, 남왕조 유다가 멸망한 이후를 기록한 바벨론 포로시대, 페르시아에 의해 바벨론이 멸망하고 유다 백성들이 예루살렘으로 귀환하게 된 포로귀환시대이다.

북이스라엘이 멸망하기 전인 남북왕조시대에는 북이스라엘의 타락이 두드러지는데, 북이스라엘 출신 선지자들은 모두 이 때 왕성하게 활동했다. 호세아, 아모스, 요나가 그들이다. 북이스라엘이 멸망하고 남왕조시대에는 유다가 타락하기 시작한다. 초기에는 이사야와 미가 선지자가 활동했고, 유다의 멸망이 가시화된 시점에는 앗수르가 멸망하고 바벨론이 흥기할 것을 예언한 나훔 이외에 하박국과 스바냐, 예레미야와 오바댜 같은 선지자들이 활동했다. 바벨론 포로기에는 각각 1차때 끌려간 다니엘과 2차에 끌려간 에스겔이 유배지에서 활동했다. 고레스 칙령으로 예루살렘으로 귀환한 포로귀환시대에는 성전건축을 독려했던 학개와 스가랴, 그 이후의 타락을 경고한 말라기 같은 선지자들이 활동했다.

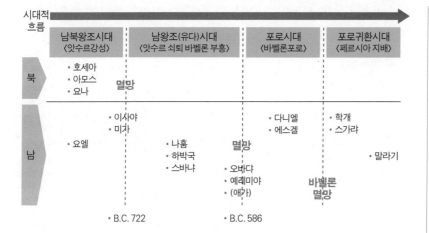

선지자들이 활동한 지역과 시기 관통

✚ 내용상 특별한 책

내용상 독특한 소선지서

다음의 구절들을 참조하라.

하물며 이 큰 성읍 니느웨에는 좌우를 분변하지 못하는 자가 십이만여 명이요 가축도 많이 있나니 내가 어찌 아끼지 아니하겠느냐 하시니라(욘 4:11)

야곱 족속은 불이 될 것이며 요셉 족속은 불꽃이 될 것이요 에서 족속은 지푸라기가 될 것이라 그들이 그들 위에 붙어서 그들을 불사를 것인즉 에서 족속에 남은 자가 없으리니 여호와께서 말씀하셨음이라(옵 1:18)

니느웨는 예로부터 물이 모인 못 같더니 이제 모두 도망하니 서라 서라 하나 돌아보는 자가 없도다(나 2:8)

여호와여 내가 부르짖어도 주께서 듣지 아니하시니 어느 때까지리이까 내가 강포로 말미암아 외쳐도 주께서 구원하지 아니하시나이다(합 1:2)

주께서는 눈이 정결하시므로 악을 차마 보지 못하시며 패역을 차마 보지 못하시거늘 어찌하여 거짓된 자들을 방관하시며 악인이 자기보다 의로운 사람을 삼키는데도 잠잠하시나이까(합 1:13)

이 묵시는 정한 때가 있나니 그 종말이 속히 이르겠고 결코 거짓되지 아니하리라 비록 더딜지라도 기다리라 지체되지 않고 반드시 응하리라 보라 그의 마음은 교만하며 그 속에서 정직하지 못하나 의인은 그의 믿음으로 말미암아 살리라(합 2:3~4)

너희는 산에 올라가서 나무를 가져다가 성전을 건축하라 그리하면 내가 그것으로 말미암아 기뻐하고 또 영광을 얻으리라 여호와가 말하였느니라(학 1:8)

그러므로 여호와가 이처럼 말하노라 내가 불쌍히 여기므로 예루살렘에 돌아왔은즉 내 집이 그 가운데에 건축되리니 예루살렘 위에 먹줄이 쳐지리라 만군의 여호와의 말이니라(슥 1:16)

✚ 하나님나라로 선지서 관통

구약에서 선지서가 가장 뒤에 배열되어 있다는 것은 중요한 의미가 있다. 선지서의 저자들은 자신들이 살던 시대를 하나님의 율법이라는 잣대로 평가했다. 즉 하나님나라의 관점에서 하나님의 백성들이 하나님이 주신 땅에서 하나님의 주권을 인정하고 살았는지를 평가한다.

유다 왕 웃시야와 요담과 아하스와 히스기야 시대에 아모스의 아들 이사야가 유다와 예루살렘에 관하여 본 계시라 하늘이여 들으라 땅이여 귀를 기울이라 여호와께서 말씀하시기를 내가 자식을 양육하였거늘 그들이 나를 거역하였도다(사 1:1~2)

주 여호와께서 이와 같이 이르시되 이것이 곧 예루살렘이라 내가 그를 이방인 가운데에 두어 나라들이 둘러 있게 하였거늘 그가 내 규례를 거슬러서 이방인보다 악을 더 행하며 내 율례도 그리함이 그를 둘러 있는 나라들보다 더하니 이는 그들이 내 규례를 버리고 내 율례를 행하지 아니하였음이니라(겔 5:5~6)

내 백성이 지식이 없으므로 망하는도다 네가 지식을 버렸으니 나도 너를 버려 내 제사장이 되지 못하게 할 것이요 네가 네 하나님의 율법을 잊었으니 나도 네 자녀들을 잊어버리리라(호 4:6)

여호와께서 이와 같이 말씀하시되 유다의 서너 가지 죄로 말미암아 내가 그 벌을 돌이키지 아니하리니 이는 그들이 여호와의 율법을 멸시하며 그 율례를 지키지 아니하고 그의 조상들이 따라가던 거짓 것에 미혹되었음이라(암 2:4)

사람아 주께서 선한 것이 무엇임을 네게 보이셨나니 여호와께서 네게 구하시는 것은 오직 정의를 행하며 인자를 사랑하며 겸손하게 네

하나님과 함께 행하는 것이 아니냐(미 6:8)

　패역하고 더러운 곳, 포학한 그 성읍이 화 있을진저 그가 명령을 듣
지 아니하며 교훈을 받지 아니하며 여호와를 의뢰하지 아니하며 자기
하나님에게 가까이 나아가지 아니하였도다(습 3:1~2)

선지서 : 하나님나라 백성의 실패와 새로운 언약의 소망	
대선지서 :	이사야 - 심판의 필연성과 메시아에 의한 하나님나라의 소망 예레미야 - 예루살렘의 멸망과 새 언약의 소망 예레미야 애가 - 멸망의 슬픔과 회복의 간구 에스겔 - 죄에 대한 심판과 새 성전을 통한 하나님나라 회복의 소망 다니엘 - 다니엘과 세 친구의 믿음, 하나님나라의 묵시
이사야	유다(1~12장)와 세계 열방에 대한 심판(13~23장) 심판과 축복의 묵시(24~35장) 히스기야(36~39장) 메시아에 의한 구원(40~55장) 성도의 회복과 영광(56~66장)
예레미야	유다의 심판(1~25장) 전기적 예언(26~45장)과 새 언약(30~33장) 열국의 심판(46~51장)과 예루살렘의 멸망(52장)
예레미야애가	멸망의 슬픔과 회복의 간구(1~4장)
에스겔	선지자의 소명과 유다에 대한 심판(1~24장) 7개 열국에 임할 심판(25~32장) 이스라엘의 회복(33~39장)과 새 성전의 영광(40~48장)
다니엘	다니엘과 세 친구의 믿음(1~6장) 하나님나라의 묵시(7~12장)
소선지서 : 호세아, 요엘, 아모스, 오바댜, 요나, 미가, 나훔, 하박국, 스바냐, 학개, 스가랴, 말라기	

선지서 : 하나님나라 백성의 실패와 새로운 언약의 소망

1. 선지서와 하나님나라의 복음

대부분의 선지자들은 심판과 경고의 메시지를 전하고 있다. 하지만 선지서는 거기에서 그치지 않고, 하나님이 메시아를 통해 구약의 언약을 대체할 새로운 언약을 세우실 것이고, 그 새 언약을 통해 하나님나라를 성취할 것이라는 소망의 메시지도 전하고 있다. 다시 말해 선지서들은 전반부에는 대부분 하나님의 주권이 인정되지 않고 있는 이스라엘과 열방의 죄악들을 심판하는 내용을 기록하고 있으며, 후반부에는 메시아를 통해 성취될 하나님나라의 소망을 기록하고 있다. 이런 이유에서 구약의 선지서가 예수 그리스도와 그가 전한 하나님나라를 소개하는 복음서 바로 앞에 있다는 것은 매우 의미심장하다. 우리는 구약의 선지서들을 통해 하나님나라에 필요한 하나님의 주권을 분명히 인식하며, 새롭게 하나님나라를 성취하러 오실 예수 그리스도의 복음을 고대하게 된다.

외치는 자의 소리여 이르되 너희는 광야에서 여호와의 길을 예비하라 사막에서 우리 하나님의 대로를 평탄하게 하라(사 40:3)
내가 붙드는 나의 종, 내 마음에 기뻐하는 자 곧 내가 택한 사람을 보라 내가 나의 영을 그에게 주었은즉 그가 이방에 정의를 베풀리라(사 42:1)
그는 실로 우리의 질고를 지고 우리의 슬픔을 당하였거늘 우리는 생각하기를 그는 징벌을 받아 하나님께 맞으며 고난을 당한다 하였노라 그가 찔림은 우리의 허물 때문이요 그가 상함은 우리의 죄악 때문이라 그가 징계를 받으므로 우리는 평화를 누리고 그가 채찍에 맞으므로 우리는 나음을 받았도다 우리는 다 양 같아서 그릇 행하여 각기 제 길로 갔거늘 여호와께서는 우리 모두의 죄악을 그에게 담당시키셨도다(사 53:4~6)

여호와의 말씀이니라 보라 날이 이르리니 내가 이스라엘 집과 유다 집에 새 언약을 맺으리라 이 언약은 내가 그들의 조상들의 손을 잡고 애굽 땅에서 인도하여 내던 날에 맺은 것과 같지 아니할 것은 내가 그들의 남편이 되었어도 그들이 내 언약을 깨뜨렸음이라 여호와의 말씀이니라 그러나 그 날 후에 내가 이스라엘 집과 맺을 언약은 이러하니 곧 내가 나의 법을 그들의 속에 두며 그들의 마음에 기록하여 나는 그들의 하나님이 되고 그들은 내 백성이 될 것이라 여호와의 말씀이니라 그들이 다시는 각기 이웃과 형제를 가리켜 이르기를 너는 여호와를 알라 하지 아니하리니 이는 작은 자로부터 큰 자까지 다 나를 알기 때문이라 내가 그들의 악행을 사하고 다시는 그 죄를 기억하지 아니하리라 여호와의 말씀이니라(렘 31:31~34)

내가 한 목자를 그들 위에 세워 먹이게 하리니 그는 내 종 다윗이라 그가 그들을 먹이고 그들의 목자가 될지라 나 여호와는 그들의 하나님이 되고 내 종 다윗은 그들 중에 왕이 되리라 나 여호와의 말이니라(겔 34:23~24)

내가 또 밤 환상 중에 보니 인자 같은 이가 하늘 구름을 타고 와서 옛 적부터 항상 계신 이에게 나아가 그 앞으로 인도되매 그에게 권세와 영광과 나라를 주고 모든 백성과 나라들과 다른 언어를 말하는 모든 자들이 그를 섬기게 하였으니 그의 권세는 소멸되지 아니하는 영원한 권세요 그의 나라는 멸망하지 아니할 것이니라(단 7:13~14)

너희가 자기를 위하여 공의를 심고 인애를 거두라 너희 묵은 땅을 기경하라 지금이 곧 여호와를 찾을 때니 마침내 여호와께서 오사 공의

를 비처럼 너희에게 내리시리라(호 10:12)

베들레헴 에브라다야 너는 유다 족속 중에 작을지라도 이스라엘을 다스릴 자가 네게서 내게로 나올 것이라 그의 근본은 상고에, 영원에 있느니라(미 5:2)

만군의 여호와가 이르노라 보라 내가 내 사자를 보내리니 그가 내 앞에서 길을 준비할 것이요 또 너희가 구하는 바 주가 갑자기 그의 성전에 임하시리니 곧 너희가 사모하는 바 언약의 사자가 임하실 것이라 (말 3:1)

보라 여호와의 크고 두려운 날이 이르기 전에 내가 선지자 엘리야를 너희에게 보내리니 그가 아버지의 마음을 자녀에게로 돌이키게 하고 자녀들의 마음을 그들의 아버지에게로 돌이키게 하리라 돌이키지 아니하면 두렵건대 내가 와서 저주로 그 땅을 칠까 하노라 하시니라(말 4:5~6)

우리는 구약의 선지서들을 통해 구약과 신약이 하나의 복음을 전하는 통일성 있는 책임을 깨닫게 된다. 또한 우리에게 나타나는 죄악의 다양함과 그에 대한 경고의 말씀을 듣게 되며, 유대인과 이방인 모두를 예수 그리스도의 보혈로 구원하실 복음의 전주곡을 듣게 된다.

PART 3

하나님나라로
구약 권별 관통

하나님나라의 원리와 시작

모세오경

01

창세기

〈창세기〉 2 : 15~17
여호와 하나님이 그 사람을 이끌어 에덴 동산에 두어 …… 이르시되 동산 각종 나무의 열매는 네가
임의로 먹되 선악을 알게 하는 나무의 열매는 먹지 말라

✝ 통으로 보기

1 창조	2 에덴	3 타락	4 가인아벨	5 아담계보	6 방주	7 홍수	8 제단	9 무지개	10 노아계보
11 바벨	12 아브람	13 롯	14 318	15 사백년	16 이스마엘	17 언약할례	18 세 사람	19 소돔	20 사라
21 이삭	22 모리아	23 막벨라	24 리브가	25 팥죽	26 르호봇	27 장자권	28 벧엘	29 라반	30 얼룩
31 드라빔	32 얍복	33 화해	34 디나	35 상수리	36 에서계보	37 요셉	38 다말	39 보디발	40 관원장
41 꿈 총리	42 곡식	43 베냐민	44 은잔	45 고센	46 70명	47 토지까지	48 팔바꿈	49 유언	50 장례

☐ **하나님나라의 원리와 필요성**(창조와 타락, 1~11장)
☐ **하나님나라의 시작**(아브라함 언약과 백성의 형성, 12~50장)

✚ 한눈에 보기

<지도14> 아브라함의 이동경로

✚ 들여다보기

1. 하나님나라의 모형 에덴동산(1~3장)

역사 속의 하나님나라는 하나님이 창조한 백성들이(1~2장), 에덴✚에서 선악과 명령을 받아 시작되었다. 선악과 명령은 하나님의 주권을 의미하는 명령이다.

여호와 하나님이 그 사람을 이끌어 에덴 동산에 두어 그것을 경작하며 지키게 하시고 여호와 하나님이 그 사람에게 명하여 이르시되 동산

✚ 에덴
히브리어로 '에덴'은 '즐거움, 기쁨'이라는 의미를 지닌다. 하나님이 최초의 인간인 아담과 하와에게 살도록 허락하셨던 곳이다.

각종 나무의 열매는 네가 임의로 먹되 선악을 알게 하는 나무의 열매
는 먹지 말라 네가 먹는 날에는 반드시 죽으리라 하시니라(창 2:15~17)

그러나 그들은 하나님의 주권을 지키지 않고, 스스로 하나님이 되어
자신들의 삶의 주인이 되려 함으로 에덴에서 쫓겨났다.

여호와 하나님이 에덴 동산에서 그를 내보내어 그의 근원이 된 땅을
갈게 하시니라(창 3:23)

최초의 하나님나라는 백성들이 하나님의 주권을 인정하지 않음으로
끝이 났다. 하나님의 백성 아담과 하와가 하나님이 주신 땅 에덴동산에
서 하나님의 주권(선악과 명령)을 거부함으로 쫓겨난 이야기가 바로 〈창
세기〉 1~11장의 핵심이다. 죄란 인류가 하나님의 주권을 인정하지 않
고, 자신의 삶을 스스로 통치하려는 것이다. 죄란 인간의 자기통치이며,
이것이 바로 삶에 대한 하나님의 주권을 거부하는 것이다.

2. 에덴동산 이후 세상의 나라와 하나님나라(4~11장)

에덴에서 쫓겨난 아담과 하와의 후손들에 의해 이 세상에 인류가 번
성하였다. 가인의 후손은 성을 쌓고(4:17 에녹), 강한 힘으로 사람들을
지배하며(라멕), 목축(야발)과 예술(유발)과 기술문명(두발가인)을 발전
시켰다(4:19~24). 하지만 하나님은 아담의 세 번째 아들 셋의 후손들을
통해(에녹, 노아, 셈, 아브라함) 이 세상 가운데 하나님나라를 세워 가신다
(5장, 11장). 에녹은 하나님의 심판을 예고했고, 노아는 방주를 지어 심

판을 대비하게 했다(6~9장). 노아의 방주를 통해 심판을 면한 사람들은 세상으로 퍼져 나갔다(10장). 하지만 세상의 나라는 여전히 바벨탑을 쌓으며 자신들의 이름을 높이려 했다(11장). 하나님은 셋의 후예 아브람을 택하셔서 온 인류를 구원하시고, 하나님나라를 세우시기로 계획하셨다(11장).

3. 톨레도트를 통해 대조되는 세상의 나라와 하나님의 나라

〈창세기〉에는 총 10번에 걸쳐 톨레도트(내력, 족보, 계보 등으로 번역되는 히브리어 톨레다의 연계형 명사)라는 단어가 나온다. 원래 후손을 의미하는 이 단어는 〈창세기〉에서 항상 하나의 새로운 이야기가 시작될 때 쓰였다. 한 사람의 인생이 끝난 이후에 다른 이야기를 소개할 때도 쓰였다. 〈창세기〉에서 이 단어가 중요한 것은 이 단어를 통해 새롭게 시작된 각 이야기가 앞의 내용과 연관되어 세상의 나라와 하나님의 나라를 대조하여 소개하고 있기 때문이다.

우리가 다 알다시피 〈창세기〉는 창조이야기로 시작한다(1:1~2:3). 이 이야기와 연결해서 톨레도트라는 단어와 함께 다시 창조이야기가 소개된다.

> 이것이 천지가 창조될 때에 하늘과 땅의 내력이니 여호와 하나님이 땅과 하늘을 만드시던 날에(창 2:4)

이후 4장까지 이어지는 에덴동산 이야기는 하나님의 주권을 인정하지 않고 선악과를 먹은 하나님의 백성이 동산에서 쫓겨나 생긴 이야기를 기록하고 있다(2:4~4:27). 아담의 후손 가인은 세상의 나라를 상징하는 성을 쌓는다. 그 후손 라멕의 세 자녀 야발, 유발, 두발가인은 각각 목축, 음악, 기술의 조상이 되어 인류가 살아가는 세상나라를 발전시킨다. 그리고 이들의 이야기 끝에 하나님을 경외하는 하나님의 백성을 소개한다(4:25~27). 이렇게 하나님이 창조한 세상은 세상의 나라와 하나님의 나라가 대조를 이루며 발전해 나간다.

이후 새로운 이야기가 시작된다(5:1~6:8).

이것은 아담의 계보를 적은 책이니라 하나님이 사람을 창조하실 때에 하나님의 모양대로 지으시되(창 5:1)

여기에서는 에녹과 노아 등 창조 때부터 지속된 하나님의 백성들을 소개하며, 이들을 통해 하나님나라가 이어지고 있음을 보여 준다. 이 이야기는 자연스럽게 노아와 세상에 대한 홍수심판 이야기로 이어진다(6:9~9:29). 이 이야기는 세상의 나라가 궁극적으로 멸망할 것이며, 하나님의 나라를 소망하며 살아가는 하나님의 백성들만이 하나님의 구원을 누리게 된다는 사실을 보여 준다. 세상의 나라와 하나님나라의 운명이 교차된다.

〈창세기〉 6:9
이것이 노아의 족보니라 노아는 의인이요 당대에 완전한 자라 그는 하나님과 동행하였으며

다음 이야기는 당연히 노아의 후손들에 대한 것이다(10:1~11:9).

노아의 아들 셈과 함과 야벳의 족보는 이러하니라 홍수 후에 그들이 아들들을 낳았으니(창 10:1)

이 부분은 단순한 족보의 나열이 아니다. 여기서 주인공은 함의 자손 니므롯이다. 바벨론과 앗수르 지역을 정복하는 용사 니므롯은 세상나라의 영웅이며, 세상나라의 삶의 방식을 보여 주는 인물이다. 그가 사는 방식은 하나님을 대적하여 자신의 이름을 높이는 것이다. 그 상징이 바로 바벨탑이다. 시날 땅에 지어진 바벨탑은 세상제국의 화려한 건축물을 통해 권력을 드러낸다. 시날은 니므롯의 영토였음을 기억하라 (10:10).

이렇게 노아의 후손 가운데 함의 자손 니므롯을 통해 세상의 나라를 제시한 다음, 이제 셈의 자손을 통해 이어지는 하나님나라의 계보가 제시된다(11:10~26).

〈창세기〉 10:10
그의 나라는 시날 땅의 바벨과 에렉과 악갓과 갈레에서 시작되었으며

> 셈의 족보는 이러하니라 셈은 백 세 곧 홍수 후 이 년에 아르박삿을 낳았고(창 11:10)

데라의 족보를 기록한 다음 이야기는 사실 아브라함의 이야기이다 (11:27~25:11). 이 이야기는 아브라함의 죽음까지 이어진다.

> 데라의 족보는 이러하니라 데라는 아브람과 나홀과 하란을 낳고 하란은 롯을 낳았으며(창 11:27)

아브라함 이야기를 통해 하나님이 온 땅에 하나님나라 백성을 세워 하나님의 나라를 이루어 가시려는 계획을 확실히 보여 준다.

아브라함의 이야기가 끝나고 나면 아브라함의 두 갈래 이스마엘과

〈창세기〉 37 : 1~2a
야곱이 가나안 땅 곧 그의 아버지가 거류하던 땅에 거주하였으니 야곱의 족보는 이러하니라

✝ 갈대아우르

'갈대아'는 티그리스와 유프라테스 두 강의 하류에 위치한 바벨론과 페르시아 만 사이의 주변 지역을 통칭하는 표현이며, 그 갈대아 지역의 대표적인 성읍이 우르이다(창 11:28, 31). B.C. 1,000년경 갈대아인들이 이곳에 거주하면서부터 갈대아 우르라고 불리게 되었다. 우르는 산업과 종교의 중심지로 아브라함이 살던 당시 대단한 번영을 누리고 있었다(창 11:28)..

✝ 가나안

이집트와 소아시아 사이에 위치한 지중해 동부 연안지역(팔레스타인~남부 시리아)을 말한다. 성경에서의 가나안은 일반적으로 요단 서편 지역을 의미하며(창 10:19), 하나님이 아브라함과 그 자손들에게 주시겠다고 약속한 땅을 지칭한다(창 12:7)..

이삭의 이야기가 연이어 나온다. 이스마엘의 계보는 세상의 나라로 귀결되고(25:12~18), 이삭의 계보를 통해 앞서 아브라함에게 제시된 하나님나라가 이어진다(25:19~35:29).

이제 창세기의 나머지 부분은 에서와 야곱의 후예들에 관한 이야기이다. 에서는 세상의 나라로 귀결되고(36:1~43), 야곱의 후예들 이야기는 하나님나라를 계승하여 애굽에서 이스라엘 민족을 이루게 되는 것으로 끝이 난다(37:1~50:26). 에서의 후손 에돔족속은 예수님시대의 헤롯가문에까지 이어지며 계속해서 세상나라의 권력과 물질을 탐하는 민족이 된다. 반면 야곱의 후손 이스라엘은 하나님의 백성으로 온 세상에 하나님나라의 복음을 전파하기 위해 사용되는 민족이 된다.

이것이 〈창세기〉이다. 창세기는 창조이야기를 제시하고, 후대에 있었던 하나님나라와 세상의 나라 이야기를 톨레도트라는 단어를 활용하여 하고 있다. 우리는 〈창세기〉에서 하나님나라와 세상의 나라를 분명히 대조할 수 있어야 한다. 그리고 성경은 이 〈창세기〉에 나오는 하나님나라 이야기를 확장한 것이기 때문에, 하나님나라 관점으로 읽어야 하는 것이다.

4. 아브라함, 이삭, 야곱, 요셉을 통해 계승되는 하나님나라(12~50장)

아브라함은 하나님의 부르심을 따라 갈대아 우르✝에서 가나안✝으로 이주했다(12장). 그는 아내를 빼앗길 뻔하였고(12장, 20장), 사촌 롯과 분가하여 비옥하지 않은 가나안에 거주했고(13장), 롯을 구출하기 위해 전쟁도 했다(14장). 자녀를 주시겠다는 약속이 지체되어 힘겨웠지만(15~16장), 하나님은 언약을 확인시키셨으며(15, 17장) 이삭을 주셔서

그를 통해 하나님나라의 약속을 이어가셨다(21장). 하나님이 순종하는 이삭에게 복을 주셨으며(22~24장), 그의 자녀 야곱을 통해 하나님나라의 백성을 크게 번성하게 하셨다(25~35장). 야곱의 아들 중 요셉을 통해 결국 아브라함에게 하신 모든 약속이 이루어지고(15:13~14) 애굽이라는 낯선 땅에서 이스라엘이라는 민족이 탄생한다(37~50장).

하나님은 계속해서 아브라함, 이삭, 야곱, 요셉에게 가나안을 약속하신다. 하나님나라를 이루기 위해서 말이다.

Note

〈창세기〉15:13~14
여호와께서 아브람에게 이르시되 너는 반드시 알라 네 자손이 이방에서 객이 되어 그들을 섬기겠고 그들은 사백 년 동안 네 자손을 괴롭히리니 그들이 섬기는 나라를 내가 징벌할지며 그 후에 네 자손이 큰 재물을 이끌고 나오리라

> 여호와께서 아브람에게 나타나 이르시되 내가 이 땅을 네 자손에게 주리라 하신지라 자기에게 나타나신 여호와께 그가 그 곳에서 제단을 쌓고 거기서 벧엘 동쪽 산으로 옮겨 장막을 치니 서쪽은 벧엘이요 동쪽은 아이라 그가 그 곳에서 여호와께 제단을 쌓고 여호와의 이름을 부르더니(창 12:7~8)
>
> 이 땅에 거류하면 내가 너와 함께 있어 네게 복을 주고 내가 이 모든 땅을 너와 네 자손에게 주리라 내가 네 아버지 아브라함에게 맹세한 것을 이루어(창 26:3)
>
> 또 본즉 여호와께서 그 위에 서서 이르시되 나는 여호와니 너의 조부 아브라함의 하나님이요 이삭의 하나님이라 네가 누워 있는 땅을 내가 너와 네 자손에게 주리니(창 28:13)

약속의 땅을 통해 하나님나라를 이 땅에 실현하는 것은 하나님나라 백성으로 선택된 자들의 사명이었다. 이스마엘과 이삭이 다른 점은 바로 이것이다. 에서와 야곱이 다른 점도 바로 이것이다. 그들의 도덕성이

나 그들이 받은 물질적 축복으로 〈창세기〉를 읽는 것은 어리석은 짓이다. 그들은 도덕적으로 완벽하지 않았고, 주변 민족보다 많은 물질을 소유한 것도 아니었다. 우리는 〈창세기〉에서 하나님나라에 대한 비전을 볼 수 있다.

요셉의 유언은 걸작이다.

> 요셉이 또 이스라엘 자손에게 맹세시켜 이르기를 하나님이 반드시 당신들을 돌보시리니 당신들은 여기서 내 해골을 메고 올라가겠다 하라 하였더라 (창 50:25)
> 모세가 요셉의 유골을 가졌으니 이는 요셉이 이스라엘 자손으로 단단히 맹세하게 하여 이르기를 하나님이 반드시 너희를 찾아오시리니 너희는 내 유골을 여기서 가지고 나가라 하였음이더라 (출 13:19)

요셉의 유언과 그 성취는 이스라엘 민족이 하나님나라의 백성이며, 언약을 통해 제시된 약속의 땅에서 하나님나라를 이루는 사명을 가진 민족이었음을 보여 준다. 하나님이 아름답게 세우신 첫 번째 하나님나라 에덴에서 하나님의 주권을 거부해 쫓겨난 세상의 백성들. 〈창세기〉는 그 세상의 백성 중에서 새롭게 백성을 택하고 땅을 약속하시며 시작된 하나님나라를 보여 주는 책이다.

아브라함을 통해 하나님의 나라가 새롭게 시작된다. 하나님이 택한 아브라함의 후예들은 대가족을 이루고, 애굽으로 이주하여 민족을 이룬다. 이렇게 형성된 이스라엘 민족은 이 세상에 하나님나라를 이루시기 위해 선택된 하나님의 백성이다. 에덴동산에서 나타난 하나님나라의 원리, 최초 인간의 실패, 새롭게 하나님나라를 세워갈 이스라엘 민족을 이루는 과정이 바로 〈창세기〉인 것이다.

✝ 정리하기

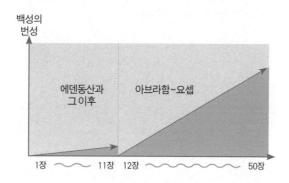

창세기와 이스라엘 백성의 번성

아담과 하와에게서 끊어진 하나님나라의 계획은 에녹과 노아를 지나 아브라함에게 이어진다. 아브라함의 후손들은 요셉에 의해 애굽으로 이주하고 번성한다. 이들에게는 하나님나라의 비전과 땅에 대한 약속이 주어진다.

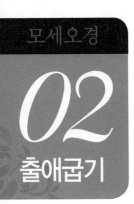

모세오경

02
출애굽기

하나님백성의 구원과
시내산 언약

〈출애굽기〉 19:5b~6a
너희가 내 말을 잘 듣고 내 언약을 지키면 너희는 모든 민족 중에서 내 소유가 되겠고 너희가 내게
대하여 제사장 나라가 되며 거룩한 백성이 되리라

Note

✝ 통으로 보기

1 산파	2 모세	3 떨기	4 지팡이	5 학대	6 레위계보	7 피	8 개이파	9 가종우	10 메흑
11 초태생	12 유월절	13 두기둥	14 홍해	15 찬양마라	16 만나	17 닛시	18 이드로	19 시내산	20 십계명
21 종폭행	22 배상도덕	23 절기	24 시내언약	25 성소물	26 성막	27 제단과뜰	28 제사장복	29 직분위임	30 분향제단
31 기구	32 금송아지	33 회막현현	34 돌판	35 브살렐	36 성막제조	37 언약궤	38 제단과뜰	39 제사장복	40 봉헌

🔲 출애굽(1~18장) – 하나님 백성의 구원
🔲 시내산 언약 / 하나님나라 주권인 율법수여 / 성막제조(19~40장)

162

✚ 한눈에 보기

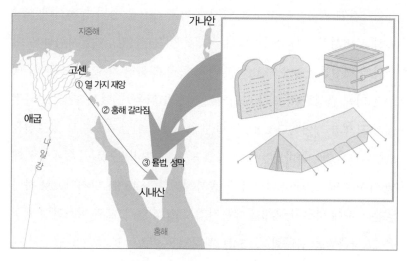

〈지도15〉 지도로 보는 출애굽 여정

✚ 들여다보기

1. 출애굽에서 시내산까지

〈출애굽기〉는 두 부분으로 나뉜다. 전반부(1~18장)는 애굽으로 이주한 아브라함의 자손이 이스라엘이라는 민족을 이루고(국민), 가나안이라는 약속의 땅으로 가기 위해 출애굽하여 시내산[+]에 이르는 장면을 기록한다(영토). 후반부(19~40장)는 가나안에 들어가기 전에 하나님의 백성으로서 이스라엘이 지켜야 할 율법을 시내산에서 언약을 체결하는 형식으로 받는 장면을 기록한다(주권).

Note

✚ 시내산
오늘날 이집트의 시내반도 남단에 위치한 것으로 추정되는 시내산은 모세가 하나님께 십계명을 받았던 곳이다(출 19장). '호렙산'(출 17:6), '하나님의 산 호렙'(출 3:1), '산'(출 19:2), '하나님의 산'(출 24:13)으로도 불렸다.

2. 하나님백성의 구원(1~18장)

이스라엘 백성들은 요셉을 알지 못하는 새로운 왕의 통치시대에 생육하고 번성하여 애굽사람들의 시기를 받는다(1장). 애굽사람들은 이스라엘 백성들을 탄압하고, 번성하지 못하게 하려 하지만 하나님의 백성은 더욱 번성한다. 누가 하나님의 백성을 막을 수 있겠는가? 그 과정에서 모세가 태어난다(2장). 모세는 출애굽을 이끌 지도자로 부르심을 받는다(3~6장). 하나님은 이스라엘 백성을 가나안으로 이끄시기 위해 열 가지 재앙⁺을 내려 바로 왕을 굴복시킨다(7~13장). 마지막으로 하나님은 홍해에 바로의 군대를 매몰시키시고(14장), 모세와 이스라엘 백성은 그 하나님을 찬양한다(15장). 하나님은 이스라엘 백성을 만나와 메추라기로 먹이시며(16장), 아말렉⁺을 무찌르게 하셨다(17장). 이스라엘 백성은 이렇게 시내산에 도착한다. 하나님이 자기백성을 번성케 하시며, 가나안으로 갈 수 있도록 모든 것을 공급하셨다.

3. 시내산에서 주시는 하나님의 주권, 율법(19~24장)

이제 이스라엘 백성은 시내산에서 언약을 체결하는 형식으로 율법을 받는다(19장). 이 율법을 지키는 것은 하나님의 주권을 인정하는 것이며, 따라서 율법을 지키느냐가 하나님나라의 흥망성쇠와 직결된다.

세계가 다 내게 속하였나니 너희가 내 말을 잘 듣고 내 언약을 지키면 너희는 모든 민족 중에서 내 소유가 되겠고 너희가 내게 대하여 제사장 나라가 되며 거룩한 백성이 되리라 너는 이 말을 이스라엘 자손에게 전할지니라(출 19:5~6)

✛ 열 가지 재앙
하나님이 이스라엘 백성들의 출애굽을 위하여, 이를 막는 애굽 왕 바로에게 내리신 열 가지 재앙을 말한다. 그 재앙들은 다음과 같다.
① 피, ② 개구리, ③ 이, ④ 파리, ⑤ 악질, ⑥ 독종, ⑦ 우박, ⑧ 메뚜기, ⑨ 흑암, ⑩ 장자의 죽음.

✛ 아말렉
구약에 나오는 고대민족으로 오늘날 이스라엘 남부지역에 거주하였다. 아말렉의 조상은 아브라함의 아들이자 야곱의 형 에서이다(대상 1:36). 야곱의 자손들이 요셉을 따라 애굽으로 이주하자 아말렉인들은 가나안 남쪽 지방에 거주하기 시작했다. 이후 출애굽한 이스라엘 민족이 가나안에 들어갈 때 이를 방해하면서 이스라엘과 적대 관계가 되었다(출 17:8~16).

따라서 〈출애굽기〉 19장부터 시내산을 떠나는 〈민수기〉 10장 사이에 주어진 율법이 모세오경의 핵심이 된다. 〈출애굽기〉에 기록된 율법은 십계명에서 시작하여 제단에 관한 법과(20장), 종에 관한 법에 이어 각종 책임과 배상에 관한 법(21~22장)이 주어졌는데, "동해보복법"(탈리오법칙)이 적용된다.

그러나 다른 해가 있으면 갚되 생명은 생명으로, 눈은 눈으로, 이는 이로, 손은 손으로, 발은 발로, 덴 것은 덴 것으로, 상하게 한 것은 상함으로, 때린 것은 때림으로 갚을지니라(출 21:23~25)

마지막으로 무당, 고아와 과부, 이자, 추수, 재판, 안식일과 안식년, 절기 등에 관한 법이 제시된다(22:16~23장).

십계명은 하나님나라 백성의 삶의 원칙이다. 제단에 관한 법은 하나님을 섬기는 방법으로, 종과 배상에 관한 법은 하나님나라 백성 상호간에 지켜야 할 규칙으로 제시된 것이다. 그 외에 하나님나라 백성의 사회윤리와 약자를 보호하기 위해 지켜야 할 법들을 간단히 요약하고 있다. 이 율법은 〈레위기〉를 거쳐 〈민수기〉 10장까지 자세히 전개된다. 하지만 이 율법을 받은 세대들이 가나안에 들어가지 못하게 되어, 모세오경에는 또 다른 율법이 〈신명기〉에 등장한다. 〈출애굽기〉 19장에서 〈민수기〉 10장까지에 기록된 시내산에서 받은 율법과 〈신명기〉에서 재론되는 율법은 기본적으로 똑같다. 하지만 이제 막 시내산에 도착해 광야를 거쳐 가나안으로 들어가야 하는 이스라엘 백성에게 주어진 율법(1차 율법)과 이미 율법을 받았으며 이제 광야생활을 마치고 바로 가나안을 정복하여 그 땅에서 살아야 하는 백성들에게 주어진 율법(2차 율법)은 다른 부분이 있다.

두 율법의 같은 점과 다른 점을 표로 만들면 아래와 같다.

	1차 율법(출19장~민10장)	2차 율법(신명기)
시기	광야생활을 시작하기 전에 시내산에서 주어짐(출19:1)	광야생활을 마치고, 요단 동편을 정복한 후에 모압평지에서 주어짐(신 29:1)
기본 내용	하나님의 백성으로서 필요한 모든 규례가 들어 있음	이방인들이 살고 있는 가나안에서 하나님의 백성으로 살아가기 위해 필요한 규례들이 강조되고 있음(13장, 14:1~2, 17:14~20, 18:9~14 참고) 가나안에 들어갔을 때 하나님을 기억하고 잊지 말라는 말씀이 많이 강조됨(4:23, 5:15, 6:12, 7:18~19, 8:2, 18, 9:7, 11:2, 15:15, 24:18)
제사에 관해	제사(제사장)와 성막에 관한 규례가 주어짐	이미 실행되고 있는 제사와 이미 제조한 성막에 대한 규례를 재론할 필요가 없음
행군에 관해	행군에 필요한 진 배치와 행군순서, 진의 정결에 대한 규례가 주어짐	행군에 대한 규례가 필요 없음
공통점	1. 하나님의 백성들이 하나님의 주권을 인정하며 살아가게 하려고 주어진 계명들이라는 점 2. 순종과 불순종에 따른 상과 벌이 제시되었다는 점(레위기 26장, 신명기 28장) 3. 십계명과 음식, 절기 등 기본적인 율법이 같다는 점 4. 신약의 백성들을 위해 해석할 때, 예수께서 성취하신 것과 당시의 문화적인 요소들을 고려해야 한다는 점을 기억하자.	

1차 율법과 2차 율법 관통

4. 성막(25~40장)

모세가 성막+과 각종 기구들에 대한 규례를 받아(25~31장) 시내산에서 내려왔을 때, 이스라엘 백성은 애굽의 풍습대로 송아지 형상을 만들어 신으로 삼았다(32장). 모세는 다시 하나님 앞에 나아갔으며(33장), 두 번째 돌판을 가지고 내려왔다(34장). 이스라엘 백성은 예물을 드리고(35장), 오홀리압과 브살렐의 주도하에 성막을 완성했다(36~40장).

Note

✛ 성막
하나님이 거하시는 이동식 성소로(출 25:8) 이스라엘 백성이 하나님에게 제사드리던 장소를 말한다. 회막(출 27:21), 장막(출 25:9), 증거막(출 38:21), 법막(대하 24:6), 여호와의 성막(민 16:9), 증거의 장막(행 7:44), 성소(출 25:8), 여호와의 집(삼상 1:7), 세상에 속한 성소(히 9:1)라고도 불렸다.

✛ 정리하기

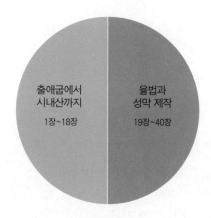

애굽에서 번성하게 된 하나님나라의 백성, 이스라엘은 출애굽하여 시내산에 이른다. 그들은 약속의 땅 가나안으로 가기 전에 하나님의 주권의 상징인 율법을 받고, 성막을 만든다.

모세오경

03
레위기

하나님주권의 상징
율법

〈레위기〉 26:46
이것은 여호와께서 시내 산에서 자기와 이스라엘 자손 사이에 모세를 통하여 세우신 규례와 법도
와 율법이니라

✝ 통으로 보기

1 번제	2 소제	3 화목제	4 속죄제	5 속건제	6 제사규례	7 피와기름	8 위임식	9 첫제사	10 다른불
11 정부정	12 출산	13 나병	14 정결	15 유출병	16 속죄일	17 피	18 성윤리	19 각종윤리	20 죽을죄
21 제사장	22 성물	23 절기	24 등잔과떡	25 안식희년	26 상벌	27 서원			

☐ 제사규례(1~10장)
☐ 정결규례(11~17장)
☐ 윤리와 기타 규례(18~27장)

Note

1. 이방인들과 다른 삶을 가르치는 율법

〈레위기〉는 율법이다. 하나님나라 백성이 지켜야 할 대부분의 법들이 기술되어 있다. 이 법은 이스라엘 백성의 운명을 결정짓는 언약의 규례였다(26장). 이 법을 지키며 살아간다는 것은 어떤 법에 어긋나지 않고 살아간다는 의미를 넘어서서, 삶 속에서 하나님의 주권을 지키며 살아간다는 것을 의미한다. 〈레위기〉의 법은 크게 제사법, 정결법, 도덕법으로 나눌 수 있다. 이 법의 핵심은 세상의 이방인들과 다른 삶을 살아가라는 것이다. 하나님의 백성은 세상의 백성들과 같은 삶의 방식을 추구해서는 안 된다. 왜냐하면 하나님나라를 이루려는 목적을 위해 선택된 백성이기 때문이다.

2. 제사법과 정결법(1~17장)

하나님이 〈레위기〉를 통해 하나님에게 나아가는 방법을 소상히 설명하며 이방인들의 제사방식을 엄금했다(1~10장). 제사의 종류는 목적에 따라 번제, 소제, 화목제, 속죄제, 속건제가 있었으며, 방법에 따라 화제, 요제, 거제, 전제가 있었다(1~7장). 또한 육체적으로 정결한 상태를 유지하게 함으로 하나님 앞에 구별된 삶을 살아가야 하는 백성임을 스스로 자각하게 했다(11~17장). 부정한 음식은 먹지 못하며(11장), 출산 후에 기간을 지켜 정결함을 유지해야 했고(12장), 피부병이나 유출병에 대하여 규정을 지켜야 했다(13~15장). 정기적으로 자신들의 죄를 속하는 의식을 치러야 했으며(16장), 피를 먹던 이방의 풍습을 버려야 했다

(17장). 제사법과 정결법은 당시 이방인들의 문화로부터 벗어나 하나님을 섬기며 살아가는 사람들이 지켜야 할 유대인들의 법이다. 예수 그리스도 이후로 이 법의 문자적 의미는 사라지고, 해석을 통해 영적 의미를 취하게 되었다.

3. 도덕법과 기타 규례(18~25장)

〈레위기〉의 마지막 부분은 도덕법과 기타 규례이다. 그들은 이방인들과는 전혀 다른 방법으로 살아가야 했다. 엄격한 성윤리를 지켜야 했으며(18장), 구별된 백성으로 거룩하게 하나님을 예배하였다. 이웃을 억압하거나 불의로 재판하거나 원수를 갚는 것은 금지되었다. 또한 점을 치거나 신접한 자를 믿거나 나그네를 학대하거나 저울을 속이는 것도 금지되었다(19장). 자식을 바치는 제사나 무당을 따르거나 근친상간을 행하는 것은 죽여야 할 죄로 지목되었다(20장). 제사장에게는 좀 더 엄격한 규례가 적용되었다(21~22장). 하나님의 백성은 하나님의 구원과 돌보심에 감사하는 절기를 따라 살아감으로 하나님을 기억해야 했다. 그들에게 주어지는 모든 것은 하나님에게서 오는 것임을 잊지 말아야 했다(23장). 성전에는 늘 거룩한 등불이 있고, 떡이 드려져야 했고(24장), 안식년✝과 희년,✝ 토지법을 지켜 영원히 가난한 자가 없도록 해야 했다(25장). 서원한 제물을 드리고, 늘 십일조를 바쳐야 했다(27장). 이렇게 할 때 하나님은 하나님의 백성이 하나님이 주신 땅에서 번성함의 축복을 누리게 하실 것이라 약속하셨다(26장).

✝ 안식년
6년 동안 경작을 마친 후에 1년 간 땅을 쉬게 하는 제도이다. 안식년은 땅의 쉼을 통해 땅이 하나님의 것임을 인정하며(레 25:23), 빚의 면제, 종의 해방 등을 통해 궁극적으로 맞이할 영원한 안식을 미리 예표하는 의미를 지닌다(히 4:9).

✝ 희년
안식년을 7번 보낸 다음 해, 즉 50년째 해를 말한다(레 25:10). 희년에는 땅을 쉬게 했으며(레 25:11-12), 모든 빚진 것을 탕감해 주며 땅의 소유권을 원래 주인에게 되돌려 주었다(레 25:23-28). 그리고 종들은 자유의 몸이 될 수 있었다(레 25:39-55). 이는 예수 그리스도를 통해 성취될 하나님 나라를 예표하는 의미를 지닌다.

✚ 정리하기

제사 규례
1장~10장

윤리와
기타 규례
18장~27장

정결 규례
11장~17장

하나님의 백성은 시내산에 머물며 십계명과 여러 율법을 받았다. 이 율법을 잘 지키면 하나님의 주권을 인정하는 것이기에, 땅에서 번영하며, 하나님나라가 확장된다.

	제사법	해당 제물	해당 제사
화제	경배자가 제물을 가져와 머리에 안수하고 경배자가 제단 북편에서 제물을 잡는다. 제사장은 제물의 피를 뿌리거나 바르고 나머지는 단 주위에 뿌리거나 밑에 쏟는다	소, 양, 염소, 산비둘기, 집비둘기, 곡식가루, 기름, 유향	모든 제사
요제	경배자가 가져온 제물의 가슴부분을 제사장이 높이 들어 흔들어 바친다. 곡식단을 제사장이 흔들어 바친다.	화목제물과 희생제물의 가슴, 첫 곡식단(레 23:15) 첫 이삭의 떡(레 23:20) 레위인(민 8:11~15)	화목제(레 7:30) 속건제(레 14:12) 처음 익은 곡식 드릴 때
거제	경배자가 가져온 제물의 우편 뒷다리를 제사장이 높이 들어 바친다.	화목제물의 우편 뒷다리 처음 익은 곡식 가루 타작 마당의 곡식/기름, 십일조, 포도주	화목제(레 7:14) 처음 익은 곡식 드릴 때 십일조 드릴 때, 전리품 드릴 때
전제	포도주나 독주를 다른 제물과 함께 부어드린다.	포도주, 독주 (레 23:13; 민 28:7)	번제(출 29:40), 소제(레 23:13) 화목제(레 23:19)

제사의 방법

종류	성격	방법	의미	제물	제물분배
번제	자원의무	1장, 8:18~21, 16:24 1. 피를 단 4면에 뿌림 2. 가죽 외 제물 전체 화제 3. 재는 진 밖 한 곳에	자원제 죄의 속죄 헌신과 복종 레 9:12~16	가정 형편에 따라 무흠 수소 무흠 수양, 염소 산(집)비둘기 새끼	모두 태움 피는 단 사면에 분배 없음
소제	자원	2장, 6:14~23 1. 번제나 화목제와 함께 화제로 2. 기름, 유향, 소금을 섞음	자원제 순수한 헌신	고운 곡식가루	한 움큼은 번제와 함께 하나님에게 남은 것은 제사장에 게
화목제	자원	3장, 7:11~34 1. 피는 단 4면에 뿌림 2. 모든 기름과 콩팥을 화제로 3. 가슴과 뒷다리는 거제로	교제 감사 서원 자원	가정 형편에 따라 무흠 소, 양, 염소 (소제물과 함께)	일부는 하나님에게 나머지는 제사장과 예물 드린 자에게 (요제물과 거제물)
속죄제	의무	4:1~5:13, 6:24~30, 8:14~17, 16:3~22 1. 피는 번제단 뿌이나 성소 휘장 앞이나 향단 뿔들에 바름 2. 기름과 콩팥은 화제로 3. 제물의 다른 부분들은 진 밖에 서 불사름	죄의 대속 죄의 고백 죄의 용서 정결	신분과 직위에 따라 제사장 회중 : 수송아지 족장 : 수염소 평민 : 암염소 어린양 서민 : 산(집)비둘기 극빈 : 가루1/10에바	일부는 하나님에게 일부는 제사장에게
속건제	의무	5:14~6:7, 7:1~6 1. 피를 단 4면에 뿌림 2. 꼬리 기름 콩팥을 화제로 3. 변상할 물건의 1/5 추가	죄의 속함 보상 정결	성물에 대하여 : 숫양 제사 + 성물과 1/5추가 변상 이웃에 대하여 : 숫양 제사 + 물건과 1/5추가 변상	일부는 하나님에게 일부는 제사장에게 (성막 안에서 먹음)

제사의 종류와 의미

하나님나라 백성의 방황

〈민수기〉 14:22~23

내 영광과 애굽과 광야에서 행한 내 이적을 보고서도 …… 내 목소리를 청종하지 아니한 그 사람들
은 내가 그들의 조상들에게 맹세한 땅을 결단코 보지 못할 것이요

✛ 통으로 보기

Note

1 계수	2 진	3 레위계수	4 레위직무	5 죄 해결	6 나실인	7 첫 헌물	8 레위드림	9 유월절	10 행진
11 칠십장로	12 미리암	13 정탐	14 점령실패	15 미래경고	16 고라당	17 지팡이	18 레위 몫	19 정결수	20 므리바
21 놋뱀 옥	22 모압발락	23 발람	24 축복예언	25 음행	26 재 계수	27 후계자	28 절기제물	29 절기제물	30 서원
31 미디안	32 동편지파	33 여정	34 땅 경계	35 레위성읍	36 슬로브핫				

☐ 가나안으로의 행진준비(1~10장)
☐ 38년 광야방랑(11~25장)
☐ 새 세대와 율법(26~36장)

✚ 한눈에 보기

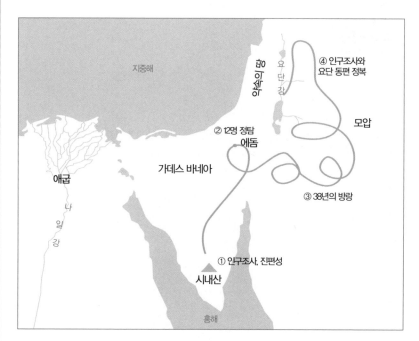

지중해

홍하수 요르단

요단강

④ 인구조사와
요단 동편 정복

모압

② 12명 정탐
에돔

애굽

가데스 바네아

나
일
강

③ 38년의 방랑

① 인구조사, 진편성

시내산

홍해

〈지도16〉 시내산에서 가나안까지

✚ 들여다보기

1. 시내산에서 가나안으로

〈민수기〉는 시내산에서 전쟁에 나갈 군사를 계수하는 장면으로 시작
된다(1장). 가나안정복을 위한 본격적인 준비였다. 민족을 계수하는 장
면에서부터 10장까지는 〈출애굽기〉 19장에서 〈레위기〉를 거쳐 이어지
는 1차 율법의 연속이다.

〈민수기〉11장부터는 원래 광야를 거쳐 가나안으로 가는 여정이 기록되어야 했다. 하지만 이스라엘 백성은 정탐꾼들을 보낸 바란광야에 이르기까지 불평하고 원망하며 범죄하였다(11~12장). 그리고 백성들 대부분이 10명의 정탐꾼들을 따라 하나님의 약속을 신뢰하지 못하고 불평하고 원망했다(13~14장). 이스라엘 백성은 가나안 백성과 싸우기도 했으나 패배했다(14장). 요단 동편을 정복하는 성과를 올리며 요단 강 건너 가나안이 보이는 모압평지에 진을 치기까지 했으나(21장), 결국 가나안에 들어가지 못했다. 결국 새롭게 계수된 백성들이(26장) 미디안과의 전쟁에서 승리하며(31장) 가나안으로 들어가기 위해 모압평지에서 여러 율법을 받는다(26~36장).

2. 행군과 진에 대한 규례(1~10장)

〈민수기〉의 첫 부분은 가나안으로의 여정을 시작하기 전에 싸움에 나갈 백성을 지파별로 계수하고(1장), 제사장을 돕는 레위인을 계수하며 그들의 직무를 규정한다(3~4장). 나아가 그들이 어떻게 진을 편성하며, 행진하는지에 대해 기록한다(2장). 이스라엘 백성에게 중요한 것은 전쟁에서 이기는 것이 아니라, 스스로 하나님 앞에서 진의 정결함을 유지하는 것이었다(5장). 거룩하게 자신을 드려 하나님에게 쓰임받을 나실인들을 위한 특별한 규례도 필요했다(6장). 이스라엘 백성은 또한 많은 예물을 하나님에게 드려 성막의 기구들을 마련하였고(7장), 레위인들이 헌신하여 하나님나라 백성의 삶의 기본을 마련하였다(8장). 현대적으로 말하면 하나님의 말씀을 가르치고 배울 수 있는 교회가 세워져 신앙의 기틀이 마련된 것이라 할 수 있겠다. 그들은 두 번째 유월절✝을 드

✝ 유월절
이스라엘의 3대 절기 중의 하나이다(신 16:1~7). 유월이란 히브리어로 '넘어간다'는 의미이다(출 12:27). 출애굽 당시 하나님이 애굽의 모든 처음 난 것들의 죽음 가운데서 이스라엘 백성들의 장자는 죽음을 면하게 하신 것을 기억하며 가족들과 함께 나누는 축제가 유월절이다(출 12:21~30). 일주일간 지속되는 유월절에는 희생제물을 드리며, 누룩 없는 빵인 무교병을 먹는다(출 12:15).

리고(9장), 가나안으로의 행진을 시작했다(10장).

3. 광야방랑기(11~25장)

안타깝게도 이스라엘 백성이 가나안으로 가는 여정은 순탄하지 않았다. 그들은 하나님의 약속을 신뢰하여 말씀에 순종하지 않고, 불신, 원망, 불평했다(11:1~3, 14:1~4, 20:2~5, 21:4~5). 지도자 모세를 계속 대적하고 비난했으며(12장, 16장), 안식일을 어기는 등 하나님이 이미 시내산에서 주신 율법을 어겼다(15장). 그들은 요단 동편의 모압지방을 다스리던 아모리 왕 시혼에게 승리하고, 더 위로 올라가 바산 왕 옥의 땅도 정복하는 성과를 거뒀다. 하지만 가나안을 바로 강 건너편에 두고 모압평지에서 미디안✝ 사람 브올의 유혹으로 우상숭배와 음행에 빠지기까지 타락했다(25장). 결국 40년 가까이 광야에서 시간을 허비하였고, 출애굽 1세대들은 대부분 광야에서 죽는 비극적인 결과를 맞았다.

4. 새로운 세대의 계수와 요단 동편 정복(26~36장)

〈민수기〉의 마지막 부분은 가나안에 나아갈 새로운 세대에 대한 기록이다. 하나님은 이스라엘 백성 중에 광야에서 죽은 이전 세대를 대신할 새로운 세대를 계수하게 하셨다(26장). 모세의 후계자로 여호수아를 세우시고(27장), 새로운 세대에게 다시금 간단히 율법을 정리해 주셨다(28~30장). 광야에서 태어난 새로운 세대와 남은 자들에게 여전히 하나님나라의 핵심은 하나님의 주권을 지키는 일임을 강조한 것이다. 새롭게 무장된 이스라엘 백성은 미디안을 정복하고(31장), 구세대가 이미 정복한 요단 동편의 땅을 원하는 두 지파 반에게 분배한다(32장). 그

✝ 미디안
구약성경에 나오는 고대민족으로 오늘날 이스라엘 동남쪽 아라비아 반도지역에 거주했으며, 오랫동안 이스라엘을 괴롭혔다. 미디안의 시조는 아브라함이 그의 세 번째 아내 그두라에게서 난 네 번째 아들(창 25:1-2) 미디안이다. 아브라함에 의해 미디안은 그의 형제들과 함께 요단 동쪽으로 이주하여 그곳에 거주하게 되었는데, 이때부터 미디안민족을 이루게 된다..

리고 지금까지의 여정을 정리하고(33장), 가나안의 분배를 계획하고 (34~35장), 슬로브핫의 딸들✝을 통해 땅에 대하여 생길 문제를 정리한 다(27장, 36장). 새 세대가 〈신명기〉까지 이어질 율법을 통해 하나님의 주권을 지킨다면, 그들이 정복할 가나안에서 하나님나라는 확장될 것 이다.

5. 〈민수기〉에 기록된 여러 율법

기억하라. 〈민수기〉에는 광야에서 방랑하는 내용만 기록된 것이 아니 라, 광야에서 있었던 여러 사건과 관련하여 많은 율법이 기록되고 있다. 역시 모세오경의 관심은 다가올 미래에 어떻게 하나님의 백성이 율법 을 통해 하나님의 주권을 지키며 살아갈 것이냐에 있다. 1~10장까지의 율법은 이미 앞에서 정리했고, 광야방랑 세대와 새로운 세대에게 주어 진 율법이 어떤 것인지 정리해 보자.

우선 광야방랑 세대에게 주어진 규례는 다음과 같다. 모세를 도울 장 로들에 대한 규례(11장), 가나안에 들어가면 드리게 될 예물에 대한 규 례(15장), 계명을 상기하도록 옷단 귀에 다는 술에 대한 규례(15장), 고라자손의 반역 때문에 주어진 향로와 아론의 지팡이에 관한 규례 (16~17장), 제사장과 레위인의 직무와 몫과 십일조에 관한 규례(18장), 부정을 씻는 암송아지의 재에 관한 규례와 시체에 관한 규례(19장).

마지막으로 광야 이후 새 세대에게 주어진 율법을 살펴보자. 우선 아 들 없이 딸만 있는 경우에 땅을 어떻게 해야 하는지에 대한 규례(27, 36 장), 매일, 안식일, 초하루, 유월절, 칠칠절, 나팔절, 속죄일, 장막절에 드 릴 제물들에 대한 규례(28~29장), 서원에 대한 규례(30장), 레위인의 성읍과 도피성에 대한 규례(35장) 등이 기록되어 있다. 〈민수기〉에도 여전히 하나님의 주권을 인정하는 삶에 대한 규례인 율법이 기록되고 있음은 모세오경을 읽는 방법을 우리에게 지시해 주고 있다. 〈민수기〉는 기록된 율법에 주목해야 함을 밝히며 끝을 맺는다.

이는 여리고 맞은편 요단 가 모압 평지에서 여호와께서 모세를 통하여 이스라엘 자손에게 명령하신 계명과 규례니라(민 36:13)

✙ 정리하기

하나님의 백성은 시내산을 출발하여 가나안을 향했다. 하지만 정탐꾼들과 그들에게 동조한 백성들이 땅의 약속을 불신하여 광야에서 방황하다가 죽게 되었다. 가나안을 정복하는 사명은 새 세대에게 넘어간다. 〈민수기〉는 새 세대에게 많은 율법을 전하는데 이는 2차 율법인 〈신명기〉로 이어지고 있다.

다시 받은
하나님주권의 상징

〈신명기〉 29:1
호렙에서 이스라엘 자손과 세우신 언약 외에 여호와께서 모세에게 명령하여 모압 땅에서 그들과
세우신 언약의 말씀은 이러하니라

✙ 통으로 보기

Note

1 회고	2 광야기	3 시혼옥	4 절대순종	5 십계명	6 쉐마	7 칠족속	8 잊지말라	9 불순종사	10 보은
11 약속	12 새땅규례	13 꿈이적	14 십일조	15 면제년	16 삼절기	17 왕의규례	18 선지자	19 도피성	20 전쟁규례
21 가족규정	22 순결규정	23 총회	24 이혼재혼	25 고엘	26 추수하면	27 에발산	28 복과저주	29 모압언약	30 복의길
31 계승	32 모세노래	33 축복	34 죽음						

▢ 모세의 회고(1~3장)
▢ 시내산 율법의 재론(4~11장)
▨ 새 땅에서의 삶의 규례(12~26장)
▢ 언약갱신과 모세의 죽음(27~34장)

✚ 한눈에 보기

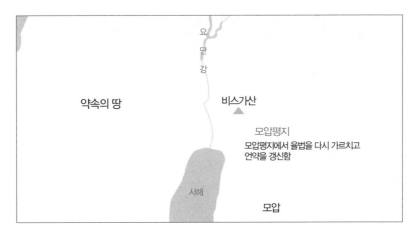

요단강

약속의 땅

비스가산 ▲

모압평지

모압평지에서 율법을 다시 가르치고
언약을 갱신함

사해

모압

〈지도17〉 모압평지에서의 2차 율법

✚ 들여다보기

1. 두 번째 율법

〈신명기〉는 영어로 Deuteronomy, 즉 두 번째 율법이라는 뜻이다.
광야에서 남은 새 세대가 가나안에 들어가서 하나님의 주권을 지키며
살아가기 위해서 지켜야 할 규례들이 총망라되어 있다. 〈신명기〉를 시
내산 언약과 대비하여 모압언약이라고도 한다. 〈출애굽기〉에서 〈민수
기〉에 걸쳐 나와 있는 율법은 시내산에서 받은 율법을 정리하여 언약을
체결하는 형식으로 반포한 것이라면, 〈신명기〉의 율법은 모압평지에서
가나안정복을 앞두고 있는 세대에게 새로운 언약을 체결하는 형식으로
주어졌기 때문이다. 두 율법은 모두 하나님나라 백성이 하나님이 주신

땅에서 하나님의 주권을 실현하며 살아가기 위한 말씀이다.

2. 과거의 회고(1~3장)와 모압평지에서의 율법 선포(4~34장)

〈신명기〉는 광야에서의 여정을 회고하면서 시작된다. 광야에서 이스라엘이 반역한 것에 따른 비극과 그 이후 하나님이 승리하게 하신 헤스본✝ 왕 시혼과 바산✝ 왕 옥과의 전쟁을 회고하며, 여기까지 온 것은 철저히 하나님의 은혜였음을 고백한다. 그리고 이스라엘 백성에게 하나님의 말씀을 준행하라고 명령하면서(4:1) 26장까지 계속해서 이스라엘 백성이 앞으로 살면서 지켜야 할 규례를 기록하고 있다. 이어 이 언약의 말씀을 지킬 경우와 지키지 않을 경우 어떻게 될지 설명한 후(27~28장), 언약의 맹세를 요청한다(29장). 모세는 이제 복받는 길과 화를 부르는 길을 제시한 후(30:15), 여호수아에게 모든 사명을 인계하고(31장), 장엄한 노래와 축복(32~33장) 속에서 인생을 마무리한다(34장).

3. 〈신명기〉의 핵심, 율법(4~26장)

〈신명기〉의 핵심은 4~26장까지의 율법이다. 〈레위기〉의 율법이 반복되어 있는 부분도 있지만, 〈신명기〉의 강조점은 하나님이 주신 땅에 들어갔을 때 여호와 하나님이 하신 일과 언약의 말씀을 잊지 말고 기억하라는 것과 행하라는 것이다.

오직 너는 스스로 삼가며 네 마음을 힘써 지키라 그리하여 네가 눈으로 본 그 일을 잊어버리지 말라 네가 생존하는 날 동안에 그 일들이 네 마음에서 떠나지 않도록 조심하라 너는 그 일들을 네 아들들과 네

✝ 헤스본
요단강 하류 동쪽에 위치한 성읍이다. 고원에 위치해 있어서 이곳에서 요단지역을 내려다 볼 수 있었다. 헤스본은 아모리의 왕인 시혼의 수도였다(민21:25).

✝ 바산
길르앗과 헬몬 산의 중간지대에 있는 비옥한 땅으로, 얍복강 북쪽, 갈릴리바다 동편까지의 지역을 말한다. 이곳은 팔레스타인의 곡창지대로 불렸을 정도로 밀재배가 활발했으며, 목축지대(신 32:14)로 유명했다. 또한 상수리나무로 유명한 삼림지대(사 2:13)였다. 출애굽한 이스라엘 백성이 가나안을 향해 갈 때 바산 왕 옥은 이스라엘 백성을 공격하였다(민 21:33). 그러나 바산 왕 옥은 도리어 헤스본을 정복한(신 2:26~37 참고) 이스라엘에게 패하여 그의 영토를 빼앗긴다(민 21:34~35).

손자들에게 알게 하라(신 4:9)

너희는 스스로 삼가 너희의 하나님 여호와께서 너희와 세우신 언약을 잊지 말고 네 하나님 여호와께서 금하신 어떤 형상의 우상도 조각하지 말라(신 4:23, 참고 5:15, 6:10~12, 7:18~19, 8:2, 8:11~14, 8:18, 9:7, 11:2, 15:15, 16:3, 24:18)

이스라엘아 이제 내가 너희에게 가르치는 규례와 법도를 듣고 준행하라 그리하면 너희가 살 것이요 너희 조상의 하나님 여호와께서 너희에게 주시는 땅에 들어가서 그것을 얻게 되리라(신 4:1)

모세가 온 이스라엘을 불러 그들에게 이르되 이스라엘아 오늘 내가 너희의 귀에 말하는 규례와 법도를 듣고 그것을 배우며 지켜 행하라 (신 5:1, 참고 5:33, 6:1, 7:11, 8:1, 11:1, 22~24, 12:1, 13:18, 26:16)

언약의 말씀에 대한 기억은 하나님의 백성이 하나님의 주권을 지키는 일을 가능하게 할 것이다. 그렇게 하기 위해 이스라엘 백성들은 늘 말씀을 가까이 해야 한다(6:4~9). 언약의 말씀을 기억해야 말씀을 실천할 수 있는 것이다.

4. 〈신명기〉 율법의 구체적 목록(12~26장)

〈신명기〉 12~26장에서는 구체적으로 명령한다. 하나님만 섬기고 우상의 제단을 파하라(12장). 다른 신을 섬기도록 유혹하는 선지자나 꿈꾸는 자를 죽이라(13장). 죽은 자를 위하여 몸을 베거나 털을 밀지 말고, 부정한 짐승은 먹지 말고, 십일조를 드리라(14장). 칠년 째에는 빚을 면제해 주고, 종을 자유하게 하며, 첫 수컷은 하나님에게 드리라(15장). 유월절, 칠칠절, 초막절을 지키고, 공의로 재판하고, 여호와의 제단에 아세라 상을 세우지 말라(16장). 우상에게 절하지 말고, 재판할 일은 제사장과 재판장에게 판결을 요청하며, 왕은 말과 아내와 은금을 많이 두지 말라(17장). 제사장과 레위인에게 분깃을 주고, 점을 치거나 신접하거나 하는 가증한 행위를 하지 말라고 명령하며 선지자를 주시겠다고 약속한다(18장).

또한 도피성⁺에 관한 법과 이웃의 경계표를 옮기지 말 것과 두 명 이상의 증인을 세울 것을 명령한다(19장). 전쟁할 때에 지켜야 할 것(20장), 범인을 알지 못하는 살인사건에 관한 법과, 여성 포로를 아내로 삼을 때의 법과, 장자의 상속권과, 패역한 아들을 돌로 쳐 죽일 것과, 나무 위에 매달아 사람을 죽일 때 지킬 것(21장), 길 잃은 가축이나 잊어버린 물건을 찾아 줄 것과, 남녀 의복에 관한 것과, 새끼 있는 어미새를 놓아 줄 것과, 지붕난간은 안전하게 만들 것과, 두 종자를 뿌리거나 두 종류의 실을 섞어 짜지 말 것과 순결에 관한 법(22장)을 설명한다.

여호와의 총회의 자격에 관한 법과, 진영의 정결함에 관한 법과, 도망한 종, 몸 파는 자, 이자, 서원 등에 관한 법(23장), 이혼과 재혼에 관한 법과 맷돌 위짝의 전당금지와 형제 인신매매와 나병에 관한 법과 꾸어줄 때의 전당물에 관한 법과 가난한 품꾼을 대우하는 법과 고아와 과부를 위해 베풀 것에 대한 법(24장), 태형의 한계에 대한 것과 죽은 형제의 아내를 위한 의무와 공평한 저울추에 관한 것과 아말렉을 진멸할 것에 대한 명령(25장), 토지 소출로 여호와께 드리는 것과 레위인과 고아와 과부를 위해 드리는 것에 대한 명령(26장)이 〈신명기〉의 내용이다.

이 규례들은 하나님을 사랑하고 이웃을 사랑하기 위해 삶에서 지켜야 할 것들이다. 이렇게 살아가는 것이 바로 하나님의 백성이 하나님의

Note

⁺ 도피성
과실로 인해 사람을 죽인 자를 보호하기 위해서 만든 성읍이다(민 35:6). 도피성은 총 6곳(요단 강 동편에 베셀, 길르앗 라못, 골란, 요단 강 서편에 헤브론, 세겜, 게데스)으로 지정되었다(수 20:7~9).

주권을 실현하는 길이며, 번성함의 축복에 이르는 길이다.

이스라엘아 네 하나님 여호와께서 네게 요구하시는 것이 무엇이냐 곧 네 하나님 여호와를 경외하여 그의 모든 도를 행하고 그를 사랑하며 마음을 다하고 뜻을 다하여 네 하나님 여호와를 섬기고 내가 오늘 네 행복을 위하여 네게 명하는 여호와의 명령과 규례를 지킬 것이 아니냐(신 10:12~13)

너희 중에 분깃이나 기업이 없는 레위인과 네 성중에 거류하는 객과 및 고아와 과부들이 와서 먹고 배부르게 하라 그리하면 네 하나님 여호와께서 네 손으로 하는 범사에 네게 복을 주시리라(신 14:29, 참고 22:7, 23:20, 24:19, 26:16~19)

✚ 정리하기

하나님 백성의 새 세대는 모압평지에서 모세에게 율법을 교육받는다. 이것은 가나안에서 하나님의 주권을 인정하라는 모세의 유언이다.

약속의 땅 정복

〈여호수아서〉 11:23
여호수아가 여호와께서 모세에게 말씀하신 대로 그 온 땅을 점령하여 이스라엘 지파의 구분에 따라 기업으로 주매 그 땅에 전쟁이 그쳤더라

✚통으로 보기

Note

1 땅	2 두정탐꾼	3 요단도하	4 열두돌	5 할례	6 여리고	7 아간	8 아이점령	9 기브온	10 남방왕들
11 북방왕들	12 정복지	13 동 분배	14 서 분배	15 유다	16 에브라임	17 므낫세	18 베냐민	19 나머지	20 도피성
21 레위성	22 엣	23 교훈	24 갱신						

☐ 가나안 정복전쟁(1~12장)
☐ 분배(13~21장)
■ 미래를 위한 권면(22~24장)

✚ 한눈에 보기

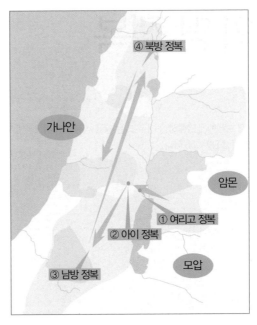

<지도18> 여호수아의 가나안정복

✚ 들여다보기

1. 가나안정복은 순종의 결과(1~12장)

〈여호수아서〉는 모세가 죽은 이후 가나안을 정복하는 과정을 기록한 책이다. 가나안을 정복하기 위한 준비과정이 기록되어 있다(1~5장), 하나님의 약속에 대한 여호수아의 신뢰(1장), 위험을 무릅쓴 정탐꾼의 순종(2장), 물이 흘러넘치는 요단강을 건너는 신뢰(3장), 12개의 돌을 통한 하나님의 역사에 대한 기억(4장), 전쟁 전 이해할 수 없는 할례명령에 대한 순종(5장)이 그것이다. 전쟁에서의 승리는 하나님의 주권을 인정하는 하나님백성에게 주어지는 당연한 결과였다. 전쟁의 과정에서 (6~11장) 아간사건을 통해 한 번 더 하나님의 주권을 인정하는 것이 하나님나라 백성의 운명에 가장 중요한 것임이 확인되었다.

2. 땅의 분배는 사명의 분배(13~24장)

정복전쟁이 끝난 이후 요단 동편에서 시작하여 요단 서편까지 땅을 분배하였다(13~21장). 하나님의 백성 이스라엘에게 주어진 과제는 땅을 정복한 후에도 계속해서 하나님의 말씀을 순종하며, 하나님의 주권이 인정되는 나라를 만들 수 있느냐는 것이었다(22~24장). 갈렙처럼 계속 땅을 정복하며 가나안에서 우상숭배를 근절하여 하나님만을 높인다면, 하나님의 백성은 계속해서 번성하게 될 것이다(15장). 더불어 하나님의 나라는 가나안을 중심으로 확장될 것이다. 하지만 그 땅에 하나님 나라를 세워 가는 일에 소홀하고 오히려 세상의 나라를 따라 살아간다면 그들에게 불길한 말씀이 응할 것이다.

보라 나는 오늘 온 세상이 가는 길로 가려니와 너희의 하나님 여호와께서 너희에게 대하여 말씀하신 모든 선한 말씀이 하나도 틀리지 아니하고 다 너희에게 응하여 그 중에 하나도 어김이 없음을 너희 모든 사람은 마음과 뜻으로 아는 바라 너희의 하나님 여호와께서 너희에게 말씀하신 모든 선한 말씀이 너희에게 임한 것 같이 여호와께서 모든 불길한 말씀도 너희에게 임하게 하사 너희의 하나님 여호와께서 너희에게 주신 이 아름다운 땅에서 너희를 멸절하기까지 하실 것이라(수 23:14~15)

사마리아의 그리심 산과 에
발 산 사이에 위치한 성읍이
다. 세겜은 연평균 강우량이
적당하고 물이 많은 곳이어
서 고대로부터 농사짓기에
적당한 곳이었다. 그래서 이
곳에서 보리, 밀, 채소 등이
재배되었으며, 평지를 둘러
싼 산비탈에서 포도, 무화과
나무, 감람나무들이 경작되
었다. 또한 좋은 목초지들도
있었다(창 37:12~13). 그리고
세겜은 사마리아 지방의 교
통중심지였다.

여호수아는 결국 이스라엘 백성들을 세겜✢에 모아 놓고(24장), 하나
님의 주권을 계속해서 인정하는 삶을 살아가라고 요청하고 있다.

그러므로 이제는 여호와를 경외하며 온전함과 진실함으로 그를 섬
기라 너희의 조상들이 강 저쪽과 애굽에서 섬기던 신들을 치워 버리고
여호와만 섬기라 만일 여호와를 섬기는 것이 너희에게 좋지 않게 보이
거든 너희 조상들이 강 저쪽에서 섬기던 신들이든지 또는 너희가 거주
하는 땅에 있는 아모리 족속의 신들이든지 너희가 섬길 자를 오늘 택
하라 오직 나와 내 집은 여호와를 섬기겠노라 하니 (수 24:14~15)

✚ 정리하기

여호수아가 이끄는 하나님의 백성은 가나안을 정복하고 분배받는다.
이 승리는 하나님의 주권을 인정하고 여호와의 말씀을 좌로나 우로나
치우치지 않고 순종한 결과이다. 여호수아는 하나님만을 사랑하라고
명령하고, 계속 정복해 나갈 책임을 후대에게 맡긴다.

하나님주권을
거부하여 생긴 혼란

〈사사기〉 21 : 25
그 때에 이스라엘에 왕이 없으므로 사람이 각기 자기의 소견에 옳은 대로 행하였더라

역사서

07
사사기

Note

✚ 통으로 보기

1 정복실패	2 우상숭배	3 옷니에홋	4 드보라	5 노래	6 기드온	7 삼백용사	8 왕들진멸	9 아비멜렉	10 돌라야일
11 입다	12 십볼렛	13 삼손출생	14 딤나여인	15 턱뼈	16 들릴라	17 미가신상	18 단지파	19 레위첩	20 전쟁
21 베냐민									

- ☐ 실패이유 : 불완전한 정복과 우상숭배(1~2장)
- ☐ 사사들에 의한 구원(3~16장)
- ☐ 실패한 현실(17~21장)

✝ 한눈에 보기

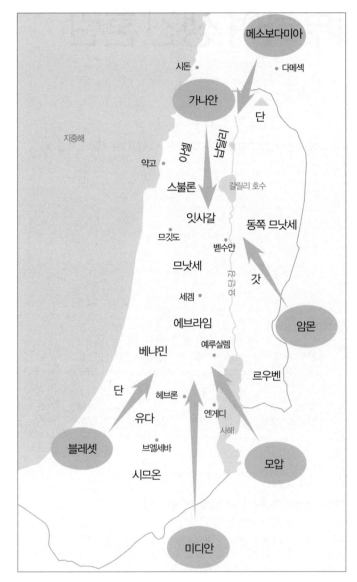

메소보다미아

시돈 ·   · 다메섹

가나안   단

지중해

요르단강

욕고   염해

스불론   갈릴리 호수

잇사갈   동쪽 므낫세

므깃도   벧수안

므낫세   갓

세겜   요르단강

에브라임   암몬

베냐민   예루살렘

단   르우벤

헤브론

유다   엔게디   사해

블레셋   브엘세바

시므온   모압

미디안

〈지도19〉 사사시대 이방민족의 침입

✚ 들여다보기

1. 하나님 백성의 실패 : 정복포기와 우상숭배(1~2장)

과연 여호수아가 정복한 가나안은 어떻게 될 것인가? 그 땅에서 하나님의 주권이 인정되고, 하나님나라가 확장되어 갈 것인가? 〈사사기〉는 여호수아가 죽은 후에 이스라엘 백성이 남아 있는 땅을 정복하기 위해 싸움에 나서는 장면으로 시작된다. 이스라엘은 당당하게 "우리 중 누가 먼저 올라가서 가나안 사람과 싸우리이까"(1:1)라고 묻는다. 하나님나라 백성은 의기양양했다. 그러나 정복전쟁은 많은 오점을 남긴 채 불완전한 정복으로 마무리된다. 유다지파에서 단지파에 이르기까지 모두 가나안사람과 섞여서 살게 되었다(1장). 이것은 가나안에 하나님의 주권이 완전히 선포되지 못했다는 것을 의미한다. 그 결과 이스라엘 백성은 하나님말씀에 순종하며, 하나님만을 섬기는 일에 실패하게 된다. 가나안사람들은 이스라엘 백성과 통혼하며 이스라엘 백성이 우상을 섬기도록 유혹하였다. 결국 이스라엘 백성은 자신들이 원하는 대로 선택하고 결정하여 이방인들처럼 살게 되었다. 하나님의 백성이 하나님의 주권을 인정하지 않고, 말씀을 어기고 우상을 숭배한 결과 그 땅에는 적들의 침략이 계속되었다(2:11~15).

2. 사사✛에 의한 구원(3~16장)

이스라엘 백성은 실패했다. 무엇에 실패했는가? 그들은 여러 가지 이유로 가나안의 백성들을 온전히 정복하지 못했다. 가나안의 백성들을 정복하지 못한 결과 그들은 하나님의 말씀을 지키지 못했고, 갖가지 우

✛ 사사
이스라엘 백성이 가나안에 들어가서부터 왕이 세워지기 전까지 이스라엘 백성들을 지도했던 정치, 군사적 지도자를 말한다. '사사'로 번역된 히브리어 '쇼페트'는 '재판한다', '다스린다', '구원한다'는 의미를 지닌다. 이스라엘이 주변의 나라들로부터 공격받을 때마다 하나님은 사사를 세우셔서 그들을 통해 이스라엘을 구원하셨다.

상숭배에 빠지게 된 것이다. 이렇게 하나님의 주권을 인정하지 않는 하나님의 백성들에게 이방인은 계속 침입해 땅을 조금씩 빼앗아 갔다. 에덴동산을 빼앗긴 아담과 하와처럼 다시 땅을 빼앗기게 된 것이다. 하나님은 백성들이 회개할 때마다 전쟁을 이끌 사사들을 보내셔서 그들을 구원하셨다. 옷니엘(vs 메소보다미아), 에훗(vs 모압), 드보라(vs 가나안), 기드온(vs 미디안), 입다(vs 암몬), 삼손(vs 블레셋)이 대표적인 사사들이다(삿 3~16장).

3. 사사시대의 현실(17~21장)

그러나 사사들이 다스리던 시대에는 우상숭배와 도덕적 타락이 점점 심해져 사사시대의 마지막에는 극에 달하게 되었다(17~19장). 그 결과 이스라엘은 가나안백성과 싸워 그 땅을 정복하는 대신에, 동족끼리 싸우고 살해하는 엄청난 비극의 역사를 쓰고 말았다(20~21장). 하나님의 백성이 하나님의 주권을 인정하지 않고 자기의 생각대로 살아갈 때, 온갖 비극이 찾아오게 된다. 〈사사기〉는 이렇게 끝을 맺는다.

그 때에 이스라엘에 왕이 없으므로 사람이 각기 자기의 소견에 옳은 대로 행하였더라(삿 21:25)

✚ 정리하기

땅은 하나님의 주권을 인정하는 삶을 살아갈 때 유지된다. 사사시대는
하나님의 주권을 거부하고 이방인과 동화된 이스라엘 백성들의 혼란상
을 보여 주는 시대였다.

사사시대의
새로운 소망

〈룻기〉 4:10
또 말론의 아내 모압 여인 룻을 사서 나의 아내로 맞이하고 그 죽은 자의 기업을 그의 이름으로 세워 그의 이름이 그의 형제 중과 그 곳 성문에서 끊어지지 아니하게 함에……

Note

✚ 통으로 보기

1	2	3	4
룻	보아스	고엘	오벳다윗

☐ 사사시대의 새로운 소망

✚ 한눈에 보기

〈지도20〉 룻과 나오미의 여행경로

✚ 들여다보기

1. 약속의 땅에서 일어나는 비극

롯기는 사사들이 통치하던 시대의 이야기이다.

> 사사들이 치리하던 때에 그 땅에 흉년이 드니라 유다 베들레헴에 한
> 사람이 그의 아내와 두 아들을 데리고 모압 지방에 가서 거류하였는데
> (룻 1:1)

하나님이 주신 땅은 흉년으로 살기 힘든 땅이 되었다. 흉년의 원인이
나와 있지 않지만, 이 흉년은 우상을 숭배하는 하나님의 백성들을 깨닫
게 하기 위한 것은 아닐까? 거듭되는 흉년에 이방민족의 침략과 약탈은
백성들의 삶을 참기 힘든 고통으로 몰아넣었을 것이다. 하나님의 주권
이 인정되지 않는 하나님의 나라는 살기 힘든 땅이 되었다. 하나님의 나
라는 과연 회복될 것인가? 회복이 된다면 어떻게 회복될 수 있을 것인
가? 바로 〈룻기〉는 그러한 시대적 배경 속에서 있었던 한 가정의 이야기
이다. 하나님의 은혜가 사라진 땅에서 다시 하나님의 은혜를 회복하는
이야기이다. 〈룻기〉는 그 회복의 과정을 한 가정사를 통해서 우리에게
보여 주고 있다.

2. 하나님의 주권을 인정하는 것과 땅의 회복(1~4장)

나오미의 가정은 흉년에 양식을 얻기 위하여 모압으로 이주한다. 그
러나 그곳에서 남편과 자녀들을 다 잃는다. 도저히 소망이 없는 나오미

의 상황은 하나님의 은혜가 사라져 버린 이스라엘의 상황을 대변한다. 나오미는 하나님의 은혜를 소망하며 다시 고향으로 돌아온다. 이 때 하나님을 믿게 된 이방여인 룻은 홀로 남겨진 시어머니를 돌보기 위해 죽음의 결단을 하고 함께 가나안으로 이주한다(1장). 나오미와 룻을 돌보기 위해 보아스는 곡식을 밭에 떨어뜨리게 하고, 양식을 나눈다(2장). 보아스는 결국 나오미의 가정을 회복시키기 위해 기업 무를 자✝로 자청하고 결혼한다(3~4장). 나오미의 가정에는 모든 땅을 이어받을 상속자 오벳이 태어나고, 이 가정은 회복된다. 뿐만 아니라 오벳은 다윗왕의 조상이 되고, 예수 그리스도의 계보에 들게 되는 영광을 누린다. 어떻게 이 가정이 회복되었는가? 그것은 바로 하나님의 율법을 지키는 자들에게 하나님이 은혜를 베푸셨기 때문이다. 가난한 자와 이웃을 돌보라는 명령을 적극적으로 실천한 룻과 보아스를 통해 모든 회복이 이루어졌다.

✝ 기업 무를 자

'기업을 되찾아 주는 사람', '기업을 구속하는 사람'이란 의미이다. 이것에 해당되는 히브리어는 '고엘'로서, '되찾다, 무르다, 구속하다'의 의미를 담고 있다. 이 고엘 제도는 이스라엘 지파가 분배받은 기업(땅)을 영구히 보존하고 혈족을 유지하며 부당한 피해를 당했을 경우 이를 보상하기 위해 마련된 제도이다.

> 너는 과부나 고아를 해롭게 하지 말라 네가 만일 그들을 해롭게 하므로 그들이 내게 부르짖으면 내가 반드시 그 부르짖음을 들으리라(출 22:22~23)
>
> 너희가 너희의 땅에서 곡식을 거둘 때에 너는 밭 모퉁이까지 다 거두지 말고 네 떨어진 이삭도 줍지 말며 네 포도원의 열매를 다 따지 말며 네 포도원에 떨어진 열매도 줍지 말고 가난한 사람과 거류민을 위하여 버려두라 나는 너희의 하나님 여호와이니라(레 19:9~10, 참고 레 25:35~38; 신 25:5~10)

이를 통해 하나님의 백성은 하나님의 주권을 인정하고 말씀을 지킴으로 여호와의 은혜를 체험할 수 있다는 것이 분명히 드러난다.

3. 하나님나라의 족보

4장의 족보는 우리에게 중요한 역사를 설명한다. 보아스는 결국 여리고에서 구출된 기생 라합의 자손이며, 보아스와 룻의 사이에서 태어난 오벳은 결국 다윗의 조상이 되어, 장차 예수 그리스도의 족보에 맥을 잇는 위대한 가문으로 남게 되었다.

✚ 정리하기

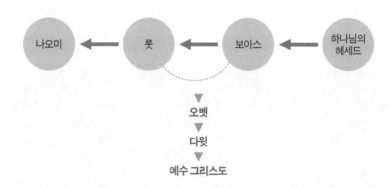

하나님의 백성이 하나님의 주권을 인정할 때 땅에 회복이 찾아온다.

하나님주권의 회복

〈사무엘상〉 16:7b
내가 보는 것은 사람과 같지 아니하니 사람은 외모를 보거니와 나 여호와는 중심을 보느니라 하시더라

 Note

✚ 통으로 보기

1 한나기도	2 사무엘	3 부르심	4 엘리죽음	5 언약궤	6 법궤이동	7 미스바	8 왕 요구	9 사울나귀	10 사울왕
11 사울승리	12 선지경고	13 사울번제	14 요나단	15 제사순종	16 다윗기름	17 골리앗	18 천천만만	19 단창	20 우정
21 놉도엑	22 살륙	23 그일라	24 엔게디	25 아비가일	26 십광야	27 블레셋	28 엔돌	29 전쟁불가	30 아말렉
31 사울죽음									

☐ 한나와 사무엘(1~15장)
☐ 사울과 다윗(16~31장)

✚ 한눈에 보기

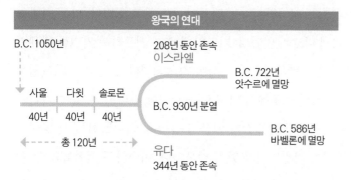

〈사무엘서〉~〈열왕기서〉역사정리

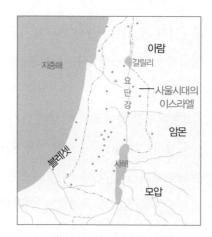

〈지도 21〉 사울시대의 이스라엘

✚ 들여다보기

1. 사사시대의 실패 그 이후

여러 지파로 이루어진 하나님의 백성은 여호수아 시대의 정복전쟁을 통해 얻었던 땅을 사사시대에 잃어버렸다. 단지파는 자신들의 땅을 버리고 이주하였고, 베냐민지파는 명목만 유지하고 있었다. 다른 지파들도 상황은 크게 다르지 않았다. 가나안에 원래 거주하던 거민들의 세력과 가나안 주변 이방국가들의 세력이 강성해졌다. 그들은 이스라엘을 끊임없이 위협하여 곳곳에서 다시 땅을 빼앗아 갔다. 그 이유는 가나안 원주민과 이방인들이 강해졌기 때문이 아니라, 하나님이 주신 땅에서 하나님의 주권이 인정되지 않았기 때문이다. 이스라엘 백성들은 삶 속에서 하나님의 주권을 인정하지 않고, 하나님의 말씀을 버렸다. 자신들의 생각과 자신들의 능력을 의지했다.

이제 〈사무엘서〉는 하나님의 백성들이 다시 회복해 가는 모습을 우리에게 보여 주고 있다. 정치적으로 보자면 〈사무엘서〉는 한 민족국가가 고대 근동지방의 강대국으로 발전해 나가는 과정이다. 하지만 영적으로 볼 때 〈사무엘서〉는 피폐해졌던 하나님의 백성이 다시 회복되는 과정을 기록한 책이다. 〈사무엘서〉에서 가장 중요한 것은 과거의 질서(하나님의 주권이 인정되지 않는 혼란한 사회)가 사라지고 새로운 질서(하나님의 주권을 인정하고 하나님의 말씀에 순종하는 사회)가 나타났다는 것이다.

2. 한나, 사무엘, 다윗

새로운 질서는 한나, 사무엘, 다윗을 통해 확대된다. 가정에서 지파로, 지파에서 나라로 하나님의 주권을 인정하는 모습이 확대되고 있는 것이다. 자녀를 자기 것으로 생각하지 않고 하나님의 성전에 드리는 한나(1~2장), 성전에서의 악습을 본받지 않고 하나님만을 경외하는 사무엘(3~15장), 하나님의 영광을 위하여 싸우며 하나님의 말씀을 지켜나가는 다윗(16~31장)을 통해 이스라엘은 하나님의 나라로 다시 회복된다. 이스라엘 백성이 회복하는 과정이 바로 〈사무엘상〉의 주된 내용이다.

　한나는 자녀에 대한 하나님의 주권을 인정하고 서원한 대로 사무엘을 드렸다. 사무엘은 오직 말씀대로 경건하게 성전에서의 직무를 감당하였고, 왕들에게도 하나님의 말씀을 전하며 하나님의 주권을 인정할 것을 가르친다. 다윗은 하나님의 영광을 위해 골리앗과 싸우며, 하나님이 세우신 왕이나 자신을 조롱하는 자들에게 복수하지 않으며, 어려움에 빠진 이웃들을 돕는다. 다윗은 이렇게 하나님의 주권을 인정하는 삶을 살아간다. 가정이든 공동체든 나라든 이렇게 하나님의 주권을 인정할 때, 하나님의 백성은 회복되며 영광을 누리게 되는 것임을 〈사무엘상〉이 증거하고 있다.

✚ 정리하기

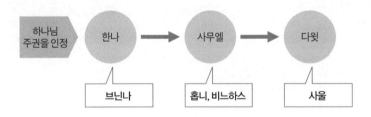

하나님의 명령에 순종함으로 하나님의 주권이 회복되어, 가나안에 하나님나라가 확립되기 시작한다. 한나와 사무엘과 다윗은 하나님의 주권을 거부하는 브닌나, 홉니와 비느하스, 사울을 대신한다.

다윗왕국의 명암

〈사무엘하〉 8 : 14b ~ 15
다윗이 어디로 가든지 여호와께서 이기게 하셨더라 다윗이 온 이스라엘을 다스려 다윗이 모든 백성에게 정의와 공의를 행할새

Note

✝ 통으로 보기

1	2	3	4	5	6	7	8	9	10
사울장례	반란	아브넬	이스보셋	온유대왕	법궤모심	다윗언약	다윗승전	므비보셋	암몬정복
11	12	13	14	15	16	17	18	19	20
밧세바	나단	암논다말	압살롬	반역	아히도벨	후새	반역실패	다윗복귀	세바반역
21	22	23	24						
삼년기근	승전가	용사들	인구조사						

☐ 다윗왕국의 명암(1~20장)
☐ 다윗통치 요약(21~24장)

 한눈에 보기

Note

〈지도22〉 사울, 다윗, 솔로몬 시대의 이스라엘 영토

✚ 들여다보기

1. 하나님나라의 명암

〈사무엘상〉이 왜 이스라엘이 다시 회복되었는지 이유를 제시한다면, 〈사무엘하〉는 회복의 결과로 나타난 하나님나라의 확장을 보여 준다. 동시에 다윗의 죄로 인해 발생되는 문제들을 통해, 하나님나라가 계속 번영하려면 하나님의 주권이 계속 인정되어야 함을 분명히 말하고 있다.

2. 다윗의 전성기(1~10장)

하나님의 주권을 인정하지 않던 사울은 결국 길보아 산✚ 전투에서 죽었다(삼상 31장). 다윗은 사울과 요나단의 죽음을 애도하고, 하나님의 명령에 따라 헤브론✚에서 즉위한다(삼하 1~2장). 다윗의 즉위과정에서 사울의 군사령관 넬의 아들 아브넬과 사울의 아들 이스보셋이 반역을 일으켰지만, 결국 반역은 진압되고 다윗은 예루살렘에서 온 이스라엘의 왕이 된다(2~5장). 신실한 다윗이 이스라엘 통일왕국의 왕이 될 수 있도록 하나님이 그를 보호하신다. 다윗은 자신을 높여 주신 하나님을 잊지 않고 법궤를 이스라엘로 옮겨 옴으로써 하나님의 백성들이 하나님의 주권을 인정하며 하나님의 말씀대로 살 수 있는 기초를 마련하였다(6~7장). 다윗은 하나님의 백성을 침략하여 괴롭혀 왔던 이방인들과의 전쟁을 승리로 이끌며 전성기를 구가하게 된다(8~10장).

3. 다윗의 실패(11~20장)

하지만 다윗은 밧세바와 간음하고 그녀의 남편 우리아를 계획적으로

✚ 길보아산
이스르엘 골짜기 동쪽 끝의 모레산 남쪽에 위치해 있으며, 해발 약 530m이다. 길보아산은 '이스라엘의 곡창지대'로 불리는 이스르엘 평야 위에 있었기 때문에, 이곳을 서로 차지하기 위해 수많은 전쟁들이 있었다. 또한 길보아 산은 사울이 블레셋과 전투를 벌이다가 자신의 세 아들과 함께 전사한 곳이기도 하다(삼상 31:1,8).

✚ 헤브론
예루살렘의 남서쪽에 위치한 해발 1,000m가 조금 안 되는 고산지대이다. 이스라엘의 동서남북을 잇는 중요한 교통의 요지인 헤브론은 유다 산악지방의 최남단 요충지대였다. 히브리어로 '연합, 동맹'이라는 의미를 지닌 이곳은 기럇아르바(창 23:2), 마므레(창 23:19)로도 불렸다.

죽이는 죄를 범하게 된다(11장). 이것은 하나님백성의 미래를 경고하는 중요한 사건이다. 나단 선지자에게 책망을 받아 다윗이 회개했지만, 큰 죄악의 대가를 치르지 않을 수 없었다. 간음하여 낳은 아이가 죽었다(12장). 아들 암논이 이복누이 다말을 강간하고, 다말의 오라비 압살롬이 암논의 사건을 방관하는 다윗에 대해 불만을 갖게 되면서 암논을 죽이고 반역을 저지른다(13~15장). 다윗은 많은 사람에게 모욕을 당한다(16장). 반역은 후새의 모략으로 진정된다. 세바의 반란도 진압되어 다윗왕가는 회복되었는데(17~20장), 하나님의 백성이 교만하여 하나님의 주권을 어기고 범죄하면 어떻게 되는지 분명히 경고하시는 하나님의 뜻을, 다윗과 백성들은 실감하게 되었다.

4. 다윗의 여러 모습(21~24장)

하나님이 다윗의 순종과 믿음을 보시고 그를 높이셨다. 그런데 다윗은 교만해져서 인구조사를 하여 자신의 능력을 의지하려 했다(24장). 〈사무엘하〉 마지막 부분에서는(21~24장) 다윗의 여러 모습을 볼 수 있다. 다윗으로 대변되는 하나님나라 이스라엘이 왜 하나님에게 높임을 받았는지, 그리고 하나님의 주권을 인정하지 않으면 어떻게 되는지에 대해 분명한 결론을 제시하고 있다.

✝ 정리하기

다윗왕조는 하나님의 주권을 인정하느냐 거부하느냐에 따라 하나님백
성의 삶에 어떤 결과가 주어지는지 명백히 보여 주고 있다.

흔들리는 하나님주권

〈열왕기상〉9:6b~7a
내가 너희 앞에 둔 나의 계명과 법도를 지키지 아니하고 가서 다른 신을 섬겨 그것을 경배하면 내가
이스라엘을 내가 그들에게 준 땅에서 끊어 버릴 것이요

✚ 통으로 보기

Note

1 왕솔로몬	2 반역처단	3 지혜	4 번영	5 건축준비	6 성전건축	7 왕궁건축	8 성전봉헌	9 다시꿈	10 스바여왕
11 우상숭배	12 나라분열	13 벧엘제단	14 르호보암	15 아사	16 오므리	17 사르밧	18 갈멜산	19 로뎀나무	20 아합승리
21 포도원	22 미가야								

☐ 솔로몬의 번영과 실패(1~11장)
☐ 나라의 분열(12~16장)
☐ 아합과 엘리야(17~22장)

✚ 한눈에 보기

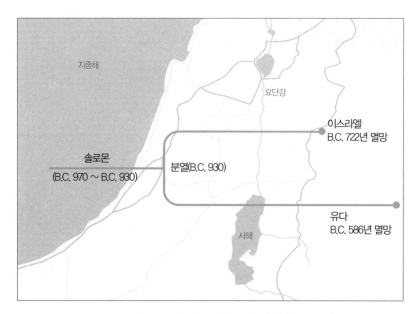

<지도23> 왕국의 분열과 그 왕국의 역사

✚ 들여다보기

1. 남북의 왕과 선지자들의 사역

〈열왕기서〉는 솔로몬 이후에 나뉜 북이스라엘과 남유다를 통치한 40여 명의 왕과 그 시대에 활동한 12명의 선지자 이야기가 교차하며 기록된 책이다. 저자는 왕들을 기록하면서 하나님나라의 운명이 어떻게 되는지 보여 주고 있다. 〈열왕기서〉는 극명하게 대조되는 시작과 결말을 가지고 있다. 〈열왕기서〉에 기록된 400여 년의 역사는 영광에서 몰락으로 가는 과정이다. 다윗이 세운 강성한 통일왕국이 솔로몬에게 계승되어 역사상 최고의 절정기를 맞게 된 이스라엘은(왕상 1~10장) 이제 솔로몬의 사후(11장) 둘로 나뉘게 되었고(12장), 끝내는 북이스라엘과(왕하 17장) 남유다가 모두 몰락하게 되었기 때문이다(왕하 25장).〈열왕기서〉의 마지막에는 성전이 훼파되고, 나라가 멸망하며, 왕과 백성이 바벨론에 잡혀가는 비극적인 역사가 기록되어 있다.

2. 솔로몬의 번영과 그 이후 나라의 분열(1~16장)

〈열왕기상〉은 솔로몬의 즉위와 다윗의 죽음으로 시작된다(1~2장). 솔로몬은 하나님에게 지혜를 구하고 선정을 펼쳐 전성기를 구가한다(3~4장). 솔로몬은 성전을 건축하고(5~7장), 언약궤를 성전으로 옮긴 후 하나님에게 성대한 기도를 올리며 성전을 봉헌한다(8장). 솔로몬은 많은 건축물을 짓고, 활발한 무역을 통해 부강한 나라를 만든다(9장). 그의 유명세는 스바⁺의 여왕이 찾아올 정도로 대단했다(10장). 하지만 그는 애굽 왕의 딸과 결혼한 것을 시작으로(3장) 수많은 이방 여인과 결혼하고 이스라엘에 그녀들을 위한 제단들을 건축했다. 결국 그는 노년에 하나님을 떠나게 되었고, 많은 대적이 그에게 생겼으며, 나라가 나뉘는 비극이 일어났다(11장). 북이스라엘을 세운 여로보암은 정치적인 이유로 벧엘과 단에 금송아지를 세웠다. 그리고 레위인을 쫓아낸 뒤 보통 사람으로 제사장을 삼았고, 절기를 바꾸면서 영적 타락을 주도하였다(12장). 북이스라엘에는 계속해서 악한 왕들의 통치가 이어졌으며, 오므리왕조⁺의 아합 왕 때에 그 악함은 절정에 이르렀다(16장).

⁺ 스바
아라비아의 남서쪽에 위치한 나라이며 오늘날의 예멘으로 추정된다. 무역이 발달했던 스바의 상인들은 황금, 보석, 향료, 유향 등의 상품을 인도, 아프리카, 베니게와 기타 여러 지방과의 무역을 통하여 주요 대상로를 지배했다(왕상 10:2). 솔로몬 시절 스바의 여왕이 이스라엘을 직접 방문하였다(왕상 10:1).

⁺ 오므리왕조
북이스라엘의 6대 왕 오므리에 의해 설립된 왕조이다. 오므리왕조는 아합, 아하시야, 여호람에 이르기까지 4대에 걸쳐 계승되었다(왕상 16:15~28).

3. 엘리야의 사역(17~22장)

〈열왕기상〉의 마지막 부분은 아합 왕과 맞서 싸우는 엘리야의 사역이 주요 내용이다(18~22장). 그는 비가 오지 않을 것을 예언하여 아합과 대립하였고, 갈멜산에서 바알의 선지자들과 싸웠다. 사실 〈열왕기상〉은 왕들의 이야기가 아니라 하나님나라의 주권을 선포하는 엘리야의 이야기이다.

솔로몬은 다윗의 전성기를 이어받아 매우 부강한 나라를 이루었다. 그러나 그 과정에서 타락하여 이스라엘은 하나님의 나라가 아닌 우상의 나라가 되었다. 이 때 하나님나라를 선포한 선지자가 바로 엘리야이다. 결국 〈열왕기상〉은 〈열왕기하〉에 기록된 북이스라엘과 남유다의 멸망이 하나님의 주권을 상실한 결과로 주어진 것임을 보여 준다.

✚ 정리하기

솔로몬은 아버지 다윗의 유언을 따라 지혜롭게 통치했다. 하지만 말년에 하나님의 주권보다 국가의 부국강병을 중요하게 여긴 나머지, 나라가 분열되는 비극을 겪었다. 북이스라엘은 불의 선지자 엘리야를 통해 하나님의 경고를 받았지만, 깨닫지 못했다.

하나님주권을
거부한 결과

〈열왕기하〉24:20

여호와께서 예루살렘과 유다를 진노하심이 그들을 그 앞에서 쫓아내실 때까지 이르렀더라

✚ 통으로 보기

Note

1 엘리야	2 갑절역사	3 개천지혜	4 수넴여인	5 나아만	6 불병거	7 나병환자	8 하사엘	9 예후	10 아합일가
11 여호야다	12 요아스	13 엘리사	14 아마샤	15 아사랴	16 아하스	17 북조멸망	18 히스기야	19 이사야	20 십오년
21 므낫세	22 요시야	23 개혁	24 여호야김	25 남멸망					

☐ 엘리사의 사역(1~13장)
☐ 북이스라엘의 멸망(14~17장)
☐ 남유다의 타락과 멸망(18~25장)

✚ 한눈에 보기

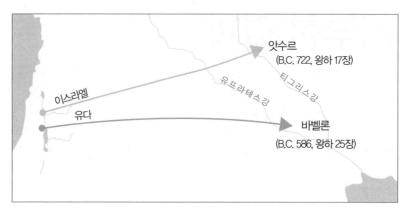

〈지도24〉 남북 왕국의 멸망

✚ 들여다보기

1. 선지자 엘리사의 사역(1~13장)

〈열왕기상〉 13장에서 〈열왕기하〉 17장까지는 북이스라엘과 남유다
가 공존하던 시대이다. 이 부분은 남북왕국의 왕 이야기가 시대에 따라
교차적으로 기술된다. 남유다에서는 때로 다윗의 모범을 따르는 선한
왕들이 등장하여 나라를 하나님에게로 돌이키려 했으나, 북이스라엘의
왕들은 여로보암의 모범을 따라 계속 악을 행하였다. 특히 북이스라엘
의 오므리왕조 아합 왕 때에는 그의 아내 이세벨을 필두로 하여 우상숭
배가 심했다. 〈열왕기상〉 17장에서 〈열왕기하〉 13장까지는 그 왕조와
싸운 선지자 엘리야와 그의 후계자 엘리사의 이야기가 계속된다. 엘리
사 선지자는 하나님나라를 전하는 선지생도를 살리는 등 많은 이적을

행했으며, 세상에 속한 왕들의 악행을 지적했다.

이 내용은 〈열왕기서〉의 중심부분인데, 상대적으로 짧은 역사를 대단히 긴 지면을 할애하여 기술하고 있는 것이 특징이다. 아합 왕으로 대표되는 북왕국 오므리왕조의 역사가 기록되어 있지만, 사실은 바알숭배가 흥왕했던 이 시대에 바알숭배를 없애기 위해 활동했던 엘리야와 엘리사의 놀라운 열심을 그리고 있는 것이다. 모세의 출애굽시대와 비견될 정도로 놀라운 이적을 하나님은 그들을 통해 이루셨다. 그것을 통해 바알숭배에 대항하여 하나님을 섬길 것을 촉구하신 것이다. 사실 〈열왕기서〉는 왕들의 역사가 아니라 말씀을 전하는 선지자의 역사이다.

2. 남북 왕조의 멸망(14~25장)

북이스라엘은 짧은 역사에 5개 이상의 새로운 왕조가 들어섰을 만큼 피와 암살의 역사가 계속되었으며 매우 불안정하였다(참고 왕상 15:28, 16:9~10, 16:21~22; 왕하 9:22~25, 15:10, 15:13~14, 15:25, 15:30). 북이스라엘 왕들은 여로보암을 따라 계속해서 하나님 보시기에 악을 일삼았다. 그 결과 북이스라엘은 건국 200년을 조금 넘겨 앗수르+에 의해 멸망하고 말았다(B.C. 722년 / 왕하 17장).

남유다의 왕조는 비교적 평화롭게 하나의 왕조가 정권을 계승하였다. 그런데 한 가지 주목할 점은 남유다의 경우에도 요시야 왕(왕하 22~23장)을 제외하고는 다윗과 같이 하나님 앞에서 행하였다고 평가받은 왕이 없었다는 것이다. 남유다도 히스기야가 통치 말기에 보여 준 교만함과 55년 동안 이어진 그의 아들 므낫세의 악행으로 결국 멸망의 길을 걷게 되었다(왕하 25장). 왜 이들은 〈사무엘서〉에서 이룬 다윗의 번영

+ 앗수르
B.C. 800년대부터 B.C. 605년 바벨론에 의해 멸망할 때까지 약 200년간 메소포타미아(오늘날 이라크지역)를 중심으로 형성된 대제국이다. B.C. 722년 북이스라엘이 이들에 의해 멸망당했다.

을 계속 유지하지 못했는가? 결국 하나님의 주권을 인정하지 않고, 하나님의 말씀인 율법을 버리고 자신들의 생각대로 움직였기 때문이다.

✚ 정리하기

엘리사의 사역과
북이스라엘 멸망

1장~17장

남유다의
타락과 멸망

18장~25장

하나님의 주권을 거부한 결과는 땅의 상실이다. 북이스라엘과 남유다는 차례로 앗수르와 바벨론에게 멸망당한다.

다윗왕조를 통해 보는
하나님의 은총

〈역대상〉 29:11

여호와여 …… 천지에 있는 것이 다 주의 것이로소이다 여호와여 주권도 주께 속하였사오니 주는 높으사 만물의 머리이심이니이다

✚ 통으로 보기

1 족보	2 유다갈렙	3 다윗	4 시므온	5 동편지파	6 레위	7 나머지	8 베냐민	9 포로귀환	10 사울죽음
11 다윗왕	12 용사들	13 궤 옮김	14 블레셋침	15 오벧에돔	16 감사찬양	17 다윗언약	18 다윗승전	19 암몬정복	20 승전
21 인구조사	22 건축준비	23 레위직무	24 제사장	25 찬양대	26 성문곳간	27 지도자	28 건축지시	29 건축예물	

☐ 족보를 통한 하나님나라의 연속성(1~9장)
☐ 다윗의 승리와 성전기초의 확립(10~29장)

Note

✛ 한눈에 보기

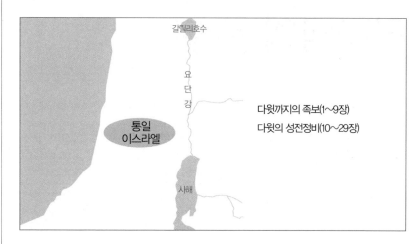

〈지도25〉 다윗의 통일왕국

✛ 들여다보기

1. 새로운 역사서

〈역대상〉부터 새로운 역사서 다섯 권이 이어진다. 〈역대상〉, 〈역대하〉, 〈에스라서〉, 〈느헤미야서〉, 〈에스더서〉는 모두 남유다의 바벨론 포로기 이후에 쓰인 책이다. 하나님나라의 운행법칙을 기록한 이전 일곱 권의 역사서와는 달리, 포로기를 경험한 하나님나라 백성들에게 다시금 하나님의 나라를 세워 가도록 소망을 주기 위해 기록된 책들이다.

2. 족보를 통해 드러난 회복의 소망(1~9장)

그 중 〈역대기서〉는 가장 나중에 기록된 포괄적 역사로서 바벨론 포로에서 돌아온 이스라엘 백성에게 그들은 여전히 하나님의 선택된 백성이며, 하나님은 여전히 신실하게 하나님의 백성에게 언약을 베푸시고, 그 땅을 회복시키실 것이라는 메시지를 주는 새로운 관점의 역사이다. 실제로 〈역대기서〉의 족보는 아담에서 시작해 포로로 잡혀갔다가 돌아온 이스라엘 백성까지를 연속선상에 놓는 약속의 가계로 보여 준다. 그럼으로써 여전히 하나님의 백성에게 은혜를 베푸시는 하나님을 드러내고 있는 것이다(1~9장). 〈역대기서〉의 족보는 포괄적이며, 그 폭도 가장 넓다. 창조에서부터 고레스✛칙령을 따라 귀환하여 성전을 재건한 인물들까지 기록하였다. 이런 〈역대기서〉의 족보는 선별적이며 축약적인 족보로써 창조 이래로 계속되어 온 하나님의 나라를 보여 준다. 지금의 이스라엘 공동체도 여전히 하나님의 백성이다. 그들이 하나님의 주권을 인정하며 언약에 신실하다면, 여전히 회복의 소망은 있는 것이다. 특히 〈역대기서〉의 족보는 제사장과 레위인의 명단을 자세히 기록하여 족보의 중간에 배치함으로써, 하나님의 율법을 통해 하나님의 주권을 회복하는 것이 하나님나라의 회복의 열쇠라는 것을 분명히 밝힌다.

✛ 고레스
페르시아(바사)의 초대 왕이다(B.C. 559~530). 메대 바사를 통일하고 바벨론을 정복하여 페르시아 제국을 세웠다. 고레스의 정복정책은 앗수르와는 달리 정복민족의 전통을 존중하고 종교의 자유도 인정하였다(스 1:3~4). 이러한 정책의 일환으로 바벨론 포로였던 이스라엘 백성을 이스라엘 땅으로 귀환하게 했으며 성전도 재건축하도록 허락했다(스 1:2~4).

3. 하나님의 주권이 왕성했던 다윗왕국(10~29장)

그리고 〈역대기서〉는 단순히 〈사무엘서〉에서 〈열왕기서〉의 역사를 반복한 것이 아니라, 아담에서부터 고레스의 칙령까지 더 넓고 포괄적인 시대를 기록하면서 언약에 신실하신 하나님의 은총을 기록하고 있다. 따라서 〈역대기서〉의 대부분은 다윗과 솔로몬 시대에 성전신앙을 중심으로 번영했던 과거를 그리고 있으며(대상 10장~대하 9장), 남북 분열왕조에 대한 기록에서도 북이스라엘은 제외하고 남유다의 왕을 중심으로 역사를 기술한다(대하 10~36장). 남유다의 왕에 대해서 기록할 때에도 그들이 하나님의 주권을 인정하지 않음에 따른 징계보다, 그들이 회개하며 하나님의 은혜를 구할 때 여전히 그들에게 베풀어진 하나님의 은총을 기록하고 있다(대하 12장, 33장).

다윗은 하나님의 말씀대로 이스라엘을 회복시킨다. 하나님이 그에게 놀라운 승리를 주셔서 그는 하나님이 약속하신 대부분의 땅을 차지할 정도가 되었다. 그를 통해 하나님의 영광이 세계로 퍼져 나간다. 다윗이 사역한 핵심은 나라의 기초를 세우고 땅을 정복한 것과(11~20장) 성전의 기초를 확립한 일이다(22~29장). 그는 단순히 성전을 건축하기 위해 준비만 한 것이 아니라, 하나님이 다스리시는 나라를 세우기 위해 성전 제도를 회복시켰다. 그를 통해 이스라엘은 하나님의 주권을 인정하는 나라로 세워져 가게 되었다.

✛ 정리하기

하나님나라의 번성은 다윗을 통해 드러났다. 북이스라엘에 이어 남유다까지 멸망했지만, 하나님은 창조 이후로 계속해 오신 하나님나라의 사역을 포기하지 않으셨다.

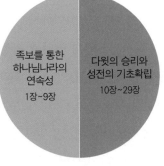

족보를 통한
하나님나라의
연속성
1장~9장

다윗의 승리와
성전의 기초확립
10장~29장

끊어지지 않는 하나님나라

〈역대하〉 7 : 14
내 이름으로 일컫는 내 백성이 그들의 악한 길에서 떠나 스스로 낮추고 기도하여 내 얼굴을 찾으면
내가 하늘에서 듣고 그들의 죄를 사하고 그들의 땅을 고칠지라

✚ 통으로 보기

Note

1 일천번제	2 건축준비	3 건축시작	4 성전기물	5 궤안치	6 기도	7 낙성식	8 기타업적	9 스바	10 남북분열
11 레위귀환	12 르호보암	13 아비야	14 아사	15 개혁	16 발의병	17 여호사밧	18 미가야	19 개혁	20 승리
21 여호람병	22 아하시야	23 아달랴	24 요아스	25 아마샤	26 웃시야	27 요담	28 아하스	29 히스기야	30 유월절
31 성전개혁	32 병과교만	33 므낫세	34 요시야	35 유월절	36 고레스				

☐ 솔로몬의 성전 : 은총의 근원(1~9장)
☐ 유다왕조의 실패와 하나님의 은총(10~36장)

✚ 한눈에 보기

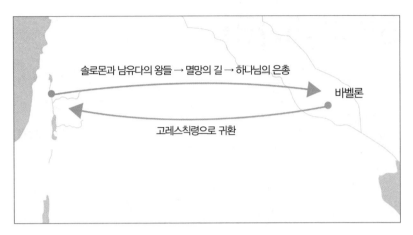

〈지도 26〉 남유다 멸망 후 바벨론으로

✚ 들여다보기

1. 솔로몬의 성전(1~9장)

〈역대기서〉는 다윗과 솔로몬 시대의 영광을 다시 진술하는 데 많은 지면을 할애하고 있다(대상 10장 ~ 대하 9장). 특히 하나님의 임재와 은총의 상징인 성전에 관한 내용을 대단히 자세하게 기록함으로써 이스라엘 백성이 성전에서 주어질 사죄의 은총을 소망하고 하나님에게 나아올 수 있도록 격려하고 있다(대상 13~17장, 21~27장; 대하 2~7장). 성전에서 주어지는 메시지는 하나님이 영원히 다윗의 집을 이어갈 것이며, 언제든지 하나님의 백성이 악한 길에서 떠나 겸비하여 하나님에게 기도하면 회복의 은총을 주실 것이라는 내용이다(대상 17:3~14 참고).

밤에 여호와께서 솔로몬에게 나타나사 그에게 이르시되 내가 이미 네 기도를 듣고 이 곳을 택하여 내게 제사하는 성전을 삼았으니 혹 내가 하늘을 닫고 비를 내리지 아니하거나 혹 메뚜기들에게 토산을 먹게 하거나 혹 전염병이 내 백성 가운데에 유행하게 할 때에 내 이름으로 일컫는 내 백성이 그들의 악한 길에서 떠나 스스로 낮추고 기도하여 내 얼굴을 찾으면 내가 하늘에서 듣고 그들의 죄를 사하고 그들의 땅을 고칠지라(대하 7:12~14)

하나님은 결코 하나님의 백성을 버리지 않는다. 중요한 것은 그들이 다시 돌이켜 하나님에게로 돌아와 하나님의 주권을 인정하며 하나님의 말씀을 지키는 삶을 살 것인가이다. 그러면 하나님은 다시 은총을 베푸실 것이며, 약속하신 축복을 허락하실 것이다.

2. 회복의 원칙 : 하나님의 주권을 인정하는 회개(10~36장)

참고로 〈사무엘서〉와 〈열왕기서〉는 비슷한 시대를 다룬 역사기록이지만 모세오경을 통해 주어진 하나님의 율법에 순종했는가 불순종했는가의 관점으로 역사를 기록했다. 따라서 다윗의 간음사건이나 솔로몬의 타락에 대해서 과감하게 비판하는 서술방식을 택했다. 또한 매우 악한 므낫세 같은 왕이 말년에 회개한 것에 대해서는 기록하지 않았다. 그는 전반적으로 매우 악한 왕이었기 때문이다. 하지만 〈역대기서〉는 하나님의 은총을 강조하기 위하여 다윗과 솔로몬의 죄악에 대해서 자세히 기록하지 않았고, 악한 왕이라도 회개하여 회복된 이야기는 기록했다.

〈역대기서〉의 마지막 부분인 분열왕국시대에 관한 기록은 하나님의 백성에게 '회개의 원칙'이 어떻게 적용되는가를 보여 주면서, 하나님의 백성들이 겸손하게 자기를 낮추고 하나님에게 돌아올 것을 촉구하고 있다. 하나님의 백성은 언제든지 돌이켜 자신들의 삶에 하나님의 주권을 인정하고 새롭게 살면 하나님의 은총을 누릴 수 있다. 〈역대기서〉에 북이스라엘은 잠시 등장한다. 왕국의 분열과정에서 여로보암이 잠시 소개되고 아합 왕이 여호사밧 왕과 관련되어 잠시 등장할 뿐이다. 〈열왕기서〉는 이스라엘의 죄악과 우상숭배를 지적하고 그에 맞서 싸우는 엘리야, 엘리사 이야기를 중심으로 두었지만, 〈역대기서〉는 선지자들의 사역을 제외했다. 오히려 〈역대기서〉는 〈열왕기서〉에서 악한 왕으로 묘사되었던 르호보암과 므낫세와 같은 왕들도 비록 그들이 악했지만 회개하였을 때 하나님의 은총 안에 들어올 수 있었음을 기록하면서, 이스라엘 백성들이 하나님의 신실하심에 의지하여 겸손하게 자기를 낮추고 주님께 돌아올 수 있도록 계속해서 격려하고 있다(대하 33:10~20 참고).

✝ 겸비
겸손하게 자기를 낮춤

여호와께서 그들이 스스로 겸비✝함을 보신지라 여호와의 말씀이 스마야에게 임하여 이르시되 그들이 스스로 겸비하였으니 내가 멸하지 아니하고 저희를 조금 구원하여 나의 노를 시삭의 손을 통하여 예루살렘에 쏟지 아니하리라 그러나 그들이 시삭의 종이 되어 나를 섬기는 것과 세상 나라들을 섬기는 것이 어떠한지 알게 되리라 하셨더라(대하 12:7~8)

〈역대기서〉의 왕들에 대한 평가는 모세오경의 율법에 근거한다. 그러면서 하나님백성이 다시 회복되기 위해 하나님나라의 주권을 인정해야 하는데, 그 과정으로서의 회개를 강조하고 있다.

✚ 정리하기

솔로몬성전은 하나님의 주권을 인정한 이스라엘 백성의 찬란한 영광을
보여 준다. 이후 유다왕조는 멸망했지만, 솔로몬성전에서 주신 하나님
의 약속은 유효하다. 회개하고 하나님의 주권을 인정하는 삶으로 돌아
온다면 다시 은총이 임할 것이다. 〈역대하〉 마지막에 등장하는 고레스
칙령은 끊어지지 않는 하나님나라의 은총을 보여 준다.

역사서

15
에스라

성전재건으로
회복되는 하나님나라

〈에스라서〉6:14b~15
성전을 건축하며 일을 끝내되 다리오 왕 제육년 아달월 삼일에 성전 일을 끝내니라

 Note

✚ 통으로 보기

1	2	3	4	5	6	7	8	9	10
1차귀환	귀환자들	성전재건	방해중단	공사재개	봉헌	에스라	2차귀환	회개기도	통혼개혁

☐ 성전재건(1~6장)
☐ 에스라의 신앙개혁(7~10장)

✚ 한눈에 보기

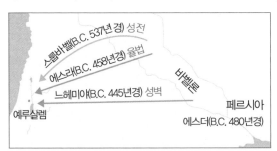

스룹바벨(B.C. 537년경) 성전
에스라(B.C. 458년경) 율법
느헤미야(B.C. 445년경) 성벽
예루살렘
바벨론
페르시아
에스더(B.C. 480년경)

〈지도27〉 포로귀환

✚ 들여다보기

1. 성전재건(1~6장)

〈에스라서〉는 페르시아 왕 고레스의 칙령을 소개하는 것으로 시작한다(1장). 하나님의 백성이 하나님의 주권을 무시하여 하나님이 주신 땅을 잃어버렸지만, 하나님이 이방인 왕을 통하여 놀라운 일을 이루고 계셨다. 페르시아 왕의 새로운 피정복민 정책으로 인해 유대인들은 포로에서 해방되었다. 다윗의 자손인 세스바살(1:11)이 예루살렘 총독으로 임명되고, 성전을 재건해도 좋다는 칙령이 발표된 것이다. 페르시아의 도움을 받아 세스바살과 그 뒤를 이은 스룹바벨은 성전의 기물들을 돌려받고 하나님나라 재건에 착수하게 된다. 이방인 왕을 통해 전달된 하나님의 명령은 하나님의 집을 건축하라는 것이었다. 이 명령은 하나님의 말씀이 흘러나오는 성전을 영적으로 재건함으로써, 하나님의 주권이 온전히 인정되는 나라의 기초를 세우라는 것이다.

에스라는 하나님의 집을 재건하기 위해 귀환한 사람들의 명단을 소중히 다루고 있다(2장). 이들이 바로 하나님의 주권을 세워 하나님나라를 세울 주인공들이다. 그들은 스룹바벨을 중심으로 예루살렘 왕궁터에서 단을 쌓고 제사를 회복하였으며(2:68~3:13), 새로운 성전을 건축하기 시작했다. 사마리아인들의 반대(4장)와 성전보다 자신의 집을 짓는 일에 바빴던 유대인들의 나태함으로 15년 동안 성전건축이 중단되는 위기가 찾아오기도 하였지만, 학개와 스가랴 선지자의 설교를 통해 도전을 받은 백성들은 성전재건에 다시 착수하였고(5장), 주전 515년에 새로운 성전이 봉헌되었다(6:13~18).

Note

✜ 아닥사스다
페르시아 왕으로 아닥사스다
1세의 손자이며, 다리오 2세
의 아들이다. 그는 자신의 재
위 7년에 에스라를 비롯한 이
스라엘 백성들의 예루살렘 귀
환을 허락했으며(스 7:7~26),
재위 20년에 느헤미야를 유
대 총독으로 임명하여 예루살
렘 성벽을 재건하도록 했다(느
2:1~18).

2. 에스라의 신앙개혁(7~10장)

몇 십 년 후에 에스라가 율법을 연구하며 준행하다가, 아닥사스다✜의
조서를 가지고 많은 백성과 함께 이스라엘 백성에게로 귀환한다(7~8
장). 에스라는 이방인들과 통혼하며 이방인의 신앙을 받아들여 타락한
이스라엘 백성들에게 말씀을 전하며, 진정으로 하나님의 집을 세우는
길은 삶의 방향을 전환하는 진정한 회개를 통해 하나님의 말씀을 지키
며 삶 속에 하나님의 주권을 세우는 일임을 가르치고 있다(9~10장).

✝ 정리하기

고레스의 칙령에 의해 하나님의 백성은 다시 약속의 땅으로 귀환한다.
그들은 파괴된 성전을 재건한다. 재건된 성전은 에스라에 의해 율법(하
나님의 주권)이 회복됨으로 진정한 하나님의 공동체의 중심이 된다.

	1차 (B.C. 537)	2차 (B.C. 458)	3차 (B.C. 445)
지도자	스룹바벨, 예수아	에스라	느헤미야
바사왕	고레스	아닥사스다 I	아닥사스다 I
귀환자 수	약 5만 명	약 1,700여 명	
내 용	• 사마리아의 방해로 16년 간 성전재건이 중단됨 • 성전재건 완공(B.C516) • 초막절 준수 • 각종 제사 드림	• 신앙개혁운동이 일어남 • 이로 인해 유대인과 이 방인의 통혼문제가 해 결됨	• 산발랏과 도비야 등의 방 해공작에도 불구하고 52 일 만에 성벽을 재건함 • 에스라와 함께 이스라엘 공동체의 신앙을 개혁하고 재건함

포로귀환 개요

역사서

16
느헤미야

성벽재건을 통한
하나님백성의 공동체회복

〈느헤미야서〉6:15
성벽 역사가 오십이 일 만인 엘룰월 이십오일에 끝나매

Note

✚ 통으로 보기

1 느헤미야	2 귀환	3 성벽재건	4 방해극복	5 내부문제	6 성벽완공	7 귀환자들	8 율법공포	9 회개	10 언약인봉
11 거주지	12 봉헌	13 개혁							

☐ 성벽재건(1~7장)
☐ 에스라와 느헤미야의 개혁(8~13장)

✚ 한눈에 보기

스룹바벨(B.C. 537년경) 성전
에스라(B.C. 458년경) 율법
느헤미야(B.C. 445년경) 성벽
바벨론
페르시아
에스더(B.C. 480년경)
예루살렘

〈지도 27〉 포로귀환

228

✚ 들여다보기

Note

1. 느헤미야의 성벽재건(1~7장)

느헤미야는 아닥사스다 왕 때 페르시아에서 파송된 유대총독✚이다
(1장). 그는 성벽이 훼손되어 있는 예루살렘의 상황을 전해 듣고 스스로
결단하고 예루살렘으로 귀환한다(2장). 온갖 방해와 여러 가지 문제를
극복하고(4~5장), 결국은 성벽을 재건하는데 성공한다(6장). 그를 통해
하나님은 하나님의 백성들이 살아갈 곳을 회복시키시며, 가나안에 다
시 하나님의 주권을 회복할 수 있는 기회를 제공하신다.

✚ 총독
왕으로부터 권한을 위임받아
관할구역이나 식민지 등에 파
견되어 그곳을 다스리던 관리
의 칭호이다. 총독은 자신이
다스리던 지역의 사법권과 군
사권 등을 지니고 있었다.

2. 에스라와 느헤미야의 개혁(8~13장)

느헤미야의 진정한 업적은 단순히 성벽을 재건하여 이스라엘 백성들
이 거주할 곳을 마련한 데 있지 않다(11장). 그는 진정한 하나님의 나라
는 하나님의 주권이 인정될 때 세워질 수 있는 곳임을 알고 있었다. 따
라서 자신보다 십여 년 전에 귀환한 에스라를 통해 하나님의 말씀인 율
법을 공포하고(8장), 온 백성에게 진정으로 회개하여 하나님의 말씀대
로 살아갈 기회를 제공한다(9장). 그는 많은 백성에게 하나님의 주권을
인정하며 살아갈 것을 언약체결의 형식으로 결단하게 한다(10장). 또한
이스라엘 사람들을 각지에 거주하게 하여, 옛 유다지역 전체를 하나님
나라로 회복시키고(11장), 제사장과 레위인을 비롯한 성전의 모든 조직
을 정비한다(12장).

3. 개혁의 실제

느헤미야의 개혁은 말씀대로 하나님의 총회를 정리하고, 암몬 사람 도비야⁺에게 제공되던 성전의 방을 정리하고, 레위인들에게 십일조로 생활비를 제공하여 직무에 충실하게 하고, 안식일에 장사하는 관행을 끊고, 이방 여인을 아내로 맞아 우상을 받아들이던 습관을 끊고, 이방인과 통혼한 대제사장과 제사장들의 직분을 박탈하였다. 이 모든 개혁은 하나님의 나라에 하나님의 주권이 서게 하려는 진정한 개혁이었다.

✚ 정리하기

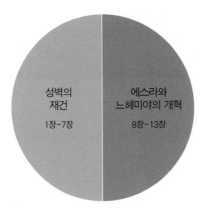

온갖 방해에도 불구하고 느헤미야는 파괴된 성벽을 재건한다. 에스라와 느헤미야의 영적 개혁은 파괴된 성벽만이 아니라 파괴된 공동체를 재건하는 것이었다. 이로써 하나님백성의 공동체는 진정으로 회복된다.

⁺ 암몬사람 도비야
암몬사람으로 산발랏과 함께 예루살렘 성벽재건을 적극적으로 반대한 사람이다(느 2:10). 도비야는 뛰어난 정치적 수완으로 유대의 귀인들과 동맹관계를 유지했으며(느 6:17), 스가냐의 딸과 결혼하여 유대사회에서 확고한 지위를 구축하였다(느 6:18). 심지어 성전의 한 방을 사용하는 특권을 누렸다(느 13:4~5). 그러다가 느헤미야에게 발각되어 성전에서 쫓겨났으며, 그의 물건들은 내어던져졌다(느 13:7~9).

230

보호받는
하나님의 백성

〈에스더서〉 8:17
각 지방, 각 읍에서 유다인들이 즐기고 기뻐하여 잔치를 베풀고 그 날을 명절로 삼으니 본토 백성
이 유다인을 두려워하여 유다인 되는 자가 많더라

✚ 통으로 보기

Note

1	2	3	4	5	6	7	8	9	10
왕후폐위	에스더	하만조서	삼일금식	하만음모	역대일기	하만죽음	조서철회	부림일	모르드개

- ☐ 위기에 빠진 이스라엘(1~5장)
- ☐ 높아진 하나님의 백성(6~10장)

✚ 한눈에 보기

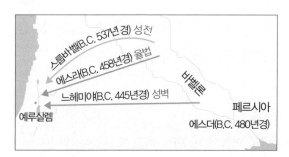

스룹바벨(B.C. 537년경) 성전
에스라(B.C. 458년경) 율법
느헤미야(B.C. 445년경) 성벽
예루살렘
바빌론
페르시아
에스더(B.C. 480년경)

〈지도 27〉 포로귀환

✚ 들여다보기

1. 페르시아 속의 이스라엘 백성

〈에스더서〉는 스룹바벨의 지도로 1차 포로귀환민들이 성전건축을 완공한 사건과(B.C. 515년), 에스라와 느헤미야가 2, 3차 포로귀환민들을 이끌고 유대로 돌아온 사건(B.C. 458년, 445년) 사이에 페르시아 제국에서 일어났던 일을 기록하고 있다. 에스더의 남편인 아하수에로 왕은 B.C. 486~465년까지 페르시아를 다스렸던 왕이었다. 바벨론 포로 이후 여전히 페르시아에 살고 있던 유대인들은 에스더에 기록된 사건을 통해 하나님이 여전히 하나님의 백성을 보호하시고, 그들을 통해 하나님의 나라를 세워 가실 것이라는 소망을 갖게 되었다.

2. 보존되는 하나님의 백성(1~10장)

〈에스더서〉 당시 많은 유대인이 고국으로 귀환하지 않고 여전히 페르시아 왕국에 거주하고 있었으며, 유대인들은 나름대로의 위기들을 많이 겪었다. 때로는 높은 관직에 올라가는 사람도 있었고, 자국민들의 시기를 받기도 했다. 이러한 때에 아하수에로 왕궁에서 벌어진 음모에 대항하여(3장), 모르드개와 에스더의 믿음의 결단으로 민족이 구원을 얻었고(4장), 그로 인해 부림절⁑이라는 구원의 절기를 지키게 되었다는 것은 믿음의 공동체에게 대단한 희망을 안겨 주었다(9장).

3. 보이지 않는 하나님의 섭리

〈에스더서〉에는 하나님의 이름이 한 번도 나오지 않는다. 하지만 하

⁑ 부림절
유대인을 말살하려는 하만의 계략에서 벗어난 것을 기념하여 지키는 유대인의 절기이다. 부림절은 유대력 아달 월 14일(태양력 2월 말이나 3월 초)에 해당된다.

나님의 백성을 죽이려는 하만의 음모가 결국 우연으로 보이는 일에 의해 좌절된 것은 더없이 분명한 하나님의 섭리이다. 아닥사스다 왕이 밤에 우연히 역대일기를 읽다가 모르드개에 대해 알게 되고, 유대인들은 결국 음모에서 벗어난다. 하나님의 백성은 하나님이 보호하신다.

✚ 정리하기

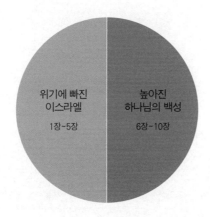

위기에 빠진
이스라엘
1장~5장

높아진
하나님의 백성
6장~10장

하나님은 하나님나라를 이루어 가시기 위해 의를 위하여 핍박받는 하나님의 백성을 보호하신다.

시가서

18

욥기

하나님나라 백성의 고난과
인간지식의 한계

〈욥기〉42:3
무지한 말로 이치를 가리는 자가 누구니이까 나는 깨닫지도 못한 일을 말하였고 스스로 알 수도 없고 헤아리기도 어려운 일을 말하였나이다

Note

✚ 통으로 보기

1 소유물	2 몸	3 저주	4 엘리바스	5 징계	6 욥	7 불평	8 빌닷	9 욥	10 흑암
11 소발	12 욥	13 두가지	14 인내	15 엘리바스	16 욥	17 무덤	18 빌닷	19 욥	20 소발
21 욥	22 엘리바스	23 욥	24 어찌	25 빌닷	26 욥	27 악인	28 지혜	29 지난세월	30 애곡
31 만일	32 엘리후	33 욥이여	34 무식	35 헛되이	36 순종	37 깨달으라	38 여호와	39 질문	40 비천
41 리워야단	42 회개								

☐ 의인의 고난(1~2장)
☐ 욥과 친구들의 대화 / 엘리후의 변론(3~37장)
☐ 하나님의 질문(38~41장)
☐ 깨달음(42장)

✚ 들여다보기

1. 의인의 고난(1~2장)

〈욥기〉의 제목은 의인의 고난과 인간지식의 한계이다. 성경 전체에서 〈욥기〉의 기능은 하나님을 믿는 성도들이 자신의 한계를 깨닫고 하나님을 절대적으로 신뢰하게 하는 것이다. 시가서의 서론으로 〈욥기〉는 하나님의 지혜에 비교하여 인간지식의 한계를 말한다.

이 주제를 보여 주는 〈욥기〉는 욥이 당한 고난의 이야기로 시작한다.

> 여호와께서 사탄에게 이르시되 내가 그의 소유물을 다 네 손에 맡기노라 다만 그의 몸에는 네 손을 대지 말지니라 사탄이 곧 여호와 앞에서 물러가니라(욥1:12)

욥은 자신이 당한 이유를 알 수 없는 고난 앞에서 자신의 생명을 저주하며 탄식한다.

> 어찌하여 내가 태에서 죽어 나오지 아니하였던가 어찌하여 내 어머니가 해산할 때에 내가 숨지지 아니하였던가(욥 3:11)

2. 친구들과의 대화(3~37장)

욥의 친구인 엘리바스와 빌닷과 소발이 욥을 방문하여 욥이 당한 문제에 대해 토론한다. 친구들의 논리는 비슷하다. 고난은 죄의 결과라는 것이다. 엘리바스는 말한다.

생각하여 보라 죄 없이 망한 자가 누구인가 정직한 자의 끊어짐이 어디 있는가(욥 4:7)

빌닷과 소발도 엘리바스의 의견에 동조하며 욥을 타이른다.

네가 만일 하나님을 찾으며 전능하신 이에게 간구하고 또 청결하고 정직하면 반드시 너를 돌보시고 네 의로운 처소를 평안하게 하실 것이라(욥 8:5~6)

만일 네가 마음을 바로 정하고 주를 향하여 손을 들 때에 네 손에 죄악이 있거든 멀리 버리라 불의가 네 장막에 있지 못하게 하라 그리하면 네가 반드시 흠 없는 얼굴을 들게 되고 굳게 서서 두려움이 없으리니 곧 네 환난을 잊을 것이라 네가 기억할지라도 물이 흘러감 같을 것이며(욥 11:13~16)

욥은 이 의견에 강력하게 이의를 제기하며 논쟁은 해결되지 않는다. 이 모든 이야기를 듣고 있던 엘리후는 조금 더 진보된 의견을 제시한다(욥 34:35~36).

람 종족 부스 사람 바라겔의 아들 엘리후가 화를 내니 그가 욥에게 화를 냄은 욥이 하나님보다 자기가 의롭다 함이요 또 세 친구에게 화를 냄은 그들이 능히 대답하지 못하면서도 욥을 정죄함이라(욥 32:2~3)

3. 하나님의 질문(38~41장)과 한계의 인정(42장)

하지만 〈욥기〉는 이들 모두의 지성적인 토론이 하나님의 뜻을 온전히 밝힐 수 없음을 보여 준다. 이들의 토론이 한창일 때 하나님이 이들에게 많은 질문을 쏟아내신다. 하나님의 질문은 두 가지이다. 토론하는 인간들의 지식과 능력에 관한 것이다.

무지한 말로 생각을 어둡게 하는 자가 누구냐 너는 대장부처럼 허리를 묶고 내가 네게 묻는 것을 대답할지니라 내가 땅의 기초를 놓을 때에 네가 어디 있었느냐 네가 깨달아 알았거든 말할지니라 누가 그것의 도량법을 정하였는지, 누가 그 줄을 그것의 위에 띄웠는지 네가 아느냐(욥 38:2~5)

네가 낚시로 리워야단을 끌어낼 수 있겠느냐 노끈으로 그 혀를 맬 수 있겠느냐 너는 밧줄로 그 코를 꿸 수 있겠느냐 갈고리로 그 아가미를 꿸 수 있겠느냐(욥 41:1~2)

하나님은 이 질문들을 통해 인간의 한계 즉, 무지와 무능력을 깨닫게 하신다. 욥의 신앙고백은 우리에게 주시는 하나님의 메시지이다.

무지한 말로 이치를 가리는 자가 누구니이까 나는 깨닫지도 못한 일을 말하였고 스스로 알 수도 없고 헤아리기도 어려운 일을 말하였나이다 내가 말하겠사오니 주는 들으시고 내가 주께 묻겠사오니 주여 내게 알게 하옵소서(욥 42:3~4)

하나님의 백성들은 자신의 무지와 무능력을 인정하고, 하나님에게 자신의 모든 것을 맡기고 인도하심을 구하는 태도를 가지고 살아야 한다. 자신의 모든 인생의 주권은 하나님에게 있음을 인정하는 것이 지혜의 시작이다.

✚ 정리하기

우리에게는 도저히 이해할 수 없는 일들이 많이 일어난다. 〈욥기〉는 여러 지혜자의 대화를 통해 인간지식의 한계를 보여 준다고 하겠다.

하나님나라 백성의
다양한 신앙경험

〈시편〉 18:16
그가 높은 곳에서 손을 펴사 나를 붙잡아 주심이여 많은 물에서 나를 건져내셨도다

✝ 통으로 보기

1 복있는	2 내아들	3 나의대적	4 인생들아	5 나의심정	6 탄식	7 주께피함	8 우리주여	9 인생일뿐	10 악인의팔
11 터	12 거짓아첨	13 어느때	14 어리석은	15 주의장막	16 나의기업	17 깰 때에	18 나의 힘	19 율법	20 병거말
21 왕	22 어찌나를	23 나의목자	24 문들아	25 주의 도	26 완전함	27 누구를	28 갚으소서	29 영광돌림	30 은총평생
31 구원산성	32 허물사함	33 굽어살핌	34 맛보아	35 싸우소서	36 악인의죄	37 정오의빛	38 내 죄악	39 나의건강	40 웅덩이
41 가난한자	42 사슴이	43 내영혼아	44 구하소서	45 왕의위엄	46 피난처	47 온땅의왕	48 시온산	49 멸망짐승	50 감사로
51 정직한영	52 포악한자	53 어리석은	54 십사람	55 나의동료	56 나의눈물	57 하늘위에	58 심판	59 나의원수	60 회복
61 나의서원	62 잠잠히	63 생명보다	64 쏘시리니	65 주의은택	66 바다육지	67 땅모든끝	68 행차하심	69 깊은수렁	70 아하아하
71 숨을바위	72 판단력	73 넘어질뻔	74 진노연기	75 의인의뿔	76 살렘시온	77 밤의노래	78 반항	79 돌무더기	80 눈물양식

81 명절	82 불공평	83 에돔	84 궁정사모	85 포로귀환	86 은총표적	87 시온의문	88 죽은 자	89 다윗언약	90 칠십팔십
91 손방패	92 종려나무	93 능력의옷	94 복수	95 노래하자	96 모든나라	97 허다한섬	98 새 노래	99 간구응답	100 기르는양
101 인자정의	102 괴로운날	103 동이서	104 위대함	105 아브라함	106 광야시험	107 강이광야	108 마음정함	109 기도할뿐	110 원수발판
111 지혜근본	112 의인악인	113 해돋는데	114 유다성소	115 우상은금	116 보답할까	117 할렐루야	118 내 편	119 율법축복	120 속이는혀
121 산을향해	122 예루살렘	123 상전의손	124 우리 편	125 두름같이	126 시온포로	127 수고의떡	128 아내자식	129 지붕의풀	130 깊은 곳
131 젖뗀아이	132 다윗성막	133 연합동거	134 보라밤에	135 이스라엘	136 감사하라	137 바벨론	138 영혼에힘	139 새벽날개	140 올무와줄
141 분향제사	142 원통함	143 다닐 길	144 전쟁	145 이름송축	146 도움소망	147 찬양마땅	148 해와달아	149 새 노래	150 호흡있는

☐ **시편 1권(1~41)** – 창조주와 인생 / 다윗(37편)
☐ **시편 2권(42~72)** – 해방과 구속 / 고라자손✝(7편), 다윗(18편)
☐ **시편 3권(73~89)** – 예배와 성소 / 아삽✝(11편), 고라자손(4편), 다윗(86편)
☐ **시편 4권(90~106)** – 인생 순례 / 미상시들, 다윗(101편, 103편)
■ **시편 5권(107~150)** – 말씀과 찬양 / 다윗(15편), 할렐시(113~118편, 145~150편),
　　　　　　　　　　　　성전순례시(120~134편)

✝ 고라자손

레위 지파 이스할의 아들 고라의 자손들을 말한다. 이들은 성전을 섬기는 자들(성전 문지기, 요리사, 노래하는 자들)이 되었다. 이들 중 노래하는 고라 자손들이 시편 가운데 '고라 자손의 노래'(시 42, 44~49, 84~85, 87~88편)를 남겼다.

✝ 아삽

아삽은 다윗왕 때 예배음악을 담당했던 레위인으로(대상 6:39) 놋 제금을 치는 악장이다(대상 16:5, 15:19). 아삽의 후손들은 성전의 음악을 담당했는데(스 3:10), 시편 중 50편과 73~83편이 이들 아삽 자손이 지은 것들이다.

✚ 들여다보기

1. 하나님백성의 다양한 경험과 신앙고백

하나님의 백성들도 불신자들과 더불어 이 세상을 살아간다. 살다가 죽고, 기쁜 일과 슬픈 일을 당하고, 때로는 인생의 깊은 수렁에서 헤매기도 한다. 〈시편〉은 다양한 성도가 이 세상에서 겪는 여러 가지 경험에 대한 신앙고백이다. 하나님나라 백성들의 다양한 인생경험과 거기에서 나오는 지혜들이 시들에 녹아 있다. 〈시편〉은 인생에 대한 깊이 있는 지혜를 짧은 시로 고백한다.

> 복 있는 사람은 악인들의 꾀를 따르지 아니하며 죄인들의 길에 서지 아니하며 오만한 자들의 자리에 앉지 아니하고 오직 여호와의 율법을 즐거워하여 그의 율법을 주야로 묵상하는도다(시 1:1~2)

지혜들을 전하는 시들의 주제 중 인간과 인생에 관한 것도 있다.

> 그를 하나님보다 조금 못하게 하시고 영화와 존귀로 관을 씌우셨나이다 주의 손으로 만드신 것을 다스리게 하시고 만물을 그의 발 아래 두셨으니(시 8:5~6)

또한 하나님이 기뻐하시는 인생을 기록한 시들도 있다.

> 여호와여 주의 장막에 머무를 자 누구오며 주의 성산에 사는 자 누구오니이까 정직하게 행하며 공의를 실천하며 그의 마음에 진실을 말하며 그의 혀로 남을 허물하지 아니하고 그의 이웃에게 악을 행하지 아니하며 그의 이웃을 비방하지 아니하며 그의 눈은 망령된 자를 멸시하며 여호와를 두려워하는 자들을 존대하며 그의 마음에 서원한 것은 해로울지라도 변하지 아니하며 이자를 받으려고 돈을 꾸어 주지 아니하며 뇌물을 받고 무죄한 자를 해하지 아니하는 자이니 이런 일을 행하는 자는 영원히 흔들리지 아니하리이다(시 15:1~5)

2. 하나님백성의 슬픔과 고난

〈시편〉 중 약 30%에 해당하는 내용은 슬픔과 고난에 관한 것이다. 믿는 자들이 세상에서 당하는 신앙의 시련들이 고백된 시들은 하나님만을 믿고 살아가는 하나님의 백성들에게 큰 공감을 불러일으킨다.

여호와여 나의 대적이 어찌 그리 많은지요 일어나 나를 치는 자가 많으니이다 많은 사람이 나를 대적하여 말하기를 그는 하나님에게 구원을 받지 못한다 하나이다(셀라)(시 3:1~2)

그러한 시련들은 개인적인 차원을 넘어서서 국가적이고 민족적인 차원으로 확대되기도 한다.

하나님이여 주께서 어찌하여 우리를 영원히 버리시나이까 어찌하여 주께서 기르시는 양을 향하여 진노의 연기를 뿜으시나이까 옛적부터 얻으시고 속량하사 주의 기업의 지파로 삼으신 주의 회중을 기억하시며 주께서 계시던 시온 산도 생각하소서(시 74:1~2)

때로는 교회가 당하는 이해할 수 없는 박해와 고난이 성도를 당혹하게 만들기도 한다.

하나님이여 이방 나라들이 주의 기업의 땅에 들어와서 주의 성전을 더럽히고 예루살렘이 돌무더기가 되게 하였나이다(시 79:1)

이러한 슬픔과 고난 속에서 하나님의 백성들은 시로 노래하며, 하나님 앞에서 신앙을 지키려 힘썼다.

3. 구원으로 인한 기쁨과 감사

하나님 안에서 살아가는 인생은 기쁨으로 하나님을 찬양하고 감사할 수밖에 없는 구원을 경험한다. 시편의 많은 내용은 찬양과 감사에 관한 것이다.

> 너희 권능 있는 자들아 영광과 능력을 여호와께 돌리고 돌릴지어다 여호와께 그의 이름에 합당한 영광을 돌리며 거룩한 옷을 입고 여호와께 예배할지어다(시 29:1~2)
>
> 너희 만민들아 손바닥을 치고 즐거운 소리로 하나님에게 외칠지어다 지존하신 여호와는 두려우시고 온 땅에 큰 왕이 되심이로다(시 47:1~2)

하나님의 백성들이 경험한 하나님은 이 세상 어떤 것과도 비교할 수 없는 위대한 존재로 찬양된다.

> 오라 우리가 여호와께 노래하며 우리의 구원의 반석을 향하여 즐거이 외치자 우리가 감사함으로 그 앞에 나아가며 시를 지어 즐거이 그를 노래하자 여호와는 크신 하나님이시요 모든 신들보다 크신 왕이시기 때문이로다(시 95:1~3)
>
> 여호와는 위대하시니 지극히 찬양할 것이요 모든 신들보다 경외할 것임이여(시 96:4)

이러한 감사와 찬양의 시들은 군집을 이룬다(95~108편, 145~150편).

4. 하나님백성의 소망과 간구

하나님의 백성은 자신의 삶의 여러 상황 속에서 하나님의 구원을 소망하며 간구하게 된다.

여호와여 나의 말에 귀를 기울이사 나의 심정을 헤아려 주소서 나의 왕, 나의 하나님이여 내가 부르짖는 소리를 들으소서 내가 주께 기도 하나이다(시 5:1~2)

그리고 하나님의 은혜의 근원인 성전을 소망하게 된다. 성전에 올라가는 노래는 하나님을 소망하는 성도들의 모습을 생생하게 보여 준다 (120~134편).

5. 〈시편〉의 다양한 주제

〈시편〉은 다양한 주제의 시로 구성되어 있다. 아래의 표로 정리해 보았다.

다양한 주제에 따른 시편 분류

감사시	8, 9, 29, 33, 65, 67, 81, 92, 103, 104, 105, 107, 111, 113, 114, 115, 117, 124, 131, 134, 135, 136, 145, 146, 147, 148, 149, 150
찬양시	8, 21, 23, 30, 34, 40, 46, 48, 66, 68, 75, 76, 84, 85, 91, 106, 108, 116, 118, 138, 139

개인애가	3, 4, 5, 7, 10, 13, 17, 25, 26, 27, 28, 31, 35, 54, 55, 56, 57, 59, 61, 62, 63, 64, 69, 70, 71, 77, 83, 86, 88, 94, 102, 123, 140, 141, 142
민족애가	44, 60, 74, 79, 80, 90
참회시	6, 32, 38, 39, 51, 130, 143
메시아시편	2, 16, 22, 24, 45, 72, 110
기타	1, 11, 12, 14, 15, 19, 20, 36, 37, 41, 42, 43, 47, 49, 50, 52, 53, 58, 73, 78, 82, 87, 89, 93, 95, 96, 97, 98, 99, 100, 101, 109, 112, 119, 121, 122, 125, 126, 127, 128, 129, 132, 137, 144

✚ 정리하기

하나님 백성은 인생의 다양한 상황 속에서 하나님을 경험한다.

시가서

20
잠언

하나님을 경외하는 지혜와
지혜의 실제

〈잠언〉 9:10
여호와를 경외하는 것이 지혜의 근본이요 거룩하신 자를 아는 것이 명철이니라

✚ 통으로 보기

1 솔로몬	2 지혜	3 여호와	4 마음	5 음녀	6 예닐곱	7 계명	8 진주보다	9 지혜의집	10 지혜아들
11 의인악인	12 어진여인	13 매로훈계	14 지혜미련	15 겸손존귀	16 걸음인도	17 미련한자	18 사람심령	19 선물주기	20 저울추
21 큰집움막	22 재물명예	23 술은독사	24 일곱 번	25 금 사과	26 미련한자	27 타인칭찬	28 의인사자	29 묵시율법	30 두가지일
31 현숙여인									

- ☐ 지혜론(1~9장)
- ☐ 솔로몬의 잠언1(10~24장)
- ■ 솔로몬의 잠언2(25~29장)
- ■ 아굴✛/르무엘 왕✛의 잠언(30~31장)

✛ 아굴

야게의 아들이며, 잠언 30장의 지은이 혹은 편집자이다 (잠 30:1). 아굴을 솔로몬, 현자, 르무엘 왕의 형제 등으로 보는 여러 가지 견해가 있지만, 정확히 누구였는지는 알 수 없다.

✛ 르무엘 왕

〈잠언〉 31장을 지은 왕이다 (잠 31:1). 르무엘 왕이 누구였는지 정확히 알 수 없지만, 솔로몬의 다른 이름일 것으로 추측하는 견해들이 많다.

1. 지혜는 하나님을 경외하는 것

〈잠언〉은 오랜 역사의 '에센스이다. 하나님을 경외하는 지혜의 본질과 지혜로운 삶의 실제를 짤막한 경구형식으로 전하는 지혜문학이 〈잠언〉인 것이다. 〈잠언〉 1장 1~6절에 해당하는 서론에 이어, 여호와를 경외하는 것에 대해 이야기한다.

여호와를 경외하는 것이 지식의 근본이거늘 미련한 자는 지혜와 훈계를 멸시하느니라(잠 1:7)

여호와 하나님을 경외하는 것이 모든 지혜의 근원이기 때문에 하나님의 백성은 하나님을 경외하며 지혜를 구해야 한다.

내 아들아 네가 만일 나의 말을 받으며 나의 계명을 네게 간직하며 네 귀를 지혜에 기울이며 네 마음을 명철에 두며 지식을 불러 구하며 명철을 얻으려고 소리를 높이며 은을 구하는 것 같이 그것을 구하며 감추어진 보배를 찾는 것 같이 그것을 찾으면 여호와 경외하기를 깨달으며 하나님을 알게 되리니(잠 2:1~5)

〈잠언〉은 인간의 모든 지혜가 하나님에게서 나오는 것이므로, 인간 스스로가 지혜에 도달할 수 있다는 망령을 버리고 하나님을 경외할 것을 강조하고 있다.

너는 마음을 다하여 여호와를 신뢰하고 네 명철을 의지하지 말라 너는 범사에 그를 인정하라 그리하면 네 길을 지도하시리라 스스로 지혜롭게 여기지 말지어다 여호와를 경외하며 악에서 떠날지어다(잠 3:5~7)

인간은 오직 여호와의 지혜를 구하여 그에 따라 살아갈 때 복된 삶을 살 수 있게 된다(3:18~26).

2. 율법의 실제적 적용 : 하나님주권을 인정하는 삶의 실제

〈잠언〉의 모든 구체적 교훈은 하나님을 경외하는 신앙에서 출발한다. 여호와를 경외하는 하나님의 백성이 하나님의 주권을 인정하며 살아갈 때 필요한 삶의 방법을 제시하는 책이 〈잠언〉이다. 〈잠언〉의 지혜는 결국 삶의 모든 영역에서 하나님의 주권을 인정하며 살아가기 위한 율법의 실제적 적용이라 할 수 있다.

미움은 다툼을 일으켜도 사랑은 모든 허물을 가리느니라(잠 10:12)

흩어 구제하여도 더욱 부하게 되는 일이 있나니 과도히 아껴도 가난하게 될 뿐이니라 구제를 좋아하는 자는 풍족하여질 것이요 남을 윤택하게 하는 자는 자기도 윤택하여지리라(잠 11:24~25)

매를 아끼는 자는 그의 자식을 미워함이라 자식을 사랑하는 자는 근실히 징계하느니라(잠 13:24)

유순한 대답은 분노를 쉽게 하여도 과격한 말은 노를 격동하느니라(잠 15:1)

사람이 마음으로 자기의 길을 계획할지라도 그의 걸음을 인도하시

는 이는 여호와시니라(잠 16:9)

마른 떡 한 조각만 있고도 화목하는 것이 제육이 집에 가득하고도 다투는 것보다 나으니라(잠 17:1)

집과 재물은 조상에게서 상속하거니와 슬기로운 아내는 여호와께로서 말미암느니라(잠 19:14)

타인이 너를 칭찬하게 하고 네 입으로는 하지 말며 외인이 너를 칭찬하게 하고 네 입술로는 하지 말지니라(잠 27:2)

삶 속에서 하나님의 주권을 인정하며 율법을 실제로 적용하면, 잠언을 깨닫고 실천하는 하나님의 백성이 될 것이다. 율법의 실천도 역시 하나님을 경외하는 마음에서 시작되어야 위선이 아닌 진정한 실천이 되기 때문이다. 율법의 진정한 실천은 하나님의 주권을 삶에 인정하는 것이다.

정리하기

하나님의 백성은 다양한 인생의 경험 속에서 지혜를 발견한다. 하나님을 경외하는 것이 지혜의 근본이다.

시가서

21
전도서

하나님백성의
진정한 가치

〈전도서〉 12 : 13
일의 결국을 다 들었으니 하나님을 경외하고 그의 명령들을 지킬지어다 이것이 모든 사람의 본분
이니라

 Note

✚ 통으로 보기

1 헛됨지혜	2 즐거움일	3 기한과때	4 학대 왕	5 재물	6 부요존귀	7 지혜찬미	8 악인의인	9 모두일반	10 우매자
11 심판명심	12 일의결국								

☐ 세상만사의 가치평가(1~8장)
☐ 진정한 가치와 사람의 본분(9~12장)

✚ 들여다보기

1. 가치에 관한 책

〈전도서〉는 허무주의의 책으로 이해되기 쉽다. 〈전도서〉에는 헛되다

는 표현이 무려 37회나 나오기 때문이다. 〈전도서〉에서 '헛되다'라고 번역된 말은 '헤벨'이다. 헤벨은 연기, 안개, 증기 등을 의미하는 히브리어 단어이다.

> 전도자가 이르되 헛되고 헛되며 헛되고 헛되니 모든 것이 헛되도다
> (전 1:2)

이 말은 '모든 것이 헛되니 아무것도 할 필요가 없다'는 허무주의와 상관이 없다. 헤벨은 인생에서 일어나는 모든 일의 가치를 암시하는 단어이다. 우리가 인생에서 경험하고 누리는 모든 것은 결국 헤벨이라는 것이다. 곧 사라질 연기, 안개, 수증기와 같다는 것이다.

그러면 '헤벨'을 통해서 전도자가 말하려는 것은 무엇인가? 바로 이 세상에서 우리가 가치 있게 여기고 누리는 모든 일이 영원하지 않다는 것이다. 결국은 안개처럼 사라질 가치 없는 것들인데, 사람들은 그것을 너무나 중요하게 여기며 살아간다는 것이다. 〈전도서〉는 결국 하나님의 백성에게 가장 중요한 인생의 가치가 무엇인가를 말해 주는 가치에 관한 책이다.

2. 헤벨

전도자는 이 세상에서 우리가 누리는 인간의 지혜(1:16~18, 2:15, 9:13~18), 인생의 쾌락(2:1~11), 인간의 모든 수고와 노동(2:18~26), 인간의 정의(3:16), 재물과 부요(5:10~17)까지도 모두 결국 '헤벨'이라고 말한다.

내가 다시 지혜를 알고자 하며 미친 것들과 미련한 것들을 알고자 하여 마음을 썼으나 이것도 바람을 잡으려는 것인 줄을 깨달았도다(전 1:17)

나는 내 마음에 이르기를 자, 내가 시험삼아 너를 즐겁게 하리니 너는 낙을 누리라 하였으나 보라 이것도 헛되도다(전 2:1)

하나님은 그가 기뻐하시는 자에게는 지혜와 지식과 희락을 주시나 죄인에게는 노고를 주시고 그가 모아 쌓게 하사 하나님을 기뻐하는 자에게 그가 주게 하시지만 이것도 헛되어 바람을 잡는 것이로다(전 2:26)

은을 사랑하는 자는 은으로 만족하지 못하고 풍요를 사랑하는 자는 소득으로 만족하지 아니하나니 이것도 헛되도다(전 5:10)

어떤 사람은 그의 영혼이 바라는 모든 소원에 부족함이 없어 재물과 부요와 존귀를 하나님에게 받았으나 하나님이 그가 그것을 누리도록 허락하지 아니하셨으므로 다른 사람이 누리나니 이것도 헛되어 악한 병이로다(전 6:2)

결국 이 세상의 모든 것은 우리의 인생을 다 투자해 얻을 만큼 중요하지는 않다는 것이다. 전도자는 이렇게 '헤벨'이라는 말을 통해 모든 사람이 이 세상에서 누리는 것들에 대한 가치를 정확히 파악하라고 충고한다.

하지만 '헤벨'은 모든 것을 포기하고 삶을 마무리하라는 것을 의미하지 않는다. 오히려 전도자는 하나님이 주신 것들을 허용된 범위 안에서 적절하게 누리라고 말한다. 이 세상에서 누리는 것들이 결국 '헤벨'이라는 것을 깨닫는 범위 안에서 그것들을 즐거워하라는 것이다. 결국 〈전도서)의 '헛됨'은 이 세상에서 사람에게 주어진 모든 것을 그 가치만큼만 누리고, 더욱 중요한 것을 바라보라는 의미이다.

사람이 여러 해를 살면 항상 즐거워할지로다 그러나 캄캄한 날들이 많으리니 그 날들을 생각할지로다 다가올 일은 다 헛되도다 청년이여 네 어린 때를 즐거워하며 네 청년의 날들을 마음에 기뻐하여 마음에 원하는 길들과 네 눈이 보는 대로 행하라 그러나 하나님이 이 모든 일로 말미암아 너를 심판하실 줄 알라 그런즉 근심이 네 마음에서 떠나게 하며 악이 네 몸에서 물러가게 하라 어릴 때와 검은 머리의 시절이 다 헛되니라(전 11:8~10)

3. 헛되지 않은 것 : 하나님을 경외하는 것

전도자는 모든 것이 '헤벨'이라고 했다. 그러면 인생에서 '헤벨' 아닌 것은 무엇인가? 바로 하나님을 경외하는 것이다. 인간은 한 가지를 빼놓고 짐승과 다를 바가 없다. 인간은 영원을 사모하는 마음을 가지고 있는 것이다.

하나님이 모든 것을 지으시되 때를 따라 아름답게 하셨고 또 사람들에게는 영원을 사모하는 마음을 주셨느니라 그러나 하나님이 하시는 일의 시종을 사람으로 측량할 수 없게 하셨도다(전 3:11)

하나님은 이것을 인간에게 주셔서 영원한 하나님나라를 소망하고 하나님을 경외할 수 있도록 하셨다. 하나님을 경외하는 것만이 인간이 '헤벨'을 벗어날 수 있는 유일한 길이다.

> 너는 청년의 때에 너의 창조주를 기억하라 곧 곤고한 날이 이르기
> 전에, 나는 아무 낙이 없다고 할 해들이 가깝기 전에 해와 빛과 달과
> 별들이 어둡기 전에, 비 뒤에 구름이 다시 일어나기 전에 그리하라(전
> 12:1~2)

〈전도서〉의 결론은 허무주의나 염세주의가 아니다. 〈전도서〉는 세상
의 모든 것이 영원하지 않음을 고발하고, 인간의 관심이 영원한 하나님
나라에 있어야 함을 전하고 있는 것이다. 이것이 바로 〈전도서〉가 허무
를 전하는 책이 아니라 전도하는 책인 이유이다. 〈전도서〉는 이 세상의
모든 헛된 것을 경계하고, 하나님나라를 바라보게 하는 진정한 '전도의
책'이다.

> 일의 결국을 다 들었으니 하나님을 경외하고 그의 명령들을 지킬지
> 어다 이것이 모든 사람의 본분이니라 하나님은 모든 행위와 모든 은밀
> 한 일을 선악 간에 심판하시리라(전 12:13~14)

✝ 정리하기

진정한 가치는
하나님나라

인간의 나라는 세상의 모든 것을 매우 중요한 것으로 여긴다. 하지만 세상의 모든 것은 하나님나라와 비교했을 때 그렇게 중요하지 않다.

시가서

22

아가

하나님백성의
진정한 사랑

〈아가〉 8:7
많은 물도 이 사랑을 끄지 못하겠고 홍수라도 삼키지 못하나니 사람이 그의 온 가산을 다 주고 사랑과 바꾸려 할지라도 오히려 멸시를 받으리라

 Note

✚ 통으로 보기

1	2	3	4	5	6	7	8
내사랑아	함께가자	솔로몬	어여쁘다	사랑의병	돌아오라	유숙하자	죽음같이

☐ 사랑의 고백(1~4장)
☐ 사랑하는 자에 대한 열정(5~8장)

✚ 들여다보기

1. 지혜의 완성 : 사랑

　시가서의 마지막 책 〈아가서〉는 하나님의 피조계 가운데서 가장 아름다운 것을 다루고 있다. 그것은 사랑의 연합이다. 결국 모든 하나님의 말씀을 실천하면 결과적으로 사랑의 삶을 살게 되며, 하나님의 주권을

실천하는 삶의 귀결도 하나님과 이웃을 사랑하는 삶이 된다. 사랑은 결국 하나님나라 백성이 살아 낸 결과이다.

2. 남녀의 사랑

〈아가서〉는 두 주인공의 순수한 사랑을 묘사한다. 이를 통해 우리에게 주신 남녀의 결혼을 통한 아름다운 사랑에 정당성을 부여한다.

> 내게 입맞추기를 원하니 네 사랑이 포도주보다 나음이로구나(아 1:2)
> 내 사랑아 너는 어여쁘고 어여쁘다 네 눈이 비둘기 같구나(아 1:15)

이 사랑은 단지 두 남녀 간의 사랑만을 이야기하는 것이 아니라, 그리스도 안에서 형제자매된 모든 성도의 하나됨을 의미하는 것이다. 모든 하나님의 백성은 자신만을 사랑하는 죄에서 벗어나서 서로 사랑해야 한다.

3. 하나님과 성도의 사랑

〈아가서〉에 기록된 솔로몬과 술람미 여인✝의 사랑은 성경 속에서 신학적 해석을 요청한다. 즉 이 두 주인공의 사랑은 그리스도께서 피로 사신 교회와 그리스도와의 관계를 비유하게 되는 것이다. 성경 자체가 그리스도를 신랑으로, 교회를 그의 신부로서 비유한다(계 19:7, 22:17). 바울은 다음과 같이 설명한다.

> 그러므로 사람이 부모를 떠나 그의 아내와 합하여 그 둘이 한 육체가

Note

✝ 술람미 여인
술람미는 솔로몬이 사랑했던 술람미 여자가 살던 마을로 수넴과 동일한 곳으로 본다 (아 6:13). 또한 술람미를 '솔로몬의 여자', '솔로몬의 신부'를 가리킨다고 보는 견해들도 있다.

〈요한계시록〉 22:17
성령과 신부가 말씀하시기를 오라 하시는도다 듣는 자도 오라 할 것이요 목마른 자도 올 것이요 또 원하는 자는 값없이 생명수를 받으라 하시더라

될지니 이 비밀이 크도다 나는 그리스도와 교회에 대하여 말하노라(엡 5:31~32)

우리는 아가를 통해 솔로몬이 검게 그을린 술람미 여인을 사랑한 것처럼 하나님이 하나님의 사랑을 받기에 합당하지 않은 성도들을 지극히 사랑하고 귀하게 여기신다는 사실에 감사해야 할 것이다.

4. 가장 아름다운 것

그리스도의 사랑은 가장 아름다운 것이다.

네 사랑이 포도주보다 나음이로구나(아 1:2b)

그의 말씀은 우리를 살리는 달콤한 열매와 같다.

남자들 중에 나의 사랑하는 자는 수풀 가운데 사과나무 같구나 내가 그 그늘에 앉아서 심히 기뻐하였고 그 열매는 내 입에 달았도다(아 2:3)

그리스도는 검게 그을린 우리를 아름다운 꽃과 같이 여기신다.

여자들 중에 내 사랑은 가시나무 가운데 백합화 같도다(아 2:2)

그리고 우리와 교제하며 대화하기 원하신다.

바위 틈 낭떠러지 은밀한 곳에 있는 나의 비둘기야 내가 네 얼굴을 보게 하라 네 소리를 듣게 하라 네 소리는 부드럽고 네 얼굴은 아름답구나(아 2:14)

Note

심지어 우리를 흠이 없는 고귀한 영혼으로 여기시고 신부로 삼기 원하신다.

나의 사랑 너는 어여쁘고 아무 흠도 없구나(아 4:7)

그리고 온 세상에 우리의 아름다움을 자랑하고 높이 세우신다. 우리는 그리스도의 사랑에 늘 감격하고 그를 사모해야 하며, 그와 동행하며 교제하기에 힘써야 한다.

나의 사랑하는 자가 내게 말하여 이르기를 나의 사랑 내 어여쁜 자야 일어나서 함께 가자(아 2:10)

그분의 사랑에 감격하고 그분의 뜻에 순종하며 헌신해야 하는 것이다.

우리가 일찍이 일어나서 포도원으로 가서 포도 움이 돋았는지, 꽃술이 퍼졌는지, 석류 꽃이 피었는지 보자 거기에서 내가 내 사랑을 네게 주리라 합환채가 향기를 뿜어내고 우리의 문 앞에는 여러 가지 귀한 열매가 새 것, 묵은 것으로 마련되었구나 내가 내 사랑하는 자 너를 위하여 쌓아 둔 것이로다(아 7:12~13)

세상이 아무리 유혹해도 그 사랑을 굳게 붙들어야 한다.

> 많은 물도 이 사랑을 끄지 못하겠고 홍수라도 삼키지 못하나니 사람이 그의 온 가산을 다 주고 사랑과 바꾸려 할지라도 오히려 멸시를 받으리라(아 8:7)

하나님의 백성이 하나님의 백성으로서 하나님을 온전히 사랑하며, 주위의 이웃과 참된 사랑을 나누며 살아갈 때 모든 지혜는 완성되는 것이다.

✝ 정리하기

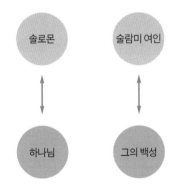

하나님나라 백성의 지혜는 사랑으로 성숙함에 도달한다. 기독교 신앙의 핵심은 "하나님을 사랑하고 이웃을 사랑하라"는 계명이다.

심판의 필연성과 메시아에 의한
하나님나라의 소망

〈이사야서〉53:6
우리는 다 양 같아서 그릇 행하여 각기 제 길로 갔거늘 여호와께서는 우리 모두의 죄악을 그에게 담당시키셨도다

✚ 통으로 보기

1 소는임자	2 창낫	3 시온황폐	4 싹	5 포도원	6 그루터기	7 임마누엘	8 마헬살랄	9 한 아기	10 막대기
11 이새뿌리	12 우물들	13 바벨론	14 스올	15 모압	16 교만	17 다메섹	18 구스	19 애굽경배	20 벗은 몸
21 해변광야	22 환상계곡	23 두로	24 땅 황무	25 연회	26 반석	27 결실	28 기촛돌	29 아리엘	30 맹약은죄
31 함께멸망	32 공의통치	33 시온성	34 에돔멸망	35 거룩한길	36 산헤립	37 암살됨	38 십오년	39 무기고	40 위로하라
41 새타작기	42 나의 종	43 너는내것	44 우상수치	45 고레스	46 벨과느보	47 바벨론	48 내 영광	49 이방의빛	50 학자의혀
51 사막에덴	52 산을넘는	53 찔림상함	54 장막터	55 값없이	56 이방인도	57 무당자식	58 금식	59 손이 피	60 빛
61 은혜의해	62 헵시바	63 은총	64 원하건대	65 갓과므니	66 신천신지				

- ☐ 유다에 대한 심판(1~12장)
- ☐ 열방에 대한 심판(13~23장)
- ☐ 심판과 축복의 묵시(24~35장)
- ☐ 히스기야(36~39장)
- ■ 메시아에 의한 하나님나라의 소망(40~66장)

✚ 들여다보기

1. 전형적인 선지서

〈이사야서〉는 대표적인 선지서이다. 하나님의 백성 이스라엘의 심판에 대한 경고가 자세히 기록되어 있을 뿐 아니라(1~12장, 24~35장), 열방의 죄와 그에 따른 심판의 예언까지 포함되어 있다(13~23장). 더불어 회개와 회복을 촉구하며 새 언약의 소망을 제시한다(40~66장). 〈이사야서〉는 미래의 소망이 메시아에 의해 이루어질 것임을 예언하였으며, 이 모든 예언은 예수 그리스도에 의해 성취된다(4, 7, 9, 11, 42, 43, 49, 50, 53장). 이러한 메시지 사이에 히스기야 왕 시대에 활동한 이사야의 역사적 기록도 들어 있다(36~39장). 선지서에서 나타나는 다양한 메시지가 모두 기록되어 있는 전형적인 선지서라 할 수 있다.

2. 유다와 열방의 죄(1~23장)

〈이사야서〉는 남유다의 웃시야, 요담, 아하스, 히스기야 왕의 시대에 활동했던 선지자이다(1:1, 36~39장). 이사야 선지자는 북이스라엘이 멸망한 이후 앗수르가 강성했던 시기에 사역했기 때문에, 남유다에 대한 심판의 말씀으로 시작한다(1~12장). 〈이사야서〉는 하나님의 백성 이스라엘이 하나님을 주인으로 인정하지 않고 살고 있음을 경고하는 메시지로 시작한다.

하늘이여 들으라 땅이여 귀를 기울이라 여호와께서 말씀하시기를 내가 자식을 양육하였거늘 그들이 나를 거역하였도다 소는 그 임자를

알고 나귀는 그 주인의 구유를 알건마는 이스라엘은 알지 못하고 나의
백성은 깨닫지 못하는도다 하셨도다(사 1:2~3)

하나님은 자신의 백성 이스라엘에게 땅을 주시고, 그 땅에서 하나님
의 주권을 인정하며 살기를 바라셨다. 정의와 사랑이 충만한 삶, 하나님
의 영광을 만방에 드러내는 삶을 열매맺기 원하셨던 것이다. 하지만 하
나님의 백성은 악한 삶의 열매를 맺고 말았다.

나는 내가 사랑하는 자를 위하여 노래하되 내가 사랑하는 자의 포
도원을 노래하리라 내가 사랑하는 자에게 포도원이 있음이여 심히 기
름진 산에로다 땅을 파서 돌을 제하고 극상품 포도나무를 심었도다 그
중에 망대를 세웠고 또 그 안에 술틀을 팠도다 좋은 포도 맺기를 바랐
더니 들포도를 맺었도다(사 5:1~2)
무릇 만군의 여호와의 포도원은 이스라엘 족속이요 그가 기뻐하시
는 나무는 유다 사람이라 그들에게 정의를 바라셨더니 도리어 포학이
요 그들에게 공의를 바라셨더니 도리어 부르짖음이었도다(사 5:7)

그 결과는 불가피한 징계이다.

이제 내가 내 포도원에 어떻게 행할지를 너희에게 이르리라 내가 그 울
타리를 걷어 먹힘을 당하게 하며 그 담을 헐어 짓밟히게 할 것이요(사 5:5)

당시 이방의 강대국이었던 앗수르는 하나님의 백성을 징계하는 하나

님의 도구가 되었다.

앗수르 사람은 화 있을진저 그는 내 진노의 막대기요 그 손의 몽둥
이는 내 분노라(사 10:5)

〈이사야서〉는 유다뿐 아니라 바벨론, 앗시리아, 모압, 다메섹,✝ 구스✝,
바벨론, 에돔✝, 아라비아, 예루살렘, 두로의 죄와 그에 대한 하나님의 심
판을 열거한다(13~23장). 이 모든 메시지는 세계에 하나님의 주권이 세
워져야 한다는 하나님나라의 명제이다. 깨달음을 위한 심판이 끝난 후
에 하나님은 다시 유다와 열방을 회복시킬 것이다.

그러므로 주께서 주의 일을 시온 산과 예루살렘에 다 행하신 후에
앗수르 왕의 완악한 마음의 열매와 높은 눈의 자랑을 벌하시리라(사
10:12)
여호와께서 애굽을 치실지라도 치시고는 고치실 것이므로 그들이
여호와께로 돌아올 것이라 여호와께서 그들의 간구함을 들으시고 그
들을 고쳐 주시리라(사 19:22)

여호와를 아는 신실한 자들이 남아 하나님나라를 재건하게 될 것이다.

그 중에 십분의 일이 아직 남아 있을지라도 이것도 황폐하게 될 것
이나 밤나무와 상수리나무가 베임을 당하여도 그 그루터기는 남아 있
는 것 같이 거룩한 씨가 이 땅의 그루터기니라 하시더라(사 6:13)

Note

✝ 다메섹
고대 수리아의 성읍이다. 오늘날 시리아 공화국의 수도 다마스쿠스이다. 헤르몬 산과 레바논산맥 등 삼면이 산으로 둘러져 있는 시리아 사막 중앙부 서단의 오아시스에 위치한 도시이다. 중동에서 군사적, 상업적으로 중요한 위치를 차지하는 곳이다.

✝ 구스
함의 아들인 구스 자손이 거하던 지역으로 애굽 남쪽에 위치한 곳이다(대하 12:3). 성경에서 이곳은 에디오피아로 번역되었는데, 오늘날의 에디오피아와는 다른 지역으로 보인다.

✝ 에돔
'붉은'이라는 뜻으로, 에서의 별명이자 에서의 후손을 가리키는 말이다(창 25:30). 에돔인들이 살던 에돔 지역은 이름의 의미처럼 붉은 색을 띤 흙과 바위로 이루어져 있다. 이곳은 사해, 아라바와 이집트로 연결되는 무역로에 위치하고 있었기 때문에 경제적으로 번영을 누렸다.

264

3. 여호와의 날 : 심판과 축복의 날(24~36장)

〈이사야서〉는 계속해서 여호와의 날에 대해 전한다. 여호와 하나님이 임재하실 그날은 하나님의 주권을 인정하며 살아가는 자들에게는 회복과 소망의 날이다(25~27장). 그리고 하나님의 주권을 무시하며 자신들의 뜻대로 살아가는 백성들에게는 심판의 날이 될 것이다(28~35장). 〈이사야서〉는 히스기야 왕 시절의 에피소드를 통해, 하나님의 주권을 인정하며 순종하는 자들에게 하나님의 권능의 도우심이 약속되어 있음을 전하고 있다(36~39장). 여기까지가 바로 하나님의 주권이 인정되지 않는 하나님의 나라와 열방에 대한 심판을 경고하며 회복을 촉구하는 말씀이다.

4. 메시아를 통한 하나님나라의 소망(40~66장)

선지서는 하나님백성의 실패를 지적하고 심판하겠다는 메시지로 끝나지 않는다. 죄에 대한 책망은 회복에 대한 소망을 주기 위함이다. 〈이사야서〉는 회복될 하나님의 나라를 전한다(40~48장). 회복의 도구로 이방의 왕이 사용될 것이며(44~45장, 고레스), 진노의 도구로 사용된 앗수르와 바벨론 같은 강대국도 결국 멸망하게 될 것임을 예언한다(46~47장). 하나님의 사명을 받은 '종'에 의해 하나님나라는 영원한 언약을 맺게 될 것이며(49~55장), 결국 하나님의 경고를 마음 깊이 새기며(65장), 경건하게 하나님의 주권을 지키며 살아가는 자들에게는 영원한 은총이 주어질 것이다(56~66장).

✝ 정리하기

하나님의 백성도 열방과 마찬가지로 하나님이 원하시는 삶의 열매를 맺는데 실패했다. 하지만 '주의 종' 메시아를 통한 미래의 소망은 하나님나라의 복음으로 우리를 인도한다.

예루살렘의 멸망과 새 언약의 소망

〈예레미야서〉 31:31
여호와의 말씀이니라 보라 날이 이르리니 내가 이스라엘 집과 유다 집에 새 언약을 맺으리라

✚ 통으로 보기

1 소명	2 두가지악	3 행음	4 전쟁경보	5 거짓예언	6 벌받을성	7 기도금지	8 뼈	9 속이는일	10 우상
11 언약파기	12 뽑으리라	13 베띠	14 가뭄	15 네가지벌	16 금지	17 마음부패	18 토기장이	19 깨진옹기	20 바스훌
21 벌	22 파멸	23 의론가지	24 무화과	25 칠십년	26 우리야	27 줄과멍에	28 하나냐	29 스마야	30 돌아옴
31 새 언약	32 아나돗밭	33 은밀한일	34 시드기야	35 레갑족속	36 바룩	37 감옥뜰	38 왕과대화	39 함락	40 그다랴
41 칼로죽임	42 애굽잘못	43 애굽행	44 애굽재난	45 바룩축복	46 애굽	47 블레셋	48 모압	49 암몬등	50 바벨론
51 바벨론	52 성전헐림								

■ 유다의 심판과 예레미야의 사역(1~45장)〔■ 새 언약(30~33장)〕
■ 열방의 심판(46~51장)
■ 예루살렘의 멸망(52장)

✚ 들여다보기

1. 남유다가 멸망하던 시대의 선지자 예레미야

예레미야는 이스라엘이 바벨론에 의해 멸망하던 시대에 사역한 선지자이다. 그는 유다의 바벨론 포로기 전 마지막 왕들의 시대, 요시야에서 여호아하스, 여호야김, 여호야긴, 시드기야 때까지 선지자로 활동하였다. 그는 하나님의 백성이 하나님이 주신 땅에서 하나님의 주권을 어김으로 땅을 빼앗기는 것을 경고한 이전 선지자들과 달리 그것을 직접 눈으로 목격한 선지자이다. 따라서 멸망의 과정과 마지막 왕들에게 있었던 일들이 상세히 기록되어 있다.

〈예레미야서〉는 새 언약의 소망을 기록한 부분을(30~33장) 제외하면, 유다에 대한 심판의 메시지(1~45장)와 열방에 대한 심판의 메시지(46~51장)로 내용을 나눌 수 있다. 전체적으로 죄를 지적하고, 심판을 경고하는 내용이 주를 이룬다. 또한 죄가 심판받을 것을 경고하는 자신이 당했던 여러 가지 고난을 자세히 이야기한다. 〈예레미야서〉의 특징적인 부분은 여러 실물을 통한 비유들이다. 선지자는 썩어버린 베 띠(베로 만든 띠)와 취하게 하는 포도주(13장), 그릇을 깨고 다시 만드는 토기장이(18장), 깨진 옹기(19장), 좋은 무화과와 나쁜 무화과(24장)의 교훈을 통해 유다 백성에게 하나님의 뜻을 전한다.

2. 하나님 주권 거부와 추방

하나님의 주권을 인정하지 않은 아담과 하와가 에덴동산에서 추방된 사건이 다시 역사 속에서 재현된다. 하나님의 백성이 아름다운 땅을 얻고도 하나님을 잊어버렸기 때문이다.

Note

> 내 백성이 두 가지 악을 행하였나니 곧 그들이 생수의 근원되는 나를 버린 것과 스스로 웅덩이를 판 것인데 그것은 그 물을 가두지 못할 터진 웅덩이들이니라(렘 2:13)

하나님의 주권을 거부한 유다백성은 하나님이 주신 땅에서 추방되는 운명을 맞을 수밖에 없었다. 예레미야는 하나님의 백성인 이스라엘이 하나님이 주신 땅인 가나안에서 하나님의 주권인 하나님의 율법을 지키지 않은 것에 대해 가장 강력하게 비판한 선지자이다.

> 내가 너희를 기름진 땅에 인도하여 그것의 열매와 그것의 아름다운 것을 먹게 하였거늘 너희가 이리로 들어와서는 내 땅을 더럽히고 내 기업을 역겨운 것으로 만들었으며 제사장들은 여호와께서 어디 계시냐 말하지 아니하였으며 율법을 다루는 자들은 나를 알지 못하며 관리들도 나에게 반역하며 선지자들은 바알의 이름으로 예언하고 무익한 것들을 따랐느니라(렘 2:7~8)

그는 유다의 멸망이, 모세의 율법에 약속된 상과 벌의 조항이 하나님의 백성인 유다에게 적용된 결과임을 분명히 밝히고 회개를 촉구했다.

> 그들에게 이르기를 이스라엘의 하나님 여호와께서 이와 같이 말씀하시되 이 언약의 말을 따르지 않는 자는 저주를 받을 것이니라(렘 11:3)

하나님의 백성인 유다는 하나님의 말씀을 지키지 않고, 자신들의 욕망을 따라 우상을 숭배했다. 그것이 그들의 음행이었다.

네 눈을 들어 헐벗은 산을 보라 네가 행음하지 아니한 곳이 어디 있느냐 네가 길 가에 앉아 사람들을 기다린 것이 광야에 있는 아라바 사람 같아서 음란과 행악으로 이 땅을 더럽혔도다 …… 요시야 왕 때에 여호와께서 또 내게 이르시되 너는 배역한 이스라엘이 행한 바를 보았느냐 그가 모든 높은 산에 오르며 모든 푸른 나무 아래로 가서 거기서 행음하였도다 …… 그가 돌과 나무와 더불어 행음함을 가볍게 여기고 행음하여 이 땅을 더럽혔거늘(렘 3:2, 6, 9)

삶 속에서 하나님의 주권을 인정하지 않더라도 잘 될 수 있다는 그들의 잘못된 생각의 결과는 재앙이었다.

땅이여 들으라 내가 이 백성에게 재앙을 내리리니 이것이 그들의 생각의 결과라 그들이 내 말을 듣지 아니하며 내 율법을 거절하였음이니라(렘 6:19)

교만한 유다의 백성들은 선지자의 심판의 메시지에도 귀 기울이지 않았다. 그들은 정녕 심판을 당할 수밖에 없었다. 어떤 기도와 간구도 그 심판을 막을 수 없었다.

그러므로 너는 이 백성을 위하여 기도하지 말라 그들을 위하여 부르짓거나 구하지 말라 그들이 그 고난으로 말미암아 내게 부르짖을 때에 내가 그들에게서 듣지 아니하리라(렘 11:14)

여호와께서 내게 이르시되 모세와 사무엘이 내 앞에 섰다 할지라도 내 마음은 이 백성을 향할 수 없나니 그들을 내 앞에서 쫓아 내보내라 (렘 15:1)

하나님의 백성이 하나님의 땅에서 하나님의 주권을 지키지 못한 결과는 땅에서의 추방이다.

3. 새 언약의 약속(30~33장)

하지만 예레미야도 역시 메시아가 이루실 새 언약의 소망을 전했다. 결국 하나님이 백성을 심판하는 것은 심판 그 자체를 위한 것이 아니기 때문이다(렘 12:15).

이스라엘의 하나님 여호와께서 이와 같이 말씀하시니라 내가 이 곳에서 옮겨 갈대아인의 땅에 이르게 한 유다 포로를 이 좋은 무화과 같이 잘 돌볼 것이라 내가 그들을 돌아보아 좋게 하여 다시 이 땅으로 인도하여 세우고 헐지 아니하며 심고 뽑지 아니하겠고 내가 여호와인 줄 아는 마음을 그들에게 주어서 그들이 전심으로 내게 돌아오게 하리니 그들은 내 백성이 되겠고 나는 그들의 하나님이 되리라(렘 24:5~7)

하나님이 비록 진노하셨으나, 회개하고 하나님나라를 소망하는 자들에게 새 언약을 통한 회복을 이루실 것이다. 그 회복은 그들의 하나님이

Note

〈예레미야〉 12:15
내가 그들을 뽑아 낸 후에 내가 돌이켜 그들을 불쌍히 여겨서 각 사람을 그들의 기업으로, 각 사람을 그 땅으로 다시 인도하리니

되셔서 다스리시는 것이다. 즉 유다백성들, 나아가서는 하나님을 소망하는 모든 백성에게 하나님나라가 임하는 것이다.

여호와의 말씀이니라 그러므로 나의 종 야곱아 너는 두려워하지 말라 이스라엘아 놀라지 말라 내가 너를 먼 곳으로부터 구원하고 네 자손을 잡혀가 있는 땅에서 구원하리니 야곱이 돌아와서 태평과 안락을 누릴 것이며 두렵게 할 자가 없으리라 이는 여호와의 말씀이라 내가 너와 함께 있어 너를 구원할 것이라 너를 흩었던 그 모든 이방을 내가 멸망시키리라 그럴지라도 너만은 멸망시키지 아니하리라 그러나 내가 법에 따라 너를 징계할 것이요 결코 무죄한 자로만 여기지는 아니하리라(렘 30:10~11)

여호와의 말씀이니라 보라 날이 이르리니 내가 이스라엘 집과 유다 집에 새 언약을 맺으리라 이 언약은 내가 그들의 조상들의 손을 잡고 애굽 땅에서 인도하여 내던 날에 맺은 것과 같지 아니할 것은 내가 그들의 남편이 되었어도 그들이 내 언약을 깨뜨렸음이라 여호와의 말씀이니라 그러나 그 날 후에 내가 이스라엘 집과 맺을 언약은 이러하니 곧 내가 나의 법을 그들의 속에 두며 그들의 마음에 기록하여 나는 그들의 하나님이 되고 그들은 내 백성이 될 것이라 여호와의 말씀이니라 (렘 31:31~33)

이 새 언약의 약속은 예수 그리스도를 통해 성취되었다. 예수님은 떡과 잔을 나누시며, 십자가의 죽음으로 예레미야가 예언한 '새 언약'을 성취하게 될 것임을 전하셨다. 그리고 영원히 그 예식을 통해 나를 기념하라고 하셨다. 예수 그리스도를 믿는 모든 사람은 하나님의 백성이 된다. 내주하시는 성령을 통해 하나님의 통치가 하나님의 백성들에게 임한다. 예레미야는 죄를 지적하지만 동시에 새 언약을 통한 하나님나라의 회복을 선포하며 소망을 준 진정한 선지자였다.

✚ 정리하기

유다는 하나님의 주권을 거부하고 마음대로 생각하고 행동했다. 그런 유다에게 멸망은 필연적 결과였다. 하지만 새 언약의 약속이 하나님에게 돌아올 백성들을 초대하고 있다.

멸망의 슬픔과
회복의 간구

〈예레미야애가〉5:21
여호와여 우리를 주께로 돌이키소서 그리하시면 우리가 주께로 돌아가겠사오니 우리의 날들을 다시 새롭게 하사 옛적 같게 하옵소서

✚ 통으로 보기

1	2	3	4	5
슬프다	진노	돌아가자	소돔죄악	옛적같게

☐ 멸망의 슬픔과 회복의 간구

✚ 들여다보기

1. 하나님주권 거부로 인한 진노의 결과

〈예레미야애가〉는 하나님의 백성이 하나님의 주권을 인정하지 않고 살아간 결과 찾아온 민족적인 비극을 슬퍼하며 회복을 간구하는 슬픈 노래이다. 〈예레미야애가〉는 각 장이 분명한 주제를 가지고 있다.

1장은 고통의 현실을, 멸망한 유다와 성전의 비참한 모습을 보여 준다.

슬프다 이 성이여 전에는 사람들이 많더니 이제는 어찌 그리 적막하게 앉았는고 전에는 열국 중에 크던 자가 이제는 과부 같이 되었고 전에는 열방 중에 공주였던 자가 이제는 강제 노동을 하는 자가 되었도다(애 1:1)

2장은 고통의 원인을 진단한다. 그것은 바로 하나님의 주권을 인정하지 않는 하나님의 백성에 대한 하나님의 진노이다.

맹렬한 진노로 이스라엘의 모든 뿔을 자르셨음이여 원수 앞에서 그의 오른손을 뒤로 거두어 들이시고 맹렬한 불이 사방으로 불사름 같이 야곱을 불사르셨도다(애 2:3)

3장은 소망의 이유를 제시한다. 그것은 하나님의 인자하심이다. 여전히 고통스러운 현실이 이어지고 있지만, 하나님의 인자하심은 결코 하나님의 백성을 버리지 않을 것이다.

이것을 내가 내 마음에 담아 두었더니 그것이 오히려 나의 소망이 되었사옴은 여호와의 인자와 긍휼이 무궁하시므로 우리가 진멸되지 아니함이니이다(애 3:21~22)

4장은 소망의 조건을 제시한다. 그것은 하나님의 주권을 인정하지 않고 살아온 죄를 깨닫고 하나님에게 돌아가는 것이다.

> 전에 소돔이 사람의 손을 대지 아니하였는데도 순식간에 무너지더
> 니 이제는 딸 내 백성의 죄가 소돔의 죄악보다 무겁도다(애 4:6)

5장은 하나님의 긍휼하심을 간구하는 기도이다.

> 여호와여 우리를 주께로 돌이키소서 그리하시면 우리가 주께로 돌
> 아가겠사오니 우리의 날들을 다시 새롭게 하사 옛적 같게 하옵소서(애
> 5:21)

2. 다시 하나님에게로

〈예레미야애가〉의 목적은 결코 죄로 인한 멸망을 애도하는 것만이 아
니다. 저자는 지금의 현실이 고통스럽지만, 스스로 죄를 깨닫고 하나님
에게 소망을 둔다면, 하나님의 인자하심이 모든 것을 회복하실 것이라
는 소망을 붙잡고 있다. 하나님의 진노의 목적은 하나님의 백성들에게
하나님의 주권을 회복하는 것이다. 이스라엘의 회복은 결국 하나님의
인자하심에 달려 있다. 모든 하나님의 백성은 어떤 상황에서도 비극의
원인을 깨닫고, 하나님의 인자하심을 소망하며 기도해야 한다.

✚ 정리하기

하나님백성이 이방인들에게 당하는 멸망은 성찰을 요구한다. 멸망의 원인은 하나님의 주권을 거부한 것이다. 회개하고 다시 하나님에게 돌아가는 것만이 하나님백성의 유일한 길이다.

선지서

26

에스겔

죄에 대한 심판과 새 성전을 통해
하나님나라의 회복을 소망

〈에스겔서〉 48:35b
그 날 후로는 그 성읍의 이름을 여호와삼마라 하리라

Note

✚ 통으로 보기

1 네 생물	2 두루마리	3 파수꾼	4 포위	5 머리수염	6 해골	7 끝	8 우상	9 이마의표	10 영광떠남
11 심판	12 포로행장	13 거짓예언	14 세 사람	15 땔감	16 간음아내	17 두독수리	18 신포도	19 사자애가	20 불타는숲
21 칼	22 죄들	23 오홀리바	24 녹슨가마	25 암몬 등	26 두로심판	27 두로애가	28 두로시돈	29 애굽	30 바로
31 애굽교만	32 지하세계	33 경고하라	34 화평언약	35 에돔황폐	36 새 영	37 마른 뼈	38 곡	39 곡 멸망	40 성읍형상
41 성소	42 방과 담	43 영광동문	44 제사장직	45 거룩한땅	46 제사들	47 성전물	48 삼마		

☐ 유다에 대한 심판(1~24장)
☐ 열국에 대한 심판(25~32장)
☐ 이스라엘의 회복과 악인의 멸망(33~39장)
☐ 새 성전의 환상(40~48장)

✛ 들여다보기

1. 성전 중심의 선지서

이스라엘은 바벨론으로 세 번에 걸쳐 유배되었다(B.C. 605년, 597년, 586년). 에스겔은 2차 유배기에 바벨론으로 잡혀가 그발 강가✛에서 소명을 받고 하나님의 말씀을 전한 선지자이다. 그는 제사장 출신으로 그의 메시지는 성전을 중심으로 선포되었다. 유다의 죄를 지적하는 메시지(1~24장)와 회복의 소망을 전하는 메시지(33~48장)로 크게 나눌 수 있는데 공통적으로 성전에 대한 환상이 나온다.

첫 번째 성전 환상인 8~11장은 성전에서 벌어지는 우상숭배와 죄를 보여 주면서 하나님의 통치를 벗어난 유다백성의 영적 상황을 드러낸다. 두 번째 성전 환상인 40~48장은 새롭게 회복될 성전의 모습과 그 성전에서 흘러나오는 물(하나님의 말씀 혹은 하나님나라 은혜의 복음)로 죽어버린 바다가 생명으로 살아나는 것을 보여 준다. 이 환상은 하나님의 주권이 인정될 때 다시 회복될 하나님백성의 모습을 성전의 이미지로 형상화한 것이다. 첫 번째 성전 환상에서 여호와 하나님은 성전을 떠나셨으나(10:18), 두 번째 성전 환상에서는 성전의 이름 자체가 '여호와 삼마'가 된다(48:35). 여호와께서 거기에 계신다는 의미이다. 이것은 단순히 존재하시는 것이 아니라 왕이요 통치자로 서시는 것을 의미한다. 하나님이 왕이요 통치자로 서실 때, 하나님백성의 회복이 일어나는 것이다. 에스겔은 이렇게 성전의 이미지를 통해 하나님의 주권이 회복되어야 할 것을 강력히 선포하고 있다.

✛그발강
바벨론 왕 느부갓네살에 의해 건설된 대운하(강)이다. 유브라데와 티그리스 두 강가 사이의 광활한 지역을 관개하였다. 바벨론 포로기에 에스겔을 비롯한 이스라엘 포로들이 이곳에 정착했으며(겔 3:15) 에스겔은 이 강가에서 환상을 보았다(겔 1:3).

2. 에스겔의 환상

어떤 찬양에 "에스겔의 환상처럼 마른 뼈가 살아나며"라는 구절이 있다. '에스겔' 하면 떠오르는 것이 환상이다. 선지자의 소명을 기록한 부분에서 하나님의 임재는 환상으로 기록되는데, 선지자는 두루마리 환상을 본다(1~3장). 이스라엘의 죄를 지적하는 모습도 성전 환상으로 기록된다(8~11장). 마른 뼈가 살아나 하나님의 군대가 되는 환상은 이스라엘 백성에게 하나님의 임재와 통치가 임할 때 나타날 놀라운 변화를 보여 준다(37장). 〈에스겔서〉의 마지막도 환상으로 끝난다. 에스겔의 환상에 나오는 성전은 하나님이 통치하시는 곳이며, 하나님의 은혜가 흘러나오는 곳이다(40~48장). 〈에스겔서〉의 환상은 〈요한계시록〉에 사용된 많은 상징에 큰 영향을 미쳤다.

3. 심판과 회복의 전형적 패턴

〈에스겔서〉는 전형적 패턴의 선지서이다. 〈에스겔서〉는 먼저 바벨론에 의해 멸망하여 포로가 된 하나님의 백성, 유다의 죄를 지적한다(1~24장). 유다백성은 하나님의 말씀을 버리고 하나님의 통치를 거부했다(5:5~7). 성전에는 탐욕을 위한 우상들이 가득했다(8:3, 5, 10, 14, 16). 〈에스겔서〉는 계속해서 그들의 죄의 결과가 어떤 것인지 경고하면서 하나님의 통치로 회복할 것을 촉구하고 있다. 이어 〈에스겔서〉는 열방(암몬, 모압, 에돔, 블레셋, 두로, 시돈, 애굽)에 대한 심판의 메시지를 기록했다(25~32장). 〈에스겔서〉의 후반부는 영광스럽게 회복될 성전의 환상을 통해 이스라엘이 회복될 것을 선포하고 있다(33~48장).

4. 에스겔의 메시지 : 하나님주권이 회복되는 하나님나라

〈에스겔서〉는 하나님의 백성이 하나님의 주권을 인정하지 않아 땅을 빼앗기고 이방인의 땅에 유배된 상황에서 하나님의 말씀을 전했다. 이스라엘 백성은 결코 하나님의 말씀을 듣지 않으려 했다. 하나님의 주권을 인정하는 삶을 살려고 하지 않았다.

그러나 이스라엘 족속은 이마가 굳고 마음이 굳어 네 말을 듣고자 아니하리니 이는 내 말을 듣고자 아니함이니라(겔 3:7)

심지어 이방인들보다 더욱 하나님의 뜻에 어긋난 삶을 살았다.

그가 내 규례를 거슬러서 이방인보다 악을 더 행하며 내 율례도 그리함이 그를 둘러 있는 나라들보다 더하니 이는 그들이 내 규례를 버리고 내 율례를 행하지 아니하였음이니라(겔 5:6)

그 결과 하나님은 이스라엘을 떠났다.

여호와의 영광이 성전 문지방을 떠나서 그룹들 위에 머무르니(겔 10:18)

하나님이 이스라엘을 떠나고, 하나님의 도우심이 이스라엘 위에 있지 않게 되니, 이스라엘은 언약적 저주를 피할 수 없었다.

너희 가운데에서 삼분의 일은 전염병으로 죽으며 기근으로 멸망할 것이요 삼분의 일은 너의 사방에서 칼에 엎드러질 것이며 삼분의 일은 내가 사방에 흩어 버리고 또 그 뒤를 따라 가며 칼을 빼리라(겔 5:12)

하지만 이스라엘 백성이 고난을 받으면서 하나님의 뜻을 깨닫는다면, 다시 하나님의 말씀을 들어 하나님의 주권을 인정하는 삶을 회복한다면, 하나님은 그들의 하나님이 되어 주실 것이다(겔 37:24~25).

〈에스겔서〉 37:24~25
내 종 다윗이 그들의 왕이 되리니 그들 모두에게 한 목자가 있을 것이라 그들이 내 규례를 준수하고 내 율례를 지켜 행하며 내가 내 종 야곱에게 준 땅 곧 그의 조상들이 거주하던 땅에 그들이 거주하되 그들과 그들의 자자 손손이 영원히 거기에 거주할 것이요 내 종 다윗이 영원히 그들의 왕이 되리라

내가 그들에게 한 마음을 주고 그 속에 새 영을 주며 그 몸에서 돌 같은 마음을 제거하고 살처럼 부드러운 마음을 주어 내 율례를 따르며 내 규례를 지켜 행하게 하리니 그들은 내 백성이 되고 나는 그들의 하나님이 되리라(겔 11:19~20)

그리고 하나님의 영광이 그들에게 다시 임하게 될 것이다.

여호와의 영광이 동문을 통하여 성전으로 들어가고(겔 43:4)
하나님의 주권을 인정하며 살아가는 하나님의 백성들의 땅에는 "여호와삼마"(여호와께서 거기 계신다)의 축복이 회복된다.
그 사방의 합계는 만 팔천 척이라 그 날 후로는 그 성읍의 이름을 여호와삼마라 하리라(겔 48:35)

✚ 정리하기

〈에스겔서〉는 성전에서 일어나는 타락을 먼 땅에서 바라본다. 하지만 하나님백성에게 하나님의 말씀이 회복될 때, 성전에서 흘러나오는 하나님의 말씀은 온 세상을 회복할 것이다.

선지서

27
다니엘

다니엘과 세 친구의 믿음과
하나님나라의 묵시

〈다니엘서〉 7:27
나라와 권세와 온 천하 나라들의 위세가 지극히 높으신 이의 거룩한 백성에게 붙인 바 되리니 그의
나라는 영원한 나라이라 모든 권세 있는 자들이 다 그를 섬기며 복종하리라

 Note

✝ 통으로 보기

1 다니엘	2 큰 신상	3 풀무불	4 한 나무	5 벨사살	6 사자굴	7 네큰짐승	8 숫양염소	9 일흔이레	10 이십일일
11 남북 왕	12 별								

☐ 다니엘과 세 친구의 믿음(1~6장)
☐ 하나님나라의 묵시(7~12장)

✝ 들여다보기

1. 바벨론에서의 다니엘

다니엘은 여호야김이 왕위에 오른 지 삼년 후에 포로로 잡혀갔다.

유다 왕 여호야김이 다스린 지 삼 년이 되는 해에 바벨론 왕 느부갓
네살이 예루살렘에 이르러 성을 에워쌌더니(단 1:1)

Note

바벨론으로 잡혀가야 했던 것은 하나님의 주권을 인정하지 않은 하
나님의 백성들에 대한 하나님의 뜻이었다. 다니엘은 외국에서 신하가
되었다. 그는 친구들과 함께 이방의 교육을 받았다. 다니엘과 그의 친구
들은 먹는 음식에서, 우상숭배에서, 기도에서 하나님의 종으로 자신들
을 구별하였다.

다니엘은 뜻을 정하여 왕의 음식과 그가 마시는 포도주로 자기를 더
럽히지 아니하리라 하고 자기를 더럽히지 아니하도록 환관장에게 구
하니(단 1:8)
그렇게 하지 아니하실지라도 왕이여 우리가 왕의 신들을 섬기지도 아
니하고 왕이 세우신 금 신상에게 절하지도 아니할 줄을 아옵소서(단 3:18)
다니엘이 이 조서에 왕의 도장이 찍힌 것을 알고도 자기 집에 돌아
가서는 윗방에 올라가 예루살렘으로 향한 창문을 열고 전에 하던 대로
하루 세 번씩 무릎을 꿇고 기도하며 그의 하나님에게 감사하였더라(단
6:10)

2. 다니엘과 세 친구의 믿음(1~6장)

〈다니엘서〉는 전형적인 선지서들과 다른 구성을 가지고 있는 책 중
하나이다. 내용은 두 부분으로 확연히 나뉜다. 전반부(1~6장)는 바벨
론왕국에서 믿음을 지킨 다니엘과 세 친구들에 대한 이야기이다. 다니

✛ 느부갓네살
바벨론 제국의 2대 왕이다
(B.C. 605~562). 그의 통치
시기에 바벨론은 영토확장을
이루었다. 애굽과의 전쟁에
서 승리함으로써 애굽 하수에
서부터 유브라데 하수까지의
지역을 획득하였으며, B.C.
586년에 예루살렘을 함락시
킴으로써 남유다가 멸망했다.

✛ 벨사살
바벨론 제국을 통치한 마지막
왕이었다(단 5:1). 느부갓네살
의 뒤를 이어서 왕이 된 나보
니도스가 아라비아로 원정 간
동안 바벨론을 통치하였다.
그러나 바벨론을 정복한 페르
시아의 고레스에 의해 살해되
었다(단 5:30).

✛ 다리오
B.C. 539년 바벨론 멸망 이
후 62세 때 페르시아의 왕이
되었다. 당시 그의 제국은 서
쪽으로는 소아시아와 리비아
와 애굽까지 이르고 동쪽으로
는 인더스 강에 이르렀다. 이
광대한 지역을 효과적으로 통
치하기 위해 3명의 총리를 두
고 그 밑에 120명의 방백을
임명하여 행정조직을 구성하
였다(단 6:1~2). 이때 세 명의
총리 가운데 한 사람이 다니엘
이다.

엘은 믿음으로 자신의 정결함을 지킨다(1장). 친구들은 믿음으로 신상에 절하지 않고, 풀무불에서 구원받는다(3장). 다니엘은 사자굴에 들어가면서까지 기도를 쉬지 않는다(6장). 하나님이 다니엘에게 엄청난 지혜를 주시고, 느부갓네살✛과(2, 4장), 벨사살✛과(5장), 다리오✛에게(6장) 하나님의 신탁을 전하게 하신다. 다니엘은 이방인의 왕들에게까지 하나님의 주권을 인정하게 만든다.

왕이 대답하여 다니엘에게 이르되 너희 하나님은 참으로 모든 신들의 신이시요 모든 왕의 주재시로다 네가 능히 이 은밀한 것을 나타내었으니 네 하나님은 또 은밀한 것을 나타내시는 이시로다(단 2:47)

느부갓네살이 말하여 이르되 사드락과 메삭과 아벳느고의 하나님을 찬송할지로다 그가 그의 천사를 보내사 자기를 의뢰하고 그들의 몸을 바쳐 왕의 명령을 거역하고 그 하나님 밖에는 다른 신을 섬기지 아니하며 그에게 절하지 아니한 종들을 구원하셨도다 그러므로 내가 이제 조서를 내리노니 각 백성과 각 나라와 각 언어를 말하는 자가 모두 사드락과 메삭과 아벳느고의 하나님께 경솔히 말하거든 그 몸을 쪼개고 그 집을 거름터로 삼을지니 이는 이같이 사람을 구원할 다른 신이 없음이니라 하더라(단 3:28~29)

3. 하나님나라의 묵시(7~12장)

후반부는 하나님의 주권을 인정하며 살아간 다니엘에게 하나님이 주신 하나님나라에 대한 환상이다. 네 짐승 환상(7장), 왕국들에 대한 환상(8장), 칠십 이레의 환상(9장), 다가올 환난과 승리에 대한 환상(10~12장)은 결국 하나님나라만이 영원할 것임을 계시하고 있다.

이 여러 왕들의 시대에 하늘의 하나님이 한 나라를 세우시리니 이 것은 영원히 망하지도 아니할 것이요 그 국권이 다른 백성에게로 돌아 가지도 아니할 것이요 도리어 이 모든 나라를 쳐서 멸망시키고 영원히 설 것이라(단 2:44)

Note

다니엘은 바벨론 왕 벨사살 원년에 열국을 상징하는 네 짐승(사자, 곰, 표범, 철 이빨과 열 개의 뿔과 눈과 입이 있는 작은 뿔을 가진 짐승)이 큰 바다 에서 나오는 환상을 보았다(7장). 이년 후에 다니엘은 페르시아와 헬라 를 상징하는 숫양과 숫염소의 환상을 보았다(8장). 두 뿔을 가진 숫양은 강하였는데, 힘이 더 강한 숫염소가 달려들었고, 숫염소의 큰 뿔이 꺾인 후 네 뿔이 등장하였다. 네 뿔 중 작은 뿔이 나와서 하나님과 그의 백성 을 대적하였다. 다니엘은 메대 왕 다리오 원년에 셀류커스와 프톨레미 왕조를 상징하는 남방 왕과 북방 왕의 환상을 보게 된다(11장). 이 모든 환상은 세상의 나라가 멸망하고, 하나님의 통치를 받는 백성들이 승리 를 거두게 될 것이라는 결론을 제시한다.

나라와 권세와 온 천하 나라들의 위세가 지극히 높으신 이의 거룩한 백성에게 붙인 바 되리니 그의 나라는 영원한 나라이라 모든 권세 있 는 자들이 다 그를 섬기며 복종하리라(단 7:27)
그가 꾀를 베풀어 제 손으로 속임수를 행하고 마음에 스스로 큰 체하 며 또 평화로운 때에 많은 무리를 멸하며 또 스스로 서서 만왕의 왕을 대 적할 것이나 그가 사람의 손으로 말미암지 아니하고 깨지리라(단 8:25)
그가 장막 궁전을 바다와 영화롭고 거룩한 산 사이에 세울 것이나

그의 종말이 이르리니 도와 줄 자가 없으리라(단 11:45)

하나님은 바벨론과 페르시아 제국에서 살아간 다니엘을 통해 인간 왕국들의 흥망성쇠를 계시한다. 그 모든 나라를 무너뜨리고 하나님이 통치하시는 백성들로 이루어진 하나님의 나라가 영원히 서게 될 것이다. 〈다니엘서〉에서 환상으로 제시된 하나님나라의 모습은 〈요한계시록〉에도 많이 인용되었다. 이 모든 환상의 요점은 세상 왕국의 몰락에 대한 확신과 종말론적인 역사의식의 함양에 있다. 결국 하나님이 그의 나라를 확립하실 것이다. 따라서 하나님의 통치를 자신에게 실현하며, 하나님의 주권을 인정하면서 하나님나라를 소망하는 백성만이 영원히 빛나게 될 것이다.

지혜 있는 자는 궁창의 빛과 같이 빛날 것이요 많은 사람을 옳은 데로 돌아오게 한 자는 별과 같이 영원토록 빛나리라(단 12:3)

✚ 정리하기

다니엘은 하나님나라의 비전을 소유했기에 먼 이방 땅의 권세자들 앞에서도 하나님의 주권을 인정할 수 있었다.

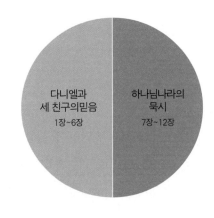

다니엘과
세 친구의믿음
1장~6장

하나님나라의
묵시
7장~12장

부정한 이스라엘과 하나님

〈호세아서〉 1:2
여호와께서 처음 호세아에게 말씀하실 때 여호와께서 호세아에게 이르시되 너는 가서 음란한 여자를 맞이하여 음란한 자식들을 낳으라 이 나라가 여호와를 떠나 크게 음란함이니라 하시니

✚ 통으로 보기

1 고멜	2 암미	3 음녀사랑	4 지식없음	5 앗수르로	6 알자	7 화덕전병	8 송아지	9 형벌	10 묵은땅
11 우상분향	12 속임수	13 암사자	14 돌아오라						

☐ 선지자와 고멜(1~3장)
☐ 부정한 이스라엘과 하나님(4~14장)

✚ 들여다보기

1. 북이스라엘의 선지자 호세아

호세아는 아모스와 더불어 북이스라엘 여로보암 2세 때 활동하던 선

Note

지자이다. 〈호세아서〉에는 북이스라엘의 죄악을 경고하는 내용이 중심을 이룬다. 호세아가 사역하기 2세기 전, 솔로몬의 아들 르호보암 때 여로보암 1세는 열 지파를 분리하여 북이스라엘의 왕이 되었다. 북이스라엘도 언약의 백성이다. 따라서 하나님의 말씀대로 하나님의 주권을 인정하며 살면 하나님이 다윗왕조와 같이 그분의 도구로 세워 사용할 것이라는 약속을 받았다.

> 내가 너를 취하리니 너는 네 마음에 원하는 대로 다스려 이스라엘 위에 왕이 되되 네가 만일 내가 명령한 모든 일에 순종하고 내 길로 행하며 내 눈에 합당한 일을 하며 내 종 다윗이 행함 같이 내 율례와 명령을 지키면 내가 너와 함께 있어 내가 다윗을 위하여 세운 것 같이 너를 위하여 견고한 집을 세우고 이스라엘을 네게 주리라(왕상 11:37~38)

하지만 여로보암은 자신의 권력을 공고히 하기 위해 하나님의 말씀을 따르지 않았다(왕상 12:25~33절 참고). 그 이후 바아사, 아합과 같은 북이스라엘의 왕들은 하나님의 율법을 따라 하나님의 주권을 인정하는 나라를 만들기는커녕 악한 우상숭배를 일삼았다. 그들의 목표는 자신들의 번영이었고, 그것을 위해 온갖 신앙의 타락과 우상숭배를 받아들였다.

2. 선지자와 고멜 : 하나님과 이스라엘

〈호세아서〉의 내용은 두 부분으로 나눌 수 있는데, 호세아와 고멜의 결혼을 통해 하나님과 이스라엘의 관계를 유비로 설명한 부분(1~3장)과 이스라엘의 죄악을 낱낱이 지적하고 회복을 촉구한 부분(4~14장)이다.

호세아는, 타락한 백성을 그래도 사랑하시는 하나님의 뜻을 백성에게 전하기 위해 음란한 여인 고멜과 결혼하였다. 호세아가 고멜과 결혼하여 낳은 자녀들의 이름이 로암미(내 백성이 아님)와 로루하마(사랑받지 못함)에서 암미(내 백성)와 루하마(사랑받음)로 개명된다. 이것은 하나님의 백성, 하나님이 사랑하는 백성처럼 살지 못하는 북이스라엘 백성도 하나님의 백성이 될 수 있으며, 하나님의 사랑을 받을 수 있다는 메시지를 담고 있다.

너희 형제에게는 암미라 하고 너희 자매에게는 루하마라 하라(호 2:1)

3. 북이스라엘의 죄

호세아가 지적한 이스라엘의 죄의 원인은 하나님을 아는 지식이 없다는 것이다.

이스라엘 자손들아 여호와의 말씀을 들으라 여호와께서 이 땅 주민과 논쟁하시나니 이 땅에는 진실도 없고 인애도 없고 하나님을 아는 지식도 없고(호 4:1)

내 백성이 지식이 없으므로 망하는도다 네가 지식을 버렸으니 나도 너를 버려 내 제사장이 되지 못하게 할 것이요 네가 네 하나님의 율법을 잊었으니 나도 네 자녀들을 잊어버리리라(호 4:6)

내가 그를 위하여 내 율법을 만 가지로 기록하였으나 그들은 이상한 것으로 여기도다(호 8:12)

이스라엘 백성은 하나님이 어떤 분이신지 알지 못했고, 따라서 하나님의 언약백성인 이스라엘이 어떻게 살아가야 하는지 알지 못했다.

음행과 묵은 포도주와 새 포도주가 마음을 빼앗느니라(호 4:11)

에브라임이 여러 민족 가운데에 혼합되니 그는 곧 뒤집지 않은 전병이로다(호 7:8)

호세아는 하나님의 백성 이스라엘이 하나님에 대한 지식을 회복하라고 선언한다. 우상숭배와 혼합된 기복주의적이고 형식적인 신앙을 버리고, 하나님의 주권을 인정하는 삶으로 돌아오라고 촉구한다.

그러므로 우리가 여호와를 알자 힘써 여호와를 알자 그의 나타나심은 새벽 빛 같이 어김없나니 비와 같이, 땅을 적시는 늦은 비와 같이 우리에게 임하시리라 하니라(호 6:3)

나는 인애를 원하고 제사를 원하지 아니하며 번제보다 하나님을 아는 것을 원하노라(호 6:6)

그런즉 너의 하나님께로 돌아와서 인애와 정의를 지키며 항상 너의 하나님을 바랄지니라(호 12:6)

〈호세아서〉에 나타나는 이스라엘은 음녀이며(1~3장), 완악한 암소이며(4, 10장), 어리석은 비둘기이며(7장), 쭉정이이다(13장). 이렇게 하나님에 대한 지식을 버리고 살아가는 이스라엘 백성에게 심판이 임할 것이다. 하지만 호세아의 메시지는 심판보다 더욱 강한 하나님의 사랑으로 가득 차 있다. 호세아가 고멜을 회복시키기 위해 노력하는 것과 같이, 하나님이 이스라엘 백성을 돌이키시고 자기 백성으로 회복시키기 위해 한없는 사랑을 베푸신다.

> 내가 그들의 반역을 고치고 기쁘게 그들을 사랑하리니 나의 진노가
> 그에게서 떠났음이니라(호 14:4)

심판과 경고의 메시지는 사랑을 이루기 위한 고통스런 선택이다. 힘
써 여호와를 알아가며, 여호와의 주권을 인정하며 돌아오는 자는 고멜
과 같은 음녀라도 모두 하나님의 백성으로 회복될 것이다.

> 내가 이스라엘에게 이슬과 같으리니 그가 백합화 같이 피겠고 레바
> 논 백향목 같이 뿌리가 박힐 것이라 …… 에브라임의 말이 내가 다시
> 우상과 무슨 상관이 있으리요 할지라 내가 그를 돌아보아 대답하기를
> 나는 푸른 잣나무 같으니 네가 나로 말미암아 열매를 얻으리라 하리라
> (호 14:5, 8)

✚ 정리하기

하나님은 하나님의 주권을 거부한
부정한 백성의 죄를 책망하신다. 하
지만 결국 하나님백성의 신랑이 되
셔서 끝까지 사랑하신다.

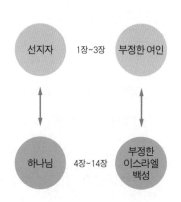

선지서

29

요엘

유다의 심판과
성령의 약속

〈요엘서〉 1:4
팥중이가 남긴 것을 메뚜기가 먹고 메뚜기가 남긴 것을 느치가 먹고 느치가 남긴 것을 황충이 먹었
도다

Note

✚ 통으로 보기

1	2-1	2-2	3
메뚜기	마음찢고	만민내영	산성

☐ 유다의 심판과 성령의 약속

✚ 들여다보기

1. 메뚜기 심판과 성령의 약속

〈요엘서〉는 아마도 가장 이른 시기의 예언서라고 추측된다(B.C. 9세
기 말). 솔로몬이 죽은 지 100년 정도가 지났다. 하나님의 백성이 조금
씩 하나님을 잊어간다는 사실이 성전제사에서부터 나타나기 시작했다.

제사장들아 너희는 굵은 베로 동이고 슬피 울지어다 제단에 수종드는 자들아 너희는 울지어다 내 하나님에게 수종드는 자들아 너희는 와서 굵은 베 옷을 입고 밤이 새도록 누울지어다 이는 소제와 전제를 너희 하나님의 성전에 드리지 못함이로다(욜 1:13)

〈요엘서〉는 메뚜기와 가뭄이라는 재앙을 통해 하나님이 이스라엘의 죄를 경고하신 사실을 상기시키며, 진정으로 회개하고 하나님의 주권을 인정하는 삶으로 돌아오라고 권면한다.

여호와의 말씀에 너희는 이제라도 금식하고 울며 애통하고 마음을 다하여 내게로 돌아오라 하셨나니 너희는 옷을 찢지 말고 마음을 찢고 너희 하나님 여호와께로 돌아올지어다 그는 은혜로우시며 자비로우시며 노하기를 더디하시며 인애가 크시사 뜻을 돌이켜 재앙을 내리지 아니하시나니 주께서 혹시 마음과 뜻을 돌이키시고 그 뒤에 복을 내리사 너희 하나님 여호와께 소제와 전제를 드리게 하지 아니하실는지 누가 알겠느냐(욜 2:12~14)

〈요엘서〉는 성령이 충만한 회복의 역사를 전하고 있는데, 이것은 오순절 성령강림 이후 베드로의 설교에 인용되면서 성취되었다.

그 후에 내가 내 영을 만민에게 부어 주리니 너희 자녀들이 장래 일을 말할 것이며 너희 늙은이는 꿈을 꾸며 너희 젊은이는 이상을 볼 것이며 그 때에 내가 또 내 영을 남종과 여종에게 부어 줄 것이며(욜

2:28~29, 참고 사도행전 2:16~21)

　모든 성도가 성령이 충만하여 하나님의 말씀을 전하고, 하나님이 주신 비전을 꿈꿀 때 하나님나라는 이 땅에서 놀랍게 확장되어 나간다.

✚ 정리하기

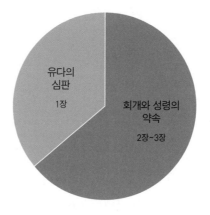

하나님의 주권을 인정하지 않는 백성들에 대한 하나님의 심판은 엄중하다. 하지만 하나님이 성령을 통해 우리에게 회개의 역사를 일으키실 것이다.

죄에 대한 심판과
회복의 약속

〈아모스서〉 2:6
여호와께서 이와 같이 말씀하시되 이스라엘의 서너 가지 죄로 말미암아 내가 그 벌을 돌이키지 아니하리니 이는 그들이 은을 받고 의인을 팔며 신 한 켤레를 받고 가난한 자를 팔며

✚ 통으로 보기

Note

1	2	3	4	5	6	7	8	9
다메섹외	이스라엘	포악겁탈	압제	공의하수	화	메뚜기불	끝	다윗장막

☐ 죄에 대한 심판(1~8장)
■ 회복의 약속(9장)

✚ 들여다보기

1. 남왕국 출신으로 북이스라엘에서 사역한 아모스

아모스는 남유다 출신이면서 여로보암 시대에 북이스라엘에서 예언한 선지자이다. 하나님의 백성으로 선택되었으면서도 하나님의 주권을

인정하며 하나님나라를 확장해 나가기는커녕 온갖 부패와 죄악으로 정
의를 파괴하는 북이스라엘 백성들의 모습을 고발한다.

> 여호와께서 이와 같이 말씀하시되 이스라엘의 서너 가지 죄로 말미
> 암아 내가 그 벌을 돌이키지 아니하리니 이는 그들이 은을 받고 의인
> 을 팔며 신 한 켤레를 받고 가난한 자를 팔며 힘 없는 자의 머리를 티끌
> 먼지 속에 발로 밟고 연약한 자의 길을 굽게 하며 아버지와 아들이 한
> 젊은 여인에게 다녀서 내 거룩한 이름을 더럽히며 모든 제단 옆에서
> 전당 잡은 옷 위에 누우며 그들의 신전에서 벌금으로 얻은 포도주를
> 마심이니라(암 2:6~8)

심지어 그들은 자신들에게 하나님의 주권을 인정하는 삶을 상기시키
는 선지자들의 사역을 멸시하고 방해하였다.

> 그러나 너희가 나실 사람으로 포도주를 마시게 하며 또 선지자에게
> 명령하여 예언하지 말라 하였느니라(암 2:12)

이것은 하나님에 대한 너무나 큰 도발이다. 아모스는 이 외에도 하나
님의 말씀으로 유다와 주변국들에 대해서도 경고의 말씀을 전한다(1~2
장). 그는 하나님의 말씀에 충실한 선지자였다.

2. 열방과 유다, 이스라엘의 죄에 대한 경고

아모스는 열방과 유다에 대한 심판(1~2장: 아람, 블레셋, 두로, 에돔, 암

몬, 모압, 유다, 이스라엘)으로 시작해서, 이스라엘에 하나님의 주권을 선포하는 율법의 말씀을 전하고(3~6장), 심판에 대한 다섯 개의 환상으로 하나님의 백성을 경고한다(7~9장: 황충, 불, 다림줄, 여름실과, 성전). 하나님은 자신들의 경제적 번영에 도취되어 사치와 방종을 일삼고 이웃을 돌아보지 않는 백성들을 심판하실 것이다.

자기 궁궐에서 포학과 겁탈을 쌓는 자들이 바른 일 행할 줄을 모르느니라 여호와의 말씀이니라(암 3:10)

사마리아의 산에 있는 바산의 암소들아 이 말을 들으라 너희는 힘없는 자를 학대하며 가난한 자를 압제하며 가장에게 이르기를 술을 가져다가 우리로 마시게 하라 하는도다(암 4:1)

상아 상에 누우며 침상에서 기지개 켜며 양 떼에서 어린 양과 우리에서 송아지를 잡아서 먹고 비파 소리에 맞추어 노래를 지절거리며 다윗처럼 자기를 위하여 악기를 제조하며 대접으로 포도주를 마시며 귀한 기름을 몸에 바르면서 요셉의 환난에 대하여는 근심하지 아니하는 자로다(암 6:4~6)

하나님이 자신의 율법을 멸시하는 백성들을 멸하고, 자신의 주권을 인정하는 백성으로 다윗의 장막을 다시 세우실 것이다.

그 날에 내가 다윗의 무너진 장막을 일으키고 그것들의 틈을 막으며 그 허물어진 것을 일으켜서 옛적과 같이 세우고(암 9:11)

✚ 정리하기

하나님의 백성들이 하나님의 주권을 거부하면 말씀으로 그들을 재시며 (다림줄), 황충과 불로 성전을 심판하여 끝(여름실과)에 이르게 하신다. 회개하고 주님의 주권을 회복하는 것이 회복의 조건이다.

에돔의 심판과
이스라엘의 회복

〈오바댜서〉 1:10
네가 네 형제 야곱에게 행한 포학으로 말미암아 부끄러움을 당하고 영원히 멸절되리라

✚ 통으로 보기

1
지푸라기

☐ 에돔의 심판과 이스라엘의 회복

✚ 들여다보기

1. 에돔의 심판을 전한 오바댜

　선지서 중 〈오바댜서〉와 〈나훔서〉는 이방나라에 대해서만 심판의 말씀을 전하는 책이다. 〈오바댜서〉는 에서의 자손 에돔에게 주어진 말씀

으로, 그들의 교만과 형제 야곱을 미워한 것으로 인해 그들이 받게 될 심판을 예언한다.

네가 네 형제 야곱에게 행한 포학으로 말미암아 부끄러움을 당하고 영원히 멸절되리라(옵 1:10)

에돔은 하나님의 백성인 유다의 멸망을 기뻐하며 바벨론을 도왔다.

네가 멀리 섰던 날 곧 이방인이 그의 재물을 빼앗아 가며 외국인이 그의 성문에 들어가서 예루살렘을 얻기 위하여 제비 뽑던 날에 너도 그들 중 한 사람 같았느니라 네가 형제의 날 곧 그 재앙의 날에 방관할 것이 아니며 유다 자손이 패망하는 날에 기뻐할 것이 아니며 그 고난의 날에 네가 입을 크게 벌릴 것이 아니며(옵 1:11~12)

하나님의 백성이 징계를 받더라도, 그 징계의 도구로 사용되는 자와 돕는 자도 역시 심판에서 자유롭지 못하다. 〈오바댜서〉는 하나님의 백성을 조롱하고, 멸망을 기뻐하는 에돔 역시 파멸될 것을 생생한 비유로 묘사하였다.

야곱 족속은 불이 될 것이며 요셉 족속은 불꽃이 될 것이요 에서 족속은 지푸라기가 될 것이라 그들이 그들 위에 붙어서 그들을 불사를 것인즉 에서 족속에 남은 자가 없으리니 여호와께서 말씀하셨음이라 그들이 네겝과 에서의 산과 평지와 블레셋을 얻을 것이요 또 그들이

에브라임의 들과 사마리아의 들을 얻을 것이며 베냐민은 길르앗을 얻을 것이며(옵 1:18~19)

하나님의 정의는 에돔의 멸망에서 승리의 개가를 드높일 것이라는 소망을 준다. 에돔은 하나님과 이 땅에 그의 왕국이 건설되는 것을 반대하는 모든 열방을 대표한다. 그들은 여호와의 날에 임하는 하나님백성의 궁극적인 승리 앞에 무너질 것이다. 하나님을 경외하는 약자들이 하나님을 멸시하는 강자들을 무너뜨리고 하나님의 주권을 온 땅에 선포할 것이다. 실제로 야곱의 족속과 좋지 못한 관계를 보여 왔던 에돔은 후에 이두매로 불리는데, 이두매 족속에게서 헤롯대왕이 나왔으며 이 족속은 성경의 예언대로 예루살렘의 멸망과 함께(A.D. 70년) 역사에서 자취를 감추고 말았다.

✚ 정리하기

에돔은 하나님백성의 멸망을 비웃는다. 하지만 하나님의 백성은 징계 후에 회복될 것이고, 비웃는 악한 자들은 영원히 멸망한다.

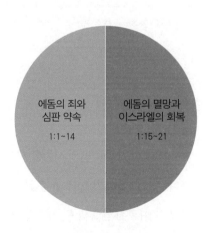

에돔의 죄와 심판 약속 1:1~14

에돔의 멸망과 이스라엘의 회복 1:15~21

선지서

32

요나

열방에 대한
하나님의 사랑

〈요나서〉4:11
하물며 이 큰 성읍 니느웨에는 좌우를 분변하지 못하는 자가 십이만여 명이요 가축도 많이 있나니
내가 어찌 아끼지 아니하겠느냐 하시니라

 Note

✚ 통으로 보기

1 큰 폭풍	2 큰 물고기	3 큰 성읍	4 박넝쿨

☐ 열방에 대한 하나님의 사랑

✚ 들여다보기

1. 열방에 대한 하나님의 사랑을 자신의 체험으로 전하는 〈요나서〉

요나는 B.C. 8세기 이스라엘 북쪽 스불론 지역에서 태어났으며, 북이
스라엘의 여로보암 2세 때 사역했다. 요나는 북이스라엘의 선지자로 활
동했으나 그가 전한 메시지는 기록되어 있지 않다. 오히려 그는 앗수르

의 니느웨에 하나님의 말씀을 전하라는 명령에 순종하지 않은 자신의 일화를 통해 특별한 하나님의 메시지를 전했다. 바로 이방인들에게도 은혜를 베푸시는 놀라운 하나님의 사랑과 주권이다. 〈요나서〉는 전 세계로 하나님의 나라가 확장될 것을 보여 주는 선교적 책이라 할 수 있다.

〈요나서〉는 하나의 멋진 이야기이다. 1장에서 니느웨에 대한 임무를 받은 선지자가 도망했다가 폭풍우를 만나 배에서 던져진다.

> 여호와께서 큰 바람을 바다 위에 내리시매 바다 가운데에 큰 폭풍이 일어나 배가 거의 깨지게 된지라(욘 1:4)

2장에서는 물고기 뱃속에 들어간 요나가 하나님 앞에 기도한다.

> 요나가 물고기 뱃속에서 그의 하나님 여호와께 기도하여(욘 2:1)

3장에서 요나는 다시 임한 하나님의 말씀을 따라 니느웨로 가게 되며, 니느웨는 회개하며 심판을 면하게 된다.

> 하나님이 그들이 행한 것 곧 그 악한 길에서 돌이켜 떠난 것을 보시고 하나님이 뜻을 돌이키사 그들에게 내리리라고 말씀하신 재앙을 내리지 아니하시니라(욘 3:10)

4장은 니느웨가 멸망하지 않음을 보고 불평하는 선지자에게 하나님은 온 세상을 주관하고 섭리하고 사랑하시며 구원하실 것임을 보여 준다. 그

Note

렇게 하나님나라를 확장시키려는 뜻을 가지고 계심을 보여 주는 것이다.

> 여호와께서 이르시되 네가 수고도 아니하였고 재배도 아니하였고 하룻밤에 났다가 하룻밤에 말라 버린 이 박넝쿨을 아꼈거든 하물며 이 큰 성읍 니느웨에는 좌우를 분변하지 못하는 자가 십이만여 명이요 가축도 많이 있나니 내가 어찌 아끼지 아니하겠느냐 하시니라(욘 4:10~11)

〈요나서〉에는 하나님의 자유와 주권이 잘 나타난다. 〈요나서〉에 나타난 하나님은 만물의 창조자이며 자유롭게 다스리는 분이시다. 그분은 모든 것을 만드셨기 때문에, 모든 것을 온전히 사랑하시는 분이시다. 하나님을 제한하고, 진정한 변화없이 자기중심적인 기도로 일관하는 성도는 하나님의 마음을 이해할 수 없으며, 하나님과 충돌하게 된다. 하나님은 이 세상 모든 백성을 하나님의 백성으로 삼기 원하신다. 하나님의 백성은 이 뜻에 순종하여 이 세상 모든 민족을 하나님의 백성으로 삼고, 그들 안에 하나님의 주권이 실현되도록 사명을 감당해야 한다.

> 그러므로 너희는 가서 모든 민족을 제자로 삼아 아버지와 아들과 성령의 이름으로 세례를 베풀고 내가 너희에게 분부한 모든 것을 가르쳐 지키게 하라 볼지어다 내가 세상 끝날까지 너희와 항상 함께 있으리라 하시니라(마 28:19~20)

✚ 정리하기

하나님은 이 세상 전체에 하나님나라를 이루기 원하신다. 하나님이 사랑하시지 않는 열방은 없다는 것을 하나님의 백성은 반드시 기억해야 한다.

선지서

33
미가

하나님백성에게
심판과 삶의 회복 촉구

〈미가서〉 6:8
사람아 주께서 선한 것이 무엇임을 네게 보이셨나니 여호와께서 네게 구하시는 것은 오직 정의를 행하며 인자를 사랑하며 겸손하게 네 하나님과 함께 행하는 것이 아니냐

Note

✚ 통으로 보기

1	2	3	4	5	6	7
기생의값	침상의죄	뇌물과삯	율법시온	베들레헴	정의인자	성실인애

☐ 이스라엘과 유다의 심판(1~3장)
■ 삶의 회복 촉구(4~7장)

✚ 들여다보기

1. 미가가 전한 이스라엘과 유다의 심판(1~3장)

미가는 이사야와 비슷한 시기에 활동하던 선지자이다. 이사야가 주로 왕과 관련을 맺으며 이방나라에까지 광범위하게 사역했던 선지자라

면, 미가는 민족 지도자들의 타락을 지적했다. 〈미가서〉의 내용은 하나님의 백성들, 특히 사마리아와 예루살렘 지도자들의 죄악을 지적하는 부분(1~3장)과 하나님이 이루실 회복을 소망하며 죄에서 돌이킬 것을 촉구하는 부분(4~7장)으로 나뉜다.

〈미가서〉 시대에는 멸망이 임박한 북이스라엘의 타락이 유다에까지 이어졌다.

이러므로 내가 애통하며 애곡하고 벌거벗은 몸으로 행하며 들개 같이 애곡하고 타조 같이 애통하리니(미 1:8)

하나님의 백성은 지도자들부터 탐욕으로 일그러진 삶을 살았다.

그들이 침상에서 죄를 꾀하며 악을 꾸미고 날이 밝으면 그 손에 힘이 있으므로 그것을 행하는 자는 화 있을진저 밭들을 탐하여 빼앗고 집들을 탐하여 차지하니 그들이 남자와 그의 집과 사람과 그의 산업을 강탈하도다(미 2:1~2)

더욱 심각한 것은 그들이 하나님의 말씀을 전하며 그들의 삶을 지적하는 선지자들을 핍박했고, 많은 선지자가 타락하여 악을 행하는 지도자들을 감쌌다.

그들이 말하기를 너희는 예언하지 말라 이것은 예언할 것이 아니거늘 욕하는 말을 그치지 아니한다 하는도다(미 2:6)

Note

내 백성을 유혹하는 선지자들은 이에 물 것이 있으면 평강을 외치나 그 입에 무엇을 채워 주지 아니하는 자에게는 전쟁을 준비하는도다 이런 선지자에 대하여 여호와께서 이르시되(미 3:5)

하나님의 주권을 무시하며 살아가면서도 자신들에게 아무 문제가 없을 것이라고 확신하는 그들에게는 심판이 임할 수밖에 없었다.

그들의 우두머리들은 뇌물을 위하여 재판하며 그들의 제사장은 삯을 위하여 교훈하며 그들의 선지자는 돈을 위하여 점을 치면서도 여호와를 의뢰하여 이르기를 여호와께서 우리 중에 계시지 아니하냐 재앙이 우리에게 임하지 아니하리라 하는도다 이러므로 너희로 말미암아 시온은 갈아엎은 밭이 되고 예루살렘은 무더기가 되고 성전의 산은 수풀의 높은 곳이 되리라(미 3:11~12)

2. 삶의 회복을 촉구

이러한 하나님의 백성에게 미가는 하나님이 원하시는 삶을 전하며, 돌아올 것을 촉구한다.

사람아 주께서 선한 것이 무엇임을 네게 보이셨나니 여호와께서 네게 구하시는 것은 오직 정의를 행하며 인자를 사랑하며 겸손하게 네 하나님과 함께 행하는 것이 아니냐(미 6:8)

하나님은 하나님의 백성에게 형식적인 종교행위를 뛰어넘어 진정으로 하나님의 주권을 인정하고 말씀대로 살아가는 사랑과 정의의 삶을 요구하신다. 정의는 사람이 하나님말씀을 원칙으로 삼아 사람을 상대하는 성실성을 말한다. 정의는 단순히 정직한 행동을 의미하는 것이 아니라, 하나님이 가르치신 사랑을 실천하는 것이다. 우리는 미가처럼 기도하며 사랑과 정의의 삶을 살며 하나님나라를 소망해야 한다.

오직 나는 여호와를 우러러보며 나를 구원하시는 하나님을 바라보나니 나의 하나님이 나에게 귀를 기울이시리로다(미 7:7)

✚ 정리하기

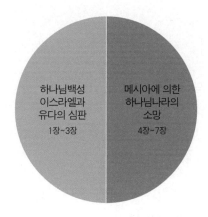

하나님백성
이스라엘과
유다의 심판

1장~3장

메시아에 의한
하나님나라의
소망

4장~7장

하나님의 백성이 하나님의 주권을 거부한다는 사실은 그들의 삶을 보면 알 수 있다. 종교적 형식으로 그것을 감출 수 없다. 순종하는 자에게만 구원의 은총이 임할 것이다.

니느웨의
교만과 멸망

〈나훔서〉3:1
화 있을진저 피의 성이여 그 안에는 거짓이 가득하고 포악이 가득하며 탈취가 떠나지 아니하는
도다

Note

✛ 통으로 보기

1 질투보복	2 황폐	3 피의 성

☐ 니느웨의 교만과 멸망

✛ 들여다보기

1. 니느웨의 심판을 선포한 나훔

〈나훔서〉는 니느웨에 대한 심판의 말씀, 더 나아가 니느웨처럼 강한
힘을 지닌 이 세상 나라에 대한 심판의 말씀이다.

니느웨에 대한 경고 곧 엘고스 사람 나훔의 묵시의 글이라(나 1:1)

　나훔은 '위로'라는 뜻이다. 나훔은 앗수르(수도 : 니느웨)가 강성하였던 B.C. 7세기에 사역하면서 앗수르가 멸망할 것을 예언했다. 앗수르와 같은 악한 자들의 멸망에 대한 확신은 하나님의 주권을 인정하면서 현실의 고난을 인내하는 신실한 백성들에게 참된 위로가 된다.

　〈나훔서〉는 악을 일삼는 자를 멸망시키는 하나님의 성품을 기록한다 (1장). 그 하나님의 성품은 악한 자를 멸망시키는 '진노'로 나타나지만 하나님을 소망하는 자들에게는 '축복'이 될 것이다.

　　누가 능히 그의 분노 앞에 서며 누가 능히 그의 진노를 감당하랴 그의 진노가 불처럼 쏟아지니 그로 말미암아 바위들이 깨지는도다 여호와는 선하시며 환난 날에 산성이시라 그는 자기에게 피하는 자들을 아시느니라(나 1:6~7)

　2~3장은 멸망당할 니느웨의 모습을 예고하고 있다. 하나님이 그들을 멸망시키실 때에는 돕던 자들도 다 떠나가고, 아무리 멸망을 막으려 해도 소용이 없을 것이다.

　　구스와 애굽은 그의 힘이 강하여 끝이 없었고 붓과 루빔이 그를 돕는 자가 되었으나 그가 포로가 되어 사로잡혀 갔고 그의 어린 아이들은 길 모퉁이 모퉁이에 메어침을 당하여 부서졌으며 그의 존귀한 자들은 제비 뽑혀 나뉘었고 그의 모든 권세자들은 사슬에 결박되었나니(나

3:9~10)

네 상처는 고칠 수 없고 네 부상은 중하도다 네 소식을 듣는 자가 다 너를 보고 손뼉을 치나니 이는 그들이 항상 네게 행패를 당하였음이 아니더냐 하시니라(나 3:19)

〈나훔서〉의 메시지를 통해 우리는 악을 일삼고 하나님을 대적하는 자들은 결국 하나님의 진노 앞에서 멸망당할 수밖에 없음을 분명히 깨닫는다. 인내심을 가지고 악에 동참하기를 거부하며, 하나님을 소망하고 위로를 얻는 자들만이 영원한 구원에 동참할 것이다. 특히 〈나훔서〉 1장의 메시지를 통해 우리는 인간의 죄악과 관련한 하나님의 거룩함을 이해할 수 있다.

하나님의 거룩한 분노는 두 가지 측면, 질투와 열심으로 나타난다. 질투의 측면에서 악한 자들에 대해 분노하시고, 열심의 측면에서 여호와께 피하는 자를 위해 온 마음을 다하신다. 이 하나님의 거룩한 성품은 하나님의 백성들에게 가장 큰 위로이다.

누가 능히 그의 분노 앞에 서며 누가 능히 그의 진노를 감당하랴 그의 진노가 불처럼 쏟아지니 그로 말미암아 바위들이 깨지는도다 여호와는 선하시며 환난 날에 산성이시라 그는 자기에게 피하는 자들을 아시느니라(나 1:6~7)

✝ 정리하기

앗수르를 향한
진노
1장

심판의
정당성
3장

니느웨의
멸망
2장

교만이라는 것은 하나님의 주권을 거부하고 자기 마음대로 살겠다는
선언이다. 교만한 앗수르의 멸망은 당연한 것이다. 하나님은 공의로우
신 분이시기 때문이다.

35 하박국

하나님백성의 위기와
하나님의 답변

〈하박국서〉 2:4
보라 그의 마음은 교만하며 그 속에서 정직하지 못하나 의인은 그의 믿음으로 말미암아 살리라

 Note

✚ 통으로 보기

1	2	3
여호와여	믿음으로	부흥

☐ 하나님백성의 위기와 하나님의 답변

✚ 들여다보기

1. 하나님백성의 위기

〈하박국서〉의 메시지는 바벨론의 제국주의적 확장을 통해 절체절명의 위기에 처한 유다의 상황에 맞추어져 있다. 하박국은 하나님백성의 죄를 지적하기보다 하나님백성이 죄로 인해 하나님의 징계를 받게 된

상황에 집중한다. 그로 인해 신앙적 회의가 일어나고 그것을 대하시는 하나님의 응답을 기록했다.

〈하박국서〉는 개혁을 주도한 요시야의 죽음 이후 내적으로는 우상숭배와 부정부패가 만연하고 외적으로는 유다를 위협하는 이방나라 바벨론의 위협을 맞아 흔들리는 위기의 상황을 전한다. 그 이해할 수 없는 현실을 하나님에게 묻고 답을 얻는 과정을 통해, 오직 의인은 믿음으로 살 것이라는 메시지를 전하고 있다. 하박국은 두 가지 질문을 들고 하나님에게 나아간다.

여호와여 내가 부르짖어도 주께서 듣지 아니하시니 어느 때까지리이까 내가 강포로 말미암아 외쳐도 주께서 구원하지 아니하시나이다(합 1:2)

주께서는 눈이 정결하시므로 악을 차마 보지 못하시며 패역을 차마 보지 못하시거늘 어찌하여 거짓된 자들을 방관하시며 악인이 자기보다 의로운 사람을 삼키는데도 잠잠하시나이까(합 1:13)

악한 자들이 하나님의 백성을 징계하는 도구로 사용되는 것이 정당한가에 대한 의문은 성도를 힘들게 한다. 이에 대한 하나님의 응답은 악인과 상관없이 의인은 하나님을 계속해서 신뢰하는 믿음으로 살아가야 한다는 것이다.

보라 그의 마음은 교만하며 그 속에서 정직하지 못하나 의인은 그의 믿음으로 말미암아 살리라(합 2:4)

왜냐하면 악인은 자신들의 악으로 인해 멸망할 것이기 때문이다. 하나님의 백성은 때로 이해할 수 없는 상황에서도 하나님의 주권을 인정하며, 하나님을 신뢰하는 믿음으로 하나님을 찬양하며 살아가야 한다.

비록 무화과나무가 무성하지 못하며 포도나무에 열매가 없으며 감람나무에 소출이 없으며 밭에 먹을 것이 없으며 우리에 양이 없으며 외양간에 소가 없을지라도 나는 여호와로 말미암아 즐거워하며 나의 구원의 하나님으로 말미암아 기뻐하리로다(합 3:17~18)

✚ 정리하기

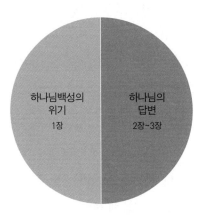

하나님의 백성이 이방인들에게 고난을 당할 때 신앙의 위기가 온다. 하지만 의인은 신실한 믿음으로 살아가면 되는 것이다.

유다와 열방에 대한 심판과
회복의 소망

〈스바냐서〉 1:6
여호와를 배반하고 따르지 아니한 자들과 여호와를 찾지도 아니하며 구하지도 아니한 자들을 멸절하리라

✚ 통으로 보기

1	2	3
우상멸절	열방멸망	칭찬명성

☐ 유다와 열방에 대한 심판(1~2장)
▨ 회복의 소망(3장)

✚ 들여다보기

1. 안일한 유다의 죄를 경고(1장)

스바냐 선지자는 유다의 역사 가운데 가장 악한 두 왕인 므낫세와 아몬이 죽은 후 요시야 왕 때 말씀을 전했다. 요시야 왕이 이른 나이에 왕위에 오른 후에도 나라는 여전히 우상숭배와 불의와 타락이 극에 달해

있었다. 전임자들의 통치가 계속 영향을 미쳤던 것이다. 종교 지도자는 타락했고, 정치인은 교만했다. 그러한 시기에 스바냐는 유다에 대해서 심판이 다가왔음을 선포하였다(1장).

> 내가 유다와 예루살렘의 모든 주민들 위에 손을 펴서 남아 있는 바알을 그 곳에서 멸절하며 그마림이란 이름과 및 그 제사장들을 아울러 멸절하며 또 지붕에서 하늘의 뭇 별에게 경배하는 자들과 경배하며 여호와께 맹세하면서 말감을 가리켜 맹세하는 자들과 여호와를 배반하고 따르지 아니한 자들과 여호와를 찾지도 아니하며 구하지도 아니한 자들을 멸절하리라(습 1:4~6)

유다사람은 선민의식을 가지고 스스로 멸망하지 않는다고 자만하고 있었다. 이러한 하나님백성의 안일함은 여러 다른 선지서에도 나타나고 있다.

그런데 스바냐 선지자는 여호와의 거룩하심은 모든 죄악과 싸우는 것임을 깨닫고, 땅 위의 온 생명을 진멸하는 하나님의 진노가 임할 것임을 선포하며 회개를 촉구하였다. 하나님의 백성은 하나님의 주권을 지키며 악을 정복하는 삶을 살아갈 때 안전한 것이지, 스스로 안전하다고 믿는다고 해서 안전한 것이 아니다.

2. 이방나라에 대한 심판과 회복에 대한 소망(2~3장)

스바냐 선지나는 블레셋, 모압, 암몬, 구스, 앗수르, 예루살렘에 임할 심판을 선포하면서(2장), 하나님에게 회개하고 돌아오는 백성들은 하나님의 사랑과 긍휼의 은총을 한없이 누릴 것임을 전하고 있다. 모두가 멸망할 것처럼 보여도 하나님의 은혜를 의지하는 백성들은 하나님의 기쁨이 되며, 참으로 사랑하는 자가 될 것이다.

　너의 하나님 여호와가 너의 가운데에 계시니 그는 구원을 베푸실 전능자이시라 그가 너로 말미암아 기쁨을 이기지 못하시며 너를 잠잠히 사랑하시며 너로 말미암아 즐거이 부르며 기뻐하시리라 하리라(습 3:17)

스바냐 선지자가 모든 나라에 선포한 여호와의 날(Yom Yahweh)은 선지서 전체에 나타나는 사상이다. 그날은 하나님이 인간의 역사에 개입하시는 크고 놀라운 날이며, 하나님의 거룩한 분노가 모든 죄악을 소멸하고 심판하실 날이다. 그날은 역사적이며 동시에 종말론적이다. 그날은 결국 모든 인류를 심판할 날을 예표한다. 그 때 모든 인류는 유다백성이든 이방인이든 멸망한다. 어떤 사람들만이 하나님의 나라에 속하게 되는가?

　여호와의 규례를 지키는 세상의 모든 겸손한 자들아 너희는 여호와를 찾으며 공의와 겸손을 구하라 너희가 혹시 여호와의 분노의 날에 숨김을 얻으리라(습 2:3)

결국 여호와 하나님을 찾는 겸손한 자들만이 심판을 면한다. 이것은 그리스도의 십자가 보혈을 의지하여 자신의 모든 죄악을 회개하며, 겸손히 하나님의 말씀에 순종하여 하나님의 주권을 인정하며 살아가는 모든 성도를 의미한다. 예수 그리스도를 통해 이루어질 하나님의 나라는 유대인과 이방인의 차별이 없는 믿음의 나라이다.

여호와가 그들에게 두렵게 되어서 세상의 모든 신을 쇠약하게 하리니 이방의 모든 해변 사람들이 각각 자기 처소에서 여호와께 경배하리라(습 2:11)

✝ 정리하기

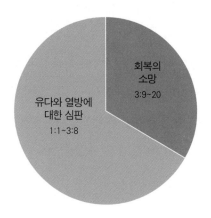

여호와께서 임재하시는 날이 되면 모든 악은 소멸된다. 하나님의 백성은 스스로 안전하다고 믿는 어리석음을 버리고, 하나님의 주권을 인정하는 삶을 살아야 한다.

성전재건을 통한
하나님나라의 영광

〈학개서〉 1:4
이 성전이 황폐하였거늘 너희가 이 때에 판벽한 집에 거주하는 것이 옳으냐

✛ 통으로 보기

Note

1	2
성전	나중영광

☐ 성전재건과 영광의 약속

✛ 들여다보기

1. 포로후기 성전재건을 위해 힘쓴 학개

〈학개서〉는 〈스가랴서〉와 더불어 하나님의 징계였던 바벨론 포로에서 돌아온 하나님의 백성들을 대상으로 기록된 책이다. 이스라엘 백성은 총독으로 임명된 스룹바벨과 함께 예루살렘으로 귀환하였다.

다리오 왕 제이년 여섯째 달 곧 그 달 초하루에 여호와의 말씀이 선지자 학개로 말미암아 스알디엘의 아들 유다 총독 스룹바벨과 여호사닥의 아들 대제사장 여호수아에게 임하니라 이르시되(학 1:1)

그들은 바벨론이 무너뜨린 성전을 재건하고, 하나님나라를 확장하기 위해 다시 힘을 모아야 할 시기에 있었다. 하지만 그들은 하나님나라의 확장에 관심하기보다는 자신들의 삶에 바빴다.

이 성전이 황폐하였거늘 너희가 이때에 판벽한 집에 거주하는 것이 옳으냐(학 1:4)

그러면서 아직 성전을 재건할 때가 이르지 않았다고 판단했다.

만군의 여호와가 이같이 말하여 이르노라 이 백성이 말하기를 여호와의 전을 건축할 시기가 이르지 아니하였다 하느니라(학 1:2)

하나님의 백성이 하나님나라에 우선순위를 두지 않았을 때, 하나님이 삶의 문제를 통해 우리를 회복시키신다.

너희가 많이 뿌릴지라도 수확이 적으며 먹을지라도 배부르지 못하며 마실지라도 흡족하지 못하며 입어도 따뜻하지 못하며 일꾼이 삯을 받아도 그것을 구멍 뚫어진 전대에 넣음이 되느니라(학 1:6)
너희가 많은 것을 바랐으나 도리어 적었고 너희가 그것을 집으로 가

져갔으나 내가 불어 버렸느니라 나 만군의 여호와가 말하노라 이것이 Note
무슨 까닭이냐 내 집은 황폐하였으되 너희는 각각 자기의 집을 짓기
위하여 빨랐음이라(학 1:9)

하지만 하나님나라를 위해 작은 힘을 모아 일할 때, 하나님은 자신의
백성과 함께하시며, 그들의 수고에 엄청난 영광을 더하신다.

> 그러나 여호와가 이르노라 스룹바벨아 스스로 굳세게 할지어다 여
> 호사닥의 아들 대제사장 여호수아야 스스로 굳세게 할지어다 여호와
> 의 말이니라 이 땅 모든 백성아 스스로 굳세게 하여 일할지어다 내가
> 너희와 함께 하노라 만군의 여호와의 말이니라(학 2:4)
> 이 성전의 나중 영광이 이전 영광보다 크리라 만군의 여호와의 말이
> 니라 내가 이 곳에 평강을 주리라 만군의 여호와의 말이니라(학 2:9)

학개는 모든 성도가 하나님나라를 세워 가기 위해 어떻게 동참해야
하며, 그렇게 하나님나라를 위해 동참하는 자에게 어떤 축복이 임할 것
인가를 잘 보여 주고 있다. 하나님의 백성은 자신의 안위가 아닌 하나님
의 일에 우선을 두어야 한다. 하나님을 소망하는 성도는 하나님나라와
교회를 위해 힘써 일하며, 그 과정에서 영원한 하나님나라의 확장을 체
험하게 될 것이다.

> 너는 유다 총독 스룹바벨에게 말하여 이르라 내가 하늘과 땅을 진
> 동시킬 것이요 여러 왕국들의 보좌를 엎을 것이요 여러 나라의 세력을

멸할 것이요 그 병거들과 그 탄 자를 엎드러뜨리리니 말과 그 탄 자가

각각 그의 동료의 칼에 엎드러지리라(학 2:21~22)

✚ 정리하기

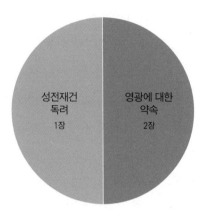

자신의 영광보다 하나님의 나라를 위해 살아가는 것이 하나님의 백성

의 삶이다. 그들은 영광스러운 미래를 보게 될 것이다.

성전재건을 독려하는 여덟 환상과
하나님나라의 소망

〈스가랴서〉 8:7~8
내가 내 백성을 …… 인도하여다가 예루살렘 가운데에 거주하게 하리니 그들은 내 백성이 되고 나
는 진리와 공의로 그들의 하나님이 되리라

✚ 통으로 보기

Note

1 대장장이	2 측량줄	3 여호수아	4 감람나무	5 두루마리	6 네 병거	7 금식	8 기쁨희락	9 나귀새끼	10 번성
11 한 목자	12 간구심령	13 샘	14 초막절						

☐ 성전재건을 독려하는 여덟 환상(1~8장)
◼ 하나님나라의 소망(9~14장)

✚ 들여다보기

1. 여덟 개의 환상으로 성전재건을 독려한 스가랴(1~8장)

〈스가랴서〉는 바벨론 포로의 아픔을 경험한 하나님의 백성들에게 주

는 메시지이다. 포로는 종말론적인 심판의 현세적 실재였다. 하나님의 백성들은 자신들의 죄(하나님의 주권에 대한 거부)에 대한 심판으로 하나님에게 소외(땅의 상실)되는 것을 체험하였다. 그러나 포로기를 통해 하나님을 부지런히 찾고 믿고, 의와 정의와 사랑을 추구하는 새 공동체를 구성하게 하는 유익한 효과도 있었다.

하나님의 백성들은 포로에서 돌아왔지만, 여러 반대에 부딪혀 성전 재건으로 대변되는 하나님나라의 회복을 이루지 못하고 있었다. 스스로도 자신들이 아무것도 할 수 없다고 여기며 그저 먹고살기에 바빴다. 그런 상황에서 스가랴는 하나님이 이루실 미래를 바라보며 성전재건에 나서자고 하나님의 백성들을 격려한다.

〈스가랴서〉는 바벨론 포로에서 해방되어 돌아온 하나님백성의 공동체에 여덟 가지 환상을 보여 주면서 회복의 소망을 선포한다. 하나님은 화석류나무✣ 사이에서 말 탄 자의 외침을 통해 예루살렘과 성전의 회복을 약속하셨다.

✣ 화석류나무
진초록 타원형의 잎이 달리고 흰색이나 분홍색의 꽃을 피우는 상록수목을 말한다. 히브리어로는 '하다스'(chadas)로 도금양, 천인화라고도 한다. 성경에서 화석류는 초막절에 초막을 짓는 데 사용하는 나뭇가지 중 하나로 언급되었으며(느 8:15), 하나님의 관대하심을 표현할 때도 언급된 나무이기도 하다(사 41:19).

그가 다시 외쳐 이르기를 만군의 여호와의 말씀에 나의 성읍들이 넘치도록 다시 풍부할 것이라 여호와가 다시 시온을 위로하며 다시 예루살렘을 택하리라 하라 하니라(슥 1:17)

대장장이 4명의 환상을 통해서는 이스라엘을 압제했던 자들에 대한 심판을 보이셨다.

그 때에 여호와께서 대장장이 네 명을 내게 보이시기로 내가 말하되 그들이 무엇하러 왔나이까 하니 대답하여 이르시되 그 뿔들이 유다를 흩뜨려서 사람들이 능히 머리를 들지 못하게 하니 이 대장장이들이 와서 그것들을 두렵게 하고 이전의 뿔들을 들어 유다 땅을 흩뜨린 여러 나라의 뿔들을 떨어뜨리려 하느니라 하시더라(슥 1:20~21)

측량줄을 잡은 사람을 통해 예루살렘과 성전을 영화롭게 하실 것을 말씀하셨다.

이르되 너는 달려가서 그 소년에게 말하여 이르기를 예루살렘은 그 가운데 사람과 가축이 많으므로 성곽 없는 성읍이 될 것이라 하라(슥 2:4)

이 밖에도 대제사장 여호수아(3장), 순금 등대와 두 감람나무(4장), 날아가는 두루마리(5장), 그릇 안의 여인상(5장), 네 병거(6장) 등의 환상으로 하나님이 이스라엘의 죄를 다 씻으시며, 하나님의 백성을 정결하게 회복시키실 것이라는 소망을 주셨다.

그 날에 죄와 더러움을 씻는 샘이 다윗의 족속과 예루살렘 주민을 위하여 열리리라 만군의 여호와가 말하노라 그 날에 내가 우상의 이름을 이 땅에서 끊어서 기억도 되지 못하게 할 것이며 거짓 선지자와 더러운 귀신을 이 땅에서 떠나게 할 것이라(슥 13:1~2)

2. 메시아를 통한 하나님나라의 소망(9~14장)

하나님의 백성이 하나님의 주권을 인정하며 거룩을 회복할 때 하나님은 그들을 통해 세상에 하나님나라를 확장하여 가신다.

> 만군의 여호와가 이같이 말하노라 내가 시온을 위하여 크게 질투하며 그를 위하여 크게 분노함으로 질투하노라(슥 8:2)

성전의 재건과 하나님백성 공동체의 회복은 하나님의 언약이 여전히 유효함을 보여 주며, 장래에 메시아를 통해 하나님나라가 완성될 것을 분명히 증거하고 있는 것이다.

> 시온의 딸아 크게 기뻐할지어다 예루살렘의 딸아 즐거이 부를지어다 보라 네 왕이 네게 임하시나니 그는 공의로우시며 구원을 베푸시며 겸손하여서 나귀를 타시나니 나귀의 작은 것 곧 나귀 새끼니라(슥 9:9)

하나님이 약속하신 하나님나라는 유다백성의 죄와 더러움을 씻는 샘이 열릴 것이라는 약속으로 구체화된다.

> 그 날에 죄와 더러움을 씻는 샘이 다윗의 족속과 예루살렘 주민을 위하여 열리리라(슥 13:1)

죄와 더러움을 회개하고 하나님의 주권을 회복한 백성들에게는 하나님이 천하의 왕이 되신다. 하나님이 왕이 되시는 곳, 그곳이 스가랴가 선포하는 하나님나라이다.

여호와께서 천하의 왕이 되시리니 그 날에는 여호와께서 홀로 한 분
이실 것이요 그의 이름이 홀로 하나이실 것이라(슥 14:9)

✚ 정리하기

성전재건 여덟 환상 1~8장		하나님나라의 소망 9~14장
말탄 자	공사 재개 약속	
대장장이	방해 제거 약속	
측량줄	성전의 영광 약속	
대제사장 여호수아	백성들의 회복 약속	너의 왕(9장) 죄와 더러움을 씻는 샘(13장) 천하의 왕(14장)
순금 등대와 감람나무	성령에 의한 완성 약속	
두루마리	말씀에 대한 불순종 경고	
그릇 속의 여인	죄의 소멸 약속	
네 병거	하나님의 통치 약속	

성전을 재건하고 하나님의 주권을 회복하는 일은 하나님의 명령이다.
하나님나라를 세우는 삶을 살아가는 하나님의 백성을 통해 하나님이
이 땅에 놀라운 일을 이루어 가신다.

선지서

39
말라기

하나님백성의
타락 경고와 회복 촉구

〈말라기서〉 4:5b~6b
내가 선지자 엘리야를 너희에게 보내리니 …… 돌이키지 아니하면 두렵건대 내가 와서 저주로 그 땅을 칠까 하노라 하시니라

 Note

✚ 통으로 보기

1	2	3	4
제단멸시	언약파기	내 사자	엘리야

☐ 유다의 타락에 대한 경고와 회복에로의 촉구

✚ 들여다보기

1. 타락의 경고와 새 시대의 소망을 전한 말라기

〈말라기서〉는 구약의 마지막 책이다. 하나님의 백성들은 바벨론 포로에서 돌아와 학개와 스가랴의 시대에 성전을 재건했고, 에스라와 느헤미야 시대에 예루살렘에 거룩한 회복을 일으켰다. 하지만 부흥의 시대가 지나고, 그들은 다시 하나님을 멀리하며 형식적인 신앙생활을 하

게 되었다. 말라기는 이렇게 영적인 암흑기로 들어가는 하나님의 백성들에게 경고하며, 새로운 시대가 열릴 것을 예언한 선지자이다.

Note

2. 포로후기 하나님백성의 타락

말라기시대의 하나님의 백성들은 예배를 경시했으며, 헌신하고 섬기는 신앙생활보다는 구속받지 않는 편안한 신앙생활을 하려 했다. 그들의 예배는 마지못해 드려지는 반쪽 예배였고, 그들의 헌금은 하나님의 것을 도적질하고 드려진 껍데기에 불과했다.

> 너희가 더러운 떡을 나의 제단에 드리고도 말하기를 우리가 어떻게 주를 더럽게 하였나이까 하는도다 이는 너희가 여호와의 식탁은 경멸히 여길 것이라 말하기 때문이라(말 1:7)

그들은 하나님과 멀어지면서 하나님의 백성다운 삶을 잃어버렸다.

> 우리는 한 아버지를 가지지 아니하였느냐 한 하나님이 지으신 바가 아니냐 어찌하여 우리 각 사람이 자기 형제에게 거짓을 행하여 우리 조상들의 언약을 욕되게 하느냐(말 2:10)
> 이스라엘의 하나님 여호와가 이르노니 나는 이혼하는 것과 옷으로 학대를 가리는 자를 미워하노라 만군의 여호와의 말이니라 그러므로 너희 심령을 삼가 지켜 거짓을 행하지 말지니라(말 2:16)

이러한 신앙생활을 하게 된 이유는 하나님이 온 땅을 섭리하시는 절

39 말라기 333

대자이심을 인정하지 않았기 때문이다. 그들은 여호와를 믿는 신앙을 자신들을 옭아매는 귀찮은 것이라 생각했다.

이는 너희가 말하기를 하나님을 섬기는 것이 헛되니 만군의 여호와 앞에서 그 명령을 지키며 슬프게 행하는 것이 무엇이 유익하리요 지금 우리는 교만한 자가 복되다 하며 악을 행하는 자가 번성하며 하나님을 시험하는 자가 화를 면한다 하노라 함이라(말 3:14~15)

3. 회복에로의 촉구

〈말라기서〉는 그러한 신앙을 경고하면서, 하나님에게로 돌아와 온전한 예배와 예물을 드리라고 권면한다. 하나님은 그런 자들을 통해 영광을 받으시며, 그들을 축복하실 것이라고 선포한다.

만군의 여호와가 이르노라 해 뜨는 곳에서부터 해 지는 곳까지의 이방 민족 중에서 내 이름이 크게 될 것이라 각처에서 내 이름을 위하여 분향하며 깨끗한 제물을 드리리니 이는 내 이름이 이방 민족 중에서 크게 될 것임이니라(말 1:11)

〈말라기서〉는 다른 선지서들과 마찬가지로 심판의 날을 선포한다. 심판의 날에 하나님이 보내신 선지자가 오게 될 것이며, 그들의 마음을 돌이키도록 말씀을 전할 것이다.

만군의 여호와가 이르노라 보라 내가 내 사자를 보내리니 그가 내 앞에서 길을 준비할 것이요 또 너희가 구하는 바 주가 갑자기 그의 성전에 임하시리니 곧 너희가 사모하는 바 언약의 사자가 임하실 것이라 (말 3:1)

보라 여호와의 크고 두려운 날이 이르기 전에 내가 선지자 엘리야를 너희에게 보내리니 그가 아버지의 마음을 자녀에게로 돌이키게 하고 자녀들의 마음을 그들의 아버지에게로 돌이키게 하리라 돌이키지 아니하면 두렵건대 내가 와서 저주로 그 땅을 칠까 하노라 하시니라(말 4:5~6)

이 말씀은 예수 그리스도의 복음사역을 준비하는 세례요한의 사역을 예고하며, 동시에 주님이 재림하실 때에 영원한 심판으로부터 구원하실 하나님의 위대하신 약속을 예표한다.

✚ 정리하기

형식적인 신앙은 하나님의 심판을 부른다. 건물의 재건이 아니라, 심령의 재건을 통해 하나님이 주인되신 삶을 회복해야 한다.

하나님백성의
타락 경고
1장~3장

회복에로의
촉구
4장

하나님나라 관점으로

하나님나라 복음으로
건강한 교회를 세워가는
킹덤처치 세미나

뚫린다! 성경!!
간단하게, 명쾌하게, 확실하게!!

하나님의 백성이
하나님이 주신 땅에서
하나님의 주권을 인정하며 사는 나라

국민 영토 주권으로 구성되는
하나님나라 개념으로 푸는 성경

킹덤처치 세미나 핵심가치

목회자들과 성도들의 고민은 비슷할 것입니다. 어떻게 하나님의 말씀인 성경을 하나님나라의 관점으로 정확하게 깨닫고 쉽게 전할 수 있을까? 그리고 어떻게 하나님의 말씀이 실현되는 건강한 교회를 세울 수 있을까? 이 고민에 대한 해결책으로 본 세미나를 제안합니다.

킹덤처치 세미나는……

✚ 단순한 성경통독이 아닌, 관점이 있는 성경읽기이다

본 세미나는 하나님나라를 이루는 중요한 3요소인 백성, 땅, 주권의 개념으로 성경 전체를 꿰뚫어 볼 수 있는 눈을 열어 주는 성경 세미나입니다.

✚ 지식 위주의 성경읽기가 아닌 교회를 세우는 사역이다

본 세미나를 통해 하나님의 주권적 통치가 이루어지는 건강한 교회와 하나님나라의 확장에 기여하는 선교적 교회를 세워 가게 될 것입니다.

✚ 일회성 사역이 아닌 교회의 체질을 바꾸는 장기적 플랜이다

본 세미나는 각 교회에서 고민하는 성경공부 및 양육에 대한 장기적인 좋은 대안이 될 수 있습니다. 본 세미나를 통해 세상을 향해 하나님나라의 복음을 전하고, 말씀에 순종하는 제자도를 실천하는 성도들을 양육하여 행복한 교회를 세우게 될 것입니다.

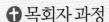

✚ 목회자 과정

- 온라인 · 오프라인 방식으로 국내외 여러 곳에서 수시로 진행됩니다.
- 문의: 010-8794-1417 (킹덤처치 연구소)

✚ 교회 세미나 과정

one point 과정(2~3시간)

1강	하나님나라 관점으로 성경관통

2일 과정(1일 2시간)

1강	하나님나라 관점으로 구약관통
2강	하나님나라 관점으로 신약관통

3일 과정(1일 2시간)

1강	하나님나라로 푸는 성경
2강	하나님나라 관점으로 구약관통
3강	하나님나라 관점으로 신약관통

12주 과정(1일 2시간)

1강	하나님나라로 성경관통 원리	7강	하나님나라로 신약관통
2강	하나님나라로 구약관통	8강	마태복음~요한복음(복음서)
3강	창세기~신명기(모세오경)	9강	사도행전(역사서)
4강	여호수아~에스더(역사서)	10강	로마서~유다서(서신서)
5강	욥기~아가(시가서)	11강	요한계시록(예언서)
6강	이사야~말라기(선지서)	12강	하나님나라로 성경관통 정리

※ 세미나 일정과 내용은 각 교회의 상황에 따라 상담 후 변경할 수 있습니다.

※ 세미나 후 개교회의 교역자들이 하나님나라 관점으로 성경 전체를 강의할 수 있도록 설명과 함께 PPT 자료를 배부해
드립니다(12주 과정을 교회에서 개설할 경우, 1~2강은 강사가 파견될 수 있습니다).

하나님나라
12주 성경 통독

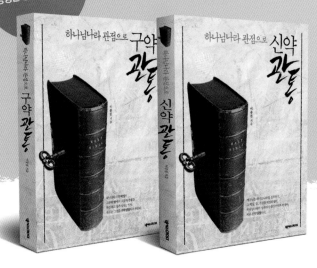

시작하기 전 하나님나라 성경통독을 할 때에는 설교를 통해 동기를 부여하고 하나님나라 관점으로 성경의 흐름을 설명하는 것이 좋습니다. 하나님나라 관점의 성경통독 프로그램은 단순히 성경을 읽거나 역사적 맥을 잡는 것이 아니라, 성경을 통해 복음의 핵심인 하나님나라를 이해하고 숙지하기 위한 프로그램입니다.

기간 성경통독의 기간은 교회가 임의로 정할 수 있지만, 통독을 하면서 관점을 익히기 위해서는 빠르게 성경을 통독하는 것이 좋습니다. 너무 길어지면 성경의 흐름을 놓치게 됩니다. 12주 동안 강의를 듣고 핵심구절만 읽으며 전체를 관통합니다.

강의 개교회 및 부서의 목회자들이 직접 강의하기 위해 킹덤처치 세미나에 참석하시는 것이 좋습니다. 사정이 여의치 않을 경우에는 연구소로 문의해 주시고, 상담을 받으셔도 좋습니다. 저희 연구소에서는 강의자료(강의진도표, 성경통독표 포함)를 제공하고 강의를 안내해 드릴 수 있습니다. 인터넷 샘플강의도 준비되어 있습니다.

교재와 함께 인도자는 성경통독에 참여하는 분들과 12주 과정으로 매주 한 시간 정도(사정에 따라 조절) 내용을 나눠야 합니다. 《하나님나라 관점으로 구약관통, 신약관통》 교재를 강의자료에 제시된 바에 따라 설명하면서 "하나님나라"를 풍성하게 나누십시오. 강의자료에 교재를 어떻게 활용하는지 자세히 설명되어 있으니 쉽게 계획할 수 있습니다.

문의 **킹덤처치 연구소**로 문의해 주시기 바랍니다. 세미나와 PPT 자료도 안내해 드립니다.
HP. 010-8794-1417